F. Villm

Literaturwissenschaft — Gesellschaftswissenschaft
Herausgeber: Theo Buck und Dietrich Steinbach

33

Jan Thorn-Prikker

Revolutionär ohne Revolution

Interpretationen der Werke Georg Büchners

Klett — Cotta

Literaturwissenschaft — Gesellschaftswissenschaft

Materialien und Untersuchungen
herausgegeben von Theo Buck und Dietrich Steinbach

CIP - Kurztitelaufnahme der Deutschen Bibliothek

Thorn-Prikker, Jan
Revolutionär ohne Revolution: Interpretationen d. Werke Georg Büchners. — 1. Aufl. — Stuttgart: Klett — Cotta, 1978.
(Literaturwissenschaft, Gesellschaftswissenschaft; 33)
ISBN 3-12-394600-2

1. Auflage 1978

Verlagsgemeinschaft Ernst Klett — J. G. Cotta'sche Buchhandlung Nachf. GmbH., Stuttgart.

Umschlaggestaltung: Heinz Edelmann
Satz: Alwin Maisch, Gerlingen
Druck: Ernst Klett, Stuttgart

Inhaltsverzeichnis

Vorbemerkung

Die vorliegende Arbeit, die in chronologischer Reihenfolge eine Interpretation des Gehaltes der Werke Georg Büchners [1] versucht, versteht sich als Aufweis der oft behaupteten und ebenso oft geleugneten Einheit von Kunstproduktion und revolutionärer Politik.
Diese Einheit bleibt fragwürdig, wenn sie allein aus dem biographischen Zusammenhang begründet wird, wie es immer wieder geschehen ist.[2] Unabhängig von der Biographie muß sie sich in den einzelnen Werken jeweils selber beweisen. Der Versuch, den Beweis solcher Einheit zu erbringen, führt in dieser Arbeit dazu, daß die Methode, in der Büchners Werke Kritik üben, in den Mittelpunkt ihres Interesses tritt. Die Besonderheit Büchnerscher Kritik, negative Kritik zu sein, Kritik, die die bestehenden Verhältnisse radikal negiert, ohne eine Perspektive aus diesen Verhältnissen heraus zeigen zu können, spielt in allen Analysen eine wichtige Rolle. Untersucht wird der Aspekt der Radikalität jener negativen Kritik, der darin besteht, sich Kritik nicht zu versagen, obwohl man nicht mehr zu zeigen vermag als allein die Falschheit des Bestehenden. Kritik hebt sich nicht auf, wenn sie ihre eigene Ohnmacht zugleich mit darstellt, sondern sie beweist im Geständnis ihrer eigenen Ohnmacht nur die Macht der Verhältnisse auch noch über den Kritiker. Das Eingeständnis der Ohnmacht an negativer Kritik ist Zeichen der Übermacht der zu kritisierenden Verhältnisse. Die Übermacht schlägt sich als Unterton von Haß und Trauer, revolutionärem Aufbegehren und Enttäuschung im Werk Büchners nieder. Nicht einmal der Kritiker der Gewalt des Bestehenden entkommt mit seiner Kritik dem kritisierten Zustand. Enttäuschung und revolutionäre Intention, so zeigt diese Arbeit, bedingen einan-

---

(1) Alle im Text erscheinenden Zitate und Seitenangaben der Werke Georg Büchners sind folgender Ausgabe entnommen: Büchner, Georg: Sämtliche Werke und Briefe. Historisch-kritische Ausgabe mit Kommentar, hrsg. von Werner R. Lehmann = Hamburger Ausgabe, 4 Bde. (bisher erschienen): I Hamburg 1967 (Dichtungen und Übersetzungen mit Dokumentationen zur Stoffgeschichte); II Hamburg 1971 (Vermischte Schriften und Briefe).

(2) Lukács geht in seinem Aufsatz von 1937 ‚Der faschistisch verfälschte und der wirkliche Georg Büchner' (zuerst in: Das Wort 1937; wiederabgedruckt in: W. Martens [Hrsg.]: Georg Büchner, Darmstadt 1965) im zweiten Kapitel vor allem von der Rekonstruktion der politischen Biographie Georg Büchners aus, um die „Legende von der Enttäuschung an der Revolution zu zerstören" (S. 201).
Hans Mayer (Georg Büchner und seine Zeit, Frankfurt/Main 1972; zuerst 1946 erschienen), der vor allem von der Biographie ausgehend eine Interpretation der Stücke versucht, zeigt am Beispiel von ‚Dantons Tod' das genaue Gegenteil dessen, was Georg Lukács aufzeigen wollte.
Zuletzt hat Gerhard Jancke (Georg Büchner, Genese und Aktualität seines Werkes. Einführung in das Gesamtwerk, Kronberg i. T. 1975) der Biographie bei der Interpretation einen großen Raum eingeräumt.
Der Aussagewert von biographischen Details soll nicht bezweifelt werden, es soll nur darauf hingewiesen werden, daß der politische Gehalt eines Werkes sich nicht durch die politische Haltung des Autors ausdrückt. Er ist einzig und allein im Werk selber zu suchen.

der bei Büchner. Die Enttäuschung negiert den revolutionären Willen nicht, sondern ist dessen integraler Bestandteil.
Einsicht in die Notwendigkeit der radikalen Umwälzung der gesellschaftlichen Verhältnisse und illusionslose Erkenntnis der Aussichtslosigkeit solcher Umwälzung in den dreißiger Jahren des 19. Jahrhunderts in Deutschland gehen bei Büchner zusammen. Sie stellen den zentralen Widerspruch dar, in dem er lebt. Dieser Widerspruch gibt seinem Werk den bestimmenden Charakter von Haß und Trauer.
Die Erarbeitung der spezifisch Büchnerschen Form der Kritik dient dem Aufweis der Singularität [3] der Radikalität Büchners. Die Außenseiterrolle Büchners im politischen und literarischen Zeitgeschehen wird darin festgehalten. Sie wird nicht falsch als Genialität individualisiert, sondern als Avantgardismus in Form und Gehalt des Werkes präziser bestimmt. Der Autor wird als Vorläufer der Moderne gezeigt, als unzeitgemäßer Revolutionär ohne Revolution.
Der Gehalt seiner Werke, die politisch, im präzisen Sinn ihrer Zeit voraus sind, verbindet sich zudem noch bei Büchner mit einem ästhetischen Avantgardismus. Seine Werke sprengen den Rahmen der politischen und ästhetischen Konvention. Dieser Zusammenhang bildet neben der Erarbeitung des Kritik-Begriffes das zweite Zentrum der Arbeit.
Der Ansatz bei Einzelanalysen der Werke bedingt eine gewisse Inhomogenität der Arbeit. Sie überläßt sich dem, was die Stücke an Problematik — sowohl politisch wie ästhetisch — enthalten, und versucht nicht, die Stücke nach übergeordneten Abstraktionen zu gliedern. Einzig und allein die durchgehaltenen Fragestellungen nach der Einheit von revolutionärer Intention und künstlerischer Produktion sowie die Frage nach der Modernität verbinden die Teile dieser Arbeit, da jedes einzelne Werk diese Fragen selber enthält.
So ist die Analyse von ‚Dantons Tod' vor allem ideologiekritisch orientiert, fragt nach der historischen Relevanz und der ästhetischen Möglichkeit, am Konflikt von Hedonismus und Moral die Französische Revolution angemessen darzustellen. Die Analyse von ‚Lenz' versucht, ebenfalls primär ideologiekritisch, die Geschichtlichkeit dieser scheinbar völlig ungeschichtlichen und unpolitischen Erzählung zu enthüllen. Der Schein der Poesie, unberührt von revolutionärer Kritik zu sein, wird hier untersucht. Die Erzählung war die Stelle im Werk Büchners, an der der Aufweis der Einheit von Kunst und Politik am schwersten erschien. Zugleich aber war es gerade hier wichtig, den Beweis der Richtigkeit dieser These zu führen, wenn sie nicht zur Phrase verkommen sollte. Gesichtspunkte der ästhetischen Modernität spielen dann vor allem eine zentrale Rolle bei der Analyse von ‚Leonce und Lena' und ‚Woyzeck'. Ideologiekritische Untersuchung des Gehaltes wird dort auf die Untersuchung der Form, als Teil des Gehaltes, ausgedehnt. Ästhetischer Avant-

(3) Horst Denkler (Revolutionäre Dramaturgie und revolutionäres Drama in Vormärz und Märzrevolution. In: H. Kreuzer [Hrsg.]: Gestaltungsgeschichte und Gesellschaftsgeschichte, Stuttgart 1969) spricht davon, daß „rücksichtslose, kompromißfeindliche Subjektivität in Form und Inhalt" (S. 312) den Dramatiker Büchner aus der großen Reihe politischer Dramatiker des Vormärz hervorhebe und ihn zur politisch-ästhetischen Einzelerscheinung in Deutschland mache.

gardismus zeigt seinen Grund bei Büchner in dessen politischem Avantgardismus.

Alle Analysen zusammen revidieren wesentliche Thesen der Sekundärliteratur, vor allem die Annahme einer fatalistischen Absage an die Revolution.[4] Die Arbeit übt Kritik an der Sekundärliteratur nicht so sehr als Kritik einzelner Positionen, sondern sie ist Kritik vor allem in ihren Resultaten. Das Bild, das sie von Büchner und seinen Werken entwirft, stimmt — gerade weil die Arbeit beansprucht, die Einheit revolutionärer Politik und künstlerischer Produktion entwickelt zu haben — in den wesentlichen Punkten mit den bisherigen Positionen nicht mehr überein. Die Negativität der Kritik Büchners und deren komplementärer Ausdruck: Enttäuschung und Trauer werden als historischer Ausdruck ungebrochen revolutionärer Intention erklärt und verteidigt.

Das Werk Büchners wird, wie sein Leben, verstanden als andauernder Kampf, sich „weder von der Macht der anderen, noch von der eigenen Ohnmacht [...] dumm machen zu lassen“ [5].

---

(4) Die Fatalismusthese ist vor allem vertreten worden durch:
Viëtor, K.: Die Tragödie des heldischen Pessimismus, In: DVJs 12, 1934; neu in: W. Martens, s. Anm. 2;
Büttner, L.: Georg Büchner, Revolutionär und Pessimist. Ein Beitrag zur Geistesgeschichte des 19. Jahrhunderts, Nürnberg 1948;
Oppel, H.: Die tragische Dichtung Georg Büchners, Stuttgart 1951;
Martens, W.: Ideologie und Verzweiflung. Religiöse Motive in Büchners Revolutionsdrama. In: Euphorion 54, 1960, neu in: W. Martens, s. Anm. 2;
Baumann, G.: Georg Büchner. Die dramatische Ausdruckswelt, Göttingen 1961.
Dies sind nur einige Arbeiten allgemeineren Charakters. Die Fatalismusthese findet ihre Vertreter noch in einer Fülle von Einzelanalysen, die hier nicht extra aufgeführt werden. Sie werden jedem begegnen, der sich mit dem Werk Georg Büchners beschäftigt.

(5) Adorno, Theodor W.: Minima Moralia, Frankfurt/Main 1971, S. 67.

1. ‚Dantons Tod': Zur Kritik der Französischen Revolution

1.1. Entwicklung des Gehaltes

Im folgenden soll versucht werden, auf dem Wege immanenter Analyse die zentralen Problemstellungen, wie sie in Büchners Drama ‚Dantons Tod' vorliegen, herauszuarbeiten.[1] Die Arbeit bewegt sich deswegen zunächst eng am Text.

Will man einen Überblick über das Drama bekommen, indem man bei der Handlung ansetzt, so ergibt sich sofort eine Schwierigkeit. Die Handlung des Dramas ist unfaßbar. Es scheint, hat man die Lektüre beendet, problematisch, ob sich eine *traditionelle Kategorie*, wie die der Handlung, ungebrochen auf das Büchnersche Drama anwenden läßt. Ich trage dieser Schwierigkeit dadurch Rechnung, daß ich auf dem traditionellen Begriff von Handlung beharre, aber an Büchners Drama zu zeigen versuche, wie er sich auflöst. Das, was sich nicht mehr unter die traditionelle Kategorie von Handlung subsumieren läßt, mir aber für das Drama wesentlich erscheint, fasse ich unter der Bezeichnung 'gedankliche Entwicklung' zusammen. Beide Gesichtspunkte — Handlung und gedankliche Entwicklung — werden im folgenden getrennt untersucht.

---

(1) Im folgenden versuche ich, einige Schwierigkeiten historisch und soziologisch argumentierender Arbeiten bei der ideologiekritischen Analyse des Gehaltes von ‚Dantons Tod' aufzuzeigen.

Den frühesten Versuch einer kritischen Analyse stellt G. Lukács' Aufsatz von 1937 (s. Anm. 2) dar. Lukács schreibt, Büchner habe versucht, den „säkularen Widerspruch seiner Periode im Spiegel der Französischen Revolution darzustellen" (S. 206). Er stelle „zwei ideologische Erscheinungsformen" (S. 206) kraß nebeneinander: die Ablehnung der politisch-demokratischen Revolution durch Danton und den Versuch ihrer terroristischen Verwirklichung durch Robespierre. Nur durch die Entfaltung des „tragischen Widerspruches" (S. 206) dieser Positionen könne man Büchners Auffassung von der Französischen Revolution angemessen verstehen. Büchner sei „von der Unzulänglichkeit beider Extreme" (S. 215), des radikalen Individualismus und der radikalisierten Moral, überzeugt gewesen. Die Darstellung dieses Widerspruchs sei Büchners Leistung. Die Unmöglichkeit einer historischen Lösung habe in Büchners Darstellung zur Stimmung „konkreter Verzweiflung" (S. 222) geführt. Lukács' Ansatz hätte die Möglichkeit geboten, Büchners revolutionäre Intention sowie seine Enttäuschung an der Revolution verstehen zu können, ohne sich der Annahme einer Parteinahme für Danton oder Robespierre bedienen zu müssen. Seine Analyse wurde in der Folgezeit nicht produktiv rezipiert.

Schon die historische Analyse, die Hans Mayer versucht (Georg Büchner und seine Zeit, Frankfurt/Main 1972) greift wesentlich kürzer. Er meint, Büchner habe in Danton die eigene aus der Kenntnis des Thermidor gewonnene Resignation dargestellt. Statt den geschichtlichen Gehalt der Darstellung der Widersprüchlichkeit der Protagonisten zu untersuchen, interpretiert ihn Mayer vorschnell als private Erfahrung. Bei ihm ist Büchners Enttäuschung nicht „konkrete Verzweiflung", sondern übergeschichtliche Verzweiflung. Lukács wie Mayer sehen, daß Büchners Zustimmung — widersprüchlich — beiden Revolutionären gehört, aber es gelingt ihnen nicht, diese Paradoxie aufzulösen. Statt einer Analyse der Personenkonstellation und des durch

sie verkörperten Widerspruchs, findet sich in der Sekundärliteratur der Folgezeit die vorherrschende Tendenz einer unkritischen Parteinahme für die eine oder andere Hauptgestalt. So ist apologetische Verteidigung der Person Dantons vorherrschend in der Literatur der Bundesrepublik, die Autoren der DDR dagegen verteidigen, genauso gegen den Text, die Person des Robespierre.
Eine Sonderstellung im möglichen Fehlurteil nimmt H. Geerdts ein (Georg Büchners Volksauffassung, In: Weimarer Beiträge 9, 1963). Er versucht, der als falsch geahnten Parteinahme für Danton oder Robespierre dadurch zu entgehen, daß er die Volksmassen in den Mittelpunkt seiner Betrachtung stellt und im Volk den wahren Helden des Dramas sehen will. Dies geht nur, indem Geerdts gegen den Text die ambivalente Rolle des Volkes in Büchners Darstellung unterschlägt, es idealisiert. Geerdts' Versuch, sich der Parteinahme zu entziehen, mißlingt, er nimmt Partei für einen anderen Helden im Drama, der keiner ist. Eine wesentlich angemessenere Analyse legt H. Schlaffer vor (Dramenform und Klassenstruktur. Eine Analyse der dramatis persona 'Volk', Stuttgart 1972). Sie entgeht der falschen Volkstümelei und reflektiert produktiv Möglichkeiten der Darstellbarkeit der dramatis persona 'Volk' im Drama.
Ein anderes Problem der ideologiekritischen Analyse ergibt sich, wenn man das Geschichtsverständnis untersucht, das dem von Büchner dargestellten Konflikt zugrunde liegt. H. Poschmann (Das künstlerische Werk Georg Büchners, In: Weimarer Beiträge 7, 1971) sieht in Büchners Drama das Zerbrechen des Glaubens „an die geschichtsbestimmende Macht überragender Persönlichkeiten" (S. 24). Büchner zeige den „Prozeß der Entheroisierung der dramatischen Gestalt" als „Entthronung der autonom handelnden historischen Persönlichkeit" (S. 24). Darin sieht Poschmann Nähen zu seiner marxistischen Geschichtsauffassung. Er unterschlägt allerdings, daß Büchner unter dieser Geschichte leidet, daß für ihn der Kampf um die Revolution auch einer um die Autonomie aller Personen ist, um die Macht des Volkes, die Geschichte selber bestimmen zu können. Autonomie wird von Büchner verzweifelt als fehlend festgestellt. Seine Personen leiden darunter, nicht über sie zu verfügen. Büchner ist die Freiheit der Person nicht akzeptabel als Einsicht in die Notwendigkeit der Geschichte, sondern Freiheit konstituiert sich im Kampf gegen diese Notwendigkeit. Poschmann übersieht den von Büchner auch an Robespierre und St. Just dargestellten Widerspruch, als Revolutionär im Kampf um die Freiheit selber noch unfrei zu sein. Sie sind ebenso tragische Figuren wie Danton. Büchners Geschichtsauffassung ist anarchistischer als die des Marxisten Poschmann.
Erst F. Hörnigk (Über den Umgang mit dem Erbe, In: Weimarer Beiträge 20, 1974) hat die differenzierte Ebene der Argumentation, wie sie bei G. Lukács angelegt war, wieder aufgegriffen und produktiv fortgeführt. Ohne die Annahme einer resignativen Wende im Denken Büchners, weist er auf das Faktum des Scheiterns beider Hauptpersonen hin. Er entzieht sich der Parteinahme für eine der Personen, indem er beide historisch reflektiert. Dabei gelangt er kritischer als Lukács zur Einsicht in die bürgerliche Befangenheit auch Robespierres. Hörnigk sieht in der Kritik an beiden Fraktionen keine Resignation, sondern meint, „daß in der Vorführung dieser extremen Varianten bürgerlicher Konzeptionsbildung in der Revolution Büchner die Unfähigkeit der bürgerlichen Revolution und ihrer Ideologien insgesamt kritisiert, die 'Magenfrage' zu lösen." (S. 169)
Dagegen fällt G. Jancke (Georg Büchner. Genese und Aktualität seines Werkes, Kronberg i. T. 1975) auf frühere Positionen zurück. Thema des Dramas erscheint Jancke das Motiv der Identität von Mensch und Geschichte. „Büchner versuchte, die Frage zu beantworten, indem er an der moralischen Verantwortung des Individuums auch für [...] Taten der Notwendigkeit festhielt." (S. 176) Jancke geht meines Erachtens falsch davon aus, daß der Kampf um die Identität bei Büchner eine Lösung gefunden habe. Er geht davon aus, daß Büchner diese Identität in Robespierre dargestellt habe. Er übersieht die Gespaltenheit der Sympathien in beide Personen. Würde Büchner wirklich an der Person Robespierres den „Sieg der Egalität über die Bourgeoisie" (S. 183) zeigen wollen, so wäre sein Drama mißlungen. Büchners Stück zeigt in Robespierre gerade keine ungebrochene vorbildliche Gestalt. Robespierres Wirkung ist eher abschreckend. Jancke unterstellt eine Parteinahme für Robbespierre, die zumindest in diesem Maße, wie er es tut, nicht zutreffend ist.

1.1.1. Versuch, die Aktfolge des Dramas im Hinblick auf die Handlungsentwicklung funktional zu bestimmen

1. Akt:

Fast alles, was in diesem Drama im traditionellen Sinn allein noch Handlung genannt werden kann, geschieht eigentlich schon im ersten Akt.[2] Thematisch entwickelt er ein *Bild der Revolution in Gefahr*. Er zeigt eine besondere Gefahr für die gemäßigte Fraktion der Revolution in der Phase der Schreckensherrschaft, d. h. der Fraktion, die sich um Danton gebildet hat. Aber das Bild der Revolution in Gefahr bleibt nicht auf diese Fraktion allein bezogen, sondern wird auf drei Ebenen entfaltet.

Die erste Szene zum Beispiel stellt die Gruppe um Danton vor. Danton wird gezeigt in der für ihn das ganze Stück hindurch bezeichnenden Müdigkeit, Erschöpfung und Einsamkeit. Er wird nicht als politisches Wesen, Führer der Französischen Revolution [3] in ihrer entscheidenden Phase gezeigt, sondern als privates Wesen, am Spieltisch, in Gegenwart von Frauen und Freunden. Sein Hauptinteresse gilt Julie, einer seiner Geliebten.

Auf der zweiten Ebene, der Ebene des Volkes [4], wird das Bild der Revolution entworfen (Szene I, 2 „Eine Gasse" [S. 12]). In ihr zeigt sich die reale materielle Situation des Volkes während der Schreckenszeit.

Auf dritter Ebene wird die Stimmung unter den Volksrepräsentanten in Szene I, 3 „Der Jacobinerklub" (S. 16) gezeigt.

Sind so von Büchner alle wesentlich die Revolution tragenden Ebenen entworfen, hat er damit etwas wie eine Exposition der dramatischen Situation gegeben, so folgt auf diese Exposition im ersten Akt auch schon vollständig die Ausführung der Exposition. War den drei Ebenen ein Moment gemeinsam, nämlich jeweils aus verschiedenen Gründen die Revolution gefährdet zu sehen, so prallen die unterschiedlichen politischen Konzeptionen in der 6. Szene „Ein Zimmer" (S. 26 ff.) unversöhnlich aufeinander, in der Begeg-

---

(2) Die hauptsächliche Vorwegnahme des dramatischen Konflikts erfolgt durch das den ersten Akt abschließende Streitgespräch zwischen Danton und Robespierre. Die Szene endet damit, daß Robespierre die Verhaftung Dantons anordnet. In Büchners Drama dient dieses Streitgespräch nicht dazu, die verschiedenen politischen Standpunkte darzustellen, um aus ihnen dann unterschiedliche Handlungsweisen resultieren zu lassen, die sich im Laufe des Dramas zum Konflikt steigern. Die Unterschiede des praktisch-politischen Verhaltens gehen dem Zeitpunkt des Beginns des Dramas voraus, werden im Streitgespräch nur noch einmal resumiert. Die einzige Handlung, die aus dem Gespräch folgen kann, ist die Vernichtung des politischen Gegners. Sie geschieht noch in der gleichen Szene.

(3) Über den Zeitraum der Französischen Revolution, den Büchners Drama behandelt, informiert A. Sobouls Buch: Die Große Französische Revolution, Frankfurt/Main 1973. Der zweite Abschnitt des zweiten Teils: Der Despotismus der Freiheit. Revolutionsregierung und Volksbewegung 1792—95, S. 223—406, liefert alle für das Verständnis dieser Phase wichtigen Informationen.

(4) Über die Lage des Volkes in dieser Phase der Revolution informiert der Sammelband: Jakobiner und Sansculotten, hrsg. v. W. Markov, Berlin 1956.
Vgl. besonders die Aufsätze von Soboul, A.: Klassen und Klassenkämpfe in der französischen Revolution; ders.: Das Problem der Arbeit im Jahre II;
Soboul/Rudé: Das Maximum der Arbeitslöhne in Paris und der 9. Thermidor.
A. Soboul hat der Lage des Volkes außerdem noch eine eigene Studie gewidmet: Die Sektionen von Paris im Jahre II, Berlin 1962.

nung der beiden rivalisierenden Fraktionsführer Danton und Robespierre.[5] Es bleibt nicht nur bei der Konfrontation der exponierten Gegner, sondern die Konfrontation wird im dramatischen Sinn schon abgeschlossen, indem Robespierre auf Treiben St. Justs das Todesurteil über die Danton-Fraktion fällt. Dantons Tod ist beschlossen. Nichts Neues kann mehr vom Handlungsverlauf erwartet werden, die Handlung ist eigentlich antizipierend schon abgeschlossen.

2. Akt:
Aus diesem schon antizipierten Handlungsverlauf folgt konsequent für den zweiten Akt, daß er dementsprechend handlungsärmer ist. In ihm werden die Ideen des aktiven politischen Führers Robespierre in ihrem realen Vermittlungsprozeß zur Wirklichkeit gezeigt. Gezeigt wird, wie Ideen zur materiellen Gewalt werden: Danton wird verhaftet (siehe Szene II, 6, S. 42). Die Verhaftung Dantons ist eigentlich der einzige Teil des zweiten Aktes, der als Handlungselement bezeichnet werden kann. So gesehen, kommt dem zweiten Akt in der gesamten Aktfolge vor allem ein retardierender Charakter zu. Der zweite Akt drückt die Stimmung Dantons, sein Zögern, seine Langeweile, seine Angst aus. Die Szene II, 1 entwickelt das Motiv der Langeweile, die Szene II, 3 (S. 37 ff.), welche den Vergleich der Revolution mit dem Theater bringt, führt das Motiv des Nicht-Handeln-Könnens weiter. Danton weiß von seiner beschlossenen Verhaftung durch den Wohlfahrtsausschuß, er wird gewarnt und zur Flucht aufgefordert, aber er zögert, sieht keine Fluchtmöglichkeit. Statt zu fliehen, geht Danton spazieren (S. 39). Dantons Angst wird in Szene II, 4 „Freies Feld" verdeutlicht; sie bringt das Motiv der Sehnsucht nach dem Tod, der mit Ruhe und Sicherheit gleichgesetzt wird, zeigt zugleich aber die Ambivalenz solcher Sehnsucht, die nur zur Sehnsucht nach dem Tod geworden ist, da Danton keinen Ort für die Ruhe und Sicherheit in der Geschichte sieht. Sehnsucht nach dem Tod ist Sehnsucht nach dem, was das Leben sein sollte. Sehnsucht ist mit Angst verbunden. Leitmotivisch taucht hier zum ersten Mal der Satz auf, der Dantons Angst an seiner Hoffnung zeigt: „[. . .] sie werdens nicht wagen" (S. 39).
Der zweite Akt schließt mit den großen Monologen von Robespierre und St. Just im Nationalkonvent (siehe Szene II, 7, S. 42 ff.). Das Urteil wird aus dem Stadium des Beschlusses der politischen Führer in politische Realität umgesetzt.

3. Akt:
Der dritte Akt spielt im Handlungsraum des Gefängnisses. War Handlung schon im zweiten Akt nur retardierend, nur reduziert noch vorhanden, so wird sie im dritten Akt vollends *statisch*. Handlung setzt praktisch aus. Dieses Moment ist die im dramatischen Ablauf ablesbare Spiegelung des Hand-

---

(5) Zur Person Robespierres vgl. den Sammelband: Maximilian Robespierre, Berlin 1956, hrsg. v. W. Markov, dort besonders die Aufsätze von Manfred, A. Z.: Zum Meinungsstreit über Robespierre; Cornu, A.: Karl Marx' Stellung zur französischen Revolution und zu Robespierre.

lungsortes Gefängnis, formale Wiederholung der realen Funktion des Gefängnisses, Handlungsfreiheit einzugrenzen und aufzuheben. Diese Eingrenzung betrifft natürlich vor allem die eingekerkerten Dantonisten.
Wenn sich Handlung im dritten Akt überhaupt in Spuren noch auffinden läßt, so nur an einem Ort außerhalb des Gefängnisses, z. B. in Szene III, 2, im Gespräch zwischen Fouquier-Tinville und Herrmann, den beiden zentralen Figuren des Revolutionstribunals, oder im Revolutionstribunal selber (siehe Szene III, 4). Die Handlungselemente liegen außerhalb der Danton-Fraktion im Bereich der *Intrige,* wie sie sich notwendig aus den Schwierigkeiten des öffentlichen Anklägers ergibt, der den Urteilsspruch Robespierres ausführen muß, ohne konkrete Gründe dafür zu haben. Er muß nachträglich der politischen Entscheidung zur Ausschaltung eines Gegners den juristischen Schein von Objektivität geben, aus dem Vorurteil der beiden Politiker ein faktisches juristisches Urteil machen. Handlung verlagert sich so aus dem Bereich der Hauptpersonen in den Bereich des Hintergrundes. In der Intrige dient sie im dritten Akt allein der Prozeßvorbereitung bzw. der Vorbereitung des Abbruchs des Prozesses gegen die Dantonisten, um das politisch erwünschte Ziel zu erreichen.
Handeln der Hauptperson zeigt sich eigentlich nur noch einmal: in Dantons Auftreten vor dem Revolutionstribunal (Szene III, 9), das einen letzten verzweifelten, aber verspäteten Verteidigungsversuch darstellt.

4. Akt:
Der vierte Akt blendet das politische Geschehen der revolutionären Ereignisse als real-geschichtlichen Prozeß vollends aus. Handeln als Bereich geschichtswirksamen Eingreifens wird nicht mehr gezeigt.
Der vierte Akt steht allein unter dem Aspekt des Todes einer Fraktion der bürgerlichen Revolution. Geschichte, wie das Drama sie thematisiert, ist lediglich als individuelle Geschichte des eigenen Todes präsent. Revolutionäres Aufbegehren findet sich nur noch im mutigen Tod Dantons, in Büchners Motiv des Aufbegehrens gegen die Unmenschlichkeit des Todes. Im Zustand der total verstellten politischen Handlungsmöglichkeit wird der Entwurf eines Handelns völlig neuer Qualität erkennbar, der Entwurf einer totalen Revolte, die in der bürgerlichen Revolution ihren Ort nicht mehr findet.

1.1.2. Versuch, inhaltlich die nicht handlungstragende, aber das Drama wesentlich charakterisierende gedankliche Entwicklung zu bestimmen

Wurde bisher versucht, Elemente des Dramas zu fixieren, die seine Handlung ausmachten bzw. seine Handlungslosigkeit, so soll jetzt parallel dazu entwickelt werden, wie dieses schmale Gerüst von Handlung zu dem wird, was den eigentlichen Gehalt von ‚Dantons Tod' abgibt; denn daß ‚Dantons Tod' sich im bisher Gesagten nicht annähernd erschöpft, ist offensichtlich.

1. Akt:
War im Versuch, den ersten Akt im Hinblick auf die Entwicklung eines Handlungsgefüges zu untersuchen, gesagt worden, er enthalte als Exposition die ganze Handlung schon in sich, indem er ein Bild der Revolution in Gefahr

auf mehreren Ebenen entwerfe, so wäre jetzt an dieser äußerlichen Bestimmung deren inhaltliches Element abzulesen. Es wird nicht nur ein Bild der Revolution in Gefahr gezeigt, sondern man kann die Gefährdung der Revolution, die sich in den von Büchner gestalteten szenischen Bildern zeigt, aufschlüsseln. Alle drei Ebenen zeigen übereinstimmend eine *Unzufriedenheit mit dem Verlauf der Revolution.* Sie kann näher bestimmt werden als *Halbheit der Revolution,* infolge des Widerspruchs zwischen den von ihr proklamierten Idealen und der durch sie hergestellten Wirklichkeit. Dabei sind aufschlußreiche Unterschiede festzustellen.

Danton-Fraktion:
Das Programm der Dantonisten wird von Hérault-Séchelles ausgesprochen.[6] Liest man seine positiven politschen Forderungen, so erhält man zugleich den Maßstab für die spezifische Unzufriedenheit der Danton-Fraktion: ihre Ansicht von der Halbheit der Revolution. Hérault fordert:

1. „Die Revolution muß aufhören und die Republik muß anfangen." (S. 11)
2. „Jeder muß sich geltend machen und seine Natur durchsetzen können, er mag nun vernünftig oder unvernünftig, gebildet oder ungebildet, gut oder böse seyn, das geht den Staat nichts an." (S. 11)
3. „Jeder muß in seiner Art genießen können, jedoch so, daß Keiner auf Unkosten eines Anderen genießen oder ihn in seinem eigenthümlichen Genuß stören darf." (S. 11)

Camille Desmoulins ergänzt ihn:

„Die Staatsform muß ein durchsichtiges Gewand seyn, das sich dicht an den Leib des Volkes schmiegt." (S. 11)

Faßt man die Forderungen zusammen, so besagen sie, die Revolutionsregierung des Jahres 1794 solle, unabhängig vom Stand der gesellschaftlichen Kämpfe, sofort die republikanisch-demokratische Verfassung realisieren. Eine entsprechende Verfassung war im Jahre 1793[7] von der Revolutionsregierung entworfen worden, mußte aber sogleich durch den Ausnahmezustand außer Kraft gesetzt werden. Im Zentrum dieser Republik stehen die Forderungen der Erklärung der Menschenrechte. Oberstes Prinzip der Erklärung ist die Gleichheit, die sich materialisiert in der Garantie der Rechte jedes Individuums. Genau diese spezifische Form der Gleichheit drückt sich in Héraults Sätzen aus, wenn er sagt: „Jeder muß sich geltend machen und seine Natur durchsetzen können." Hierbei wird also die formale Gleichheit aller propagiert. So verstandene Gleichheit ist aber abstrakte, formale Gleichheit, die genau das Gegenteil, nämlich gesellschaftliche Ungleichheit, zur Voraussetzung

(6) Eine ausführliche Analyse des politischen Programms Dantons findet sich im Aufsatz von Holmes, T. M.: The Ideology of the Moderates in Büchner's ‚Dantons Tod', In: German Life and Letters 27, 1973/74.
Vgl. auch G. Janckes Darstellung im Kapitel: Liberalismus — das politische Programm der Dantonisten, S. 188—193.
(7) Zur Verfassung von 1793 vgl. Soboul, A.: Die Große Französische Revolution, Bd. 2, S. 280 ff.

hat und, was noch wichtiger ist, diese Ungleichheit affirmiert. So zum Beispiel wenn Hérault ausführt, gleiche Rechte sollten für jeden gelten: „[...] er mag nun vernünftig oder unvernünftig, gebildet oder ungebildet, gut oder böse seyn, das geht den Staat nichts an." Hier zeigt sich klar, daß der angeblich natürlichen Gleichheit, die die Dantonisten fordern, eine reale Ungleichheit zugrunde liegt, die durchaus keine natürlichen Ursachen mehr hat, sondern durch und durch gesellschaftlich vermittelt ist. Indem Hérault und im folgenden Camille zur Garantie dieser Gleichheit die Organisation des Staates fordern, eines Staates, der eine Gleichheit garantieren soll, deren Grundlage die gesellschaftliche Unterschiedenheit ist, begeben sie sich in einen spezifischen Widerspruch. Der Staat, so wie sie ihn fassen, hat die Rechte aller zu schützen bzw. herzustellen, aber die in diesem Anspruch des Staates aufscheinende Allgemeinheit aller Bürger findet in einer besonderen Sphäre statt, ist keine reale Allgemeinheit der Bürger, sondern findet ihre Grenzen im Interesse des jeweils Einzelnen. Hérault faßt die damit verbundene Apologie des Individuums deutlich, wenn er fordert: „Jeder muß in seiner Art genießen können, jedoch so, daß keiner auf Unkosten eines anderen genießen oder ihn in seinem eigenthümlichen Genuß stören darf." Die Allgemeinheit, in der alle Bürger identisch sind, ist also die, daß jedes Individuum im anderen seine Grenze findet. Nicht etwa bilden alle zusammen einen Staat, sondern weil sie alle unterschiedene Einzelinteressen haben, bilden sie den Staat, um diese Einzelinteressen zu schützen, um sich voreinander zu schützen. Allgemeininteresse ist den Dantonisten — widersprüchlich — Schutz des Einzelinteresses, Gleichheit — widersprüchlich — Schutz der Ungleichheit. Dantons Argumentation ist genau gegen die Fassung von Allgemeinheit und Allgemeininteresse, wie Robespierre sie entwickelt, gewandt. Sie ist die Apologie des Individualinteresses gegen eine Form der Durchsetzung des Allgemeininteresses, die gerade das Einzelinteresse einer übergeordneten Allgemeinheit: Volk unterordnen will, die versucht, Freiheit der Individuen zu beschneiden, um Freiheit aller erst herzustellen.
Bevor die Gegenposition Robespierres dargestellt wird, soll der Abfolge des Dramas gemäß zunächst die Unzufriedenheit auf der zweiten Ebene, der des Volkes, gezeigt werden.

Ebene des Volkes:
Die Unzufriedenheit des Volkes wird in drei Szenen thematisiert: in der Szene I, 2, die satirisch Pathos parodiert, in der Szene II, 2 und in der Szene III, 10. Alle drei Szenen werden zusammen gesehen, um die Unzufriedenheit des Volkes mit der Unzufriedenheit der politischen Protagonisten Danton und Robespierre zu kontrastieren.
Der Bürger Simon äußert sich in einer Sprache, die voll hohlem Römerpathos ist, und imitiert damit einen Zug der politischen Sprache der Französischen Revolution. Er regt sich darüber auf, daß seine Tochter durch Prostitution das Geld verdient, von dem die Familie, also auch er, lebt. Ein komischer Effekt ergibt sich zudem dadurch, daß er, der die Tugend beschwört, ein Säufer ist, welcher jenes Geld vertrinkt, wie seine Frau ihm sehr drastisch klarmacht:

„Du Judas, hättest du nur ein paar Hosen hinaufzuziehen, wenn die jungen Herren die Hosen nicht bey ihr hinunterließen? Du Brantweinfaß, willst du verdursten wenn das Brünnlein zu laufen aufhört, he?“ (S. 13)

Solcher Art materialistischer Argumentation kann sein angedrehter Idealismus nichts entgegnen, und so setzt ein anderer Bürger, der die Auseinandersetzung mitbekommen hat, die materialistische Argumentation der Frau aufgreifend, hinzu:

„Ja ein Messer, aber nicht für die arme Hure, was that sie? Nichts! Ihr Hunger hurt und bettelt. Ein Messer für die Leute, die das Fleisch unserer Weiber und Töchter kaufen! Weh über die, so mit den Töchtern des Volkes huren! Ihr habt Kollern im Leib und sie haben Magendrücken, ihr habt Löcher in den Jacken und sie haben warme Röcke, ihr habt Schwielen in den Fäusten und sie haben Sammthände. Ergo, ihr arbeitet und sie thun nichts, ergo ihr habt's erworben und sie haben's gestohlen; ergo, wenn ihr von eurem gestohlenen Eigenthum ein paar Heller wieder haben wollt, müßt ihr huren und bettlen; ergo, sie sind Spitzbuben und man muß sie todtschlagen.“ (S. 14)

Diese Szene zeigt eine krasse Konfrontation von Idealismus und Materialismus, einem Materialismus, der sich selbst als Theorie zu begreifen beginnt, wenn der „erste Bürger“ gegen Ende seiner Rede ihr einen philosophischen Anstrich zu verleihen versucht, indem er im „ergo“ den Schlußcharakter der idealistischen Philosophie kopiert. Aber wenn auch hier Ansätze zu materialistischer Theorie zu sehen sind, so ist doch eines zunächst offensichtlich: Nicht der Entwurf einer Theorie, nicht eine Argumentation aus abstrakten Prinzipien ist intendiert, sondern angestrebt wird ein Denken, das die Wirklichkeit materialistisch begreift, um sie auch materiell zu verändern. Solche 'Philosophie' drängt auf die Praxis, ist Ausdruck des treibenden Kerns dieser Phase der Revolution, des Sansculottentumes. Ausdruck ihres Materialismus ist eine radikale Kritik an den Lebensverhältnissen des Volkes, die im Anspruch durch die Französische Revolution geändert wurden und sich dennoch faktisch kaum geändert haben. Ein „dritter Bürger“ führt die Kritik als politische Kritik an den verschiedenen Phasen der Revolution [8] aus, wenn er sagt:

„Sie haben kein Blut in den Adern, als was sie uns ausgesaugt haben. Sie haben uns gesagt: schlagt die Aristocraten todt, das sind Wölfe! Wir haben die Aristocraten an die Laternen gehängt. Sie haben gesagt: das Veto frißt euer Brot, wir haben das Veto todtgeschlagen. Sie haben gesagt: die Girondisten hungern euch aus, wir haben die Girondisten guillotinirt. Aber sie haben die Todten ausgezogen und wir laufen wie zuvor auf nackten Beinen und frieren.“ (S. 14)

(8) Jeder Teil der Rede des „Dritten Bürgers“ bezieht sich auf einen wesentlichen geschichtlichen Abschnitt der Französischen Revolution. So spielen die ersten Sätze auf die grundsätzlich antifeudalen Ereignisse in der ersten Phase der Französischen Revolution von 1789 an. Der Satz „Wir haben das Veto todtgeschlagen“ bezieht sich auf den Übergang von der konstitutionellen Monarchie zur Republik im September 1792. Im letzten Teil zielt er auf die Ereignisse am 31. Mai und 2. Juni 1793, in denen die Girondisten als gemäßigter Teil der Opposition ausgeschaltet wurden. In diesen Ereignissen wurde die Diktatur des Wohlfahrtsausschusses 1793 begründet.

Das Volk verfolgt demzufolge mit der Französischen Revolution eine Besserung der materiellen Lebensverhältnisse und mißt allein daran den Erfolg der Revolution.
Die Aussage des „dritten Bürgers“ zeigt, daß er ein partielles Bewußtsein von der Revolution als Klassenkampf hat, zum Beispiel wenn er ein befehlendes „Sie haben gesagt [...]“ und ein ausführendes „Wir“ haben getan, unterscheidet. Er begreift damit, daß die Revolution im Kampf gegen den Feudaladel durchaus von unterschiedlichen Gruppen getragen wird, daß dem Adel kein geschlossener dritter Stand gegenübersteht, sondern daß dieser selbst wieder gespalten ist, daß die Ziele des dritten Standes auch die der Bürger sind, und daß das ausführende Mittel solcher Ziele ein vom dritten Stand unterschiedenes gesellschaftliches Subjekt ist. Ohne daß der Begriff genannt wird, taucht hier die Unterscheidung von drittem und viertem Stand schon auf.
Aus dem ansatzweisen Wissen von der Gespaltenheit der antifeudalen Kräfte ergibt sich, daß die in materieller Not lebenden Massen zwar ausführendes Organ der Revolution sind, aber nicht selbst über die auszuführenden Ziele verfügen können. Dem folgt die Einsicht, daß die unterdrückten Massen noch immer Objekt von Politik sind, die nicht die ihre ist. Konsequent ist der Ruf nach dem Terror, wie er hier aus der Rede resultiert, zu verstehen als Versuch, dieses Verhältnis mit aller Gewalt zu verkehren. Das ‘Volk’, wie immer unbestimmt auch nur gefaßt, als elende, im Elend lebende Masse, will selbst die Revolution bestimmen.
Halbheit der Revolution bedeutet demzufolge auf der Ebene des Volkes, Einsicht in den realen geschichtlichen Prozeß zu erlangen. Einsicht, sich nicht mit Idealen, die von anderen gesetzt sind, abspeisen zu lassen, sondern auf der realen Aufhebung der materiellen Not zu beharren. Die Revolution ist solange für die Masse des Volkes unvollendet, solange ihre Not weiterbesteht, solange die propagierten Ideale nur Ideale im Widerspruch zur schlechten Realität bleiben. Die Masse fordert reale Gleichheit als soziale Gleichheit. Keiner soll besser leben, alle gut.
Aber Halbheit der Revolution bedeutet auf der Ebene des Volkes nicht nur die Existenz eines Widerspruches von Anspruch und Praxis der Revolution, sondern Halbheit der Revolution bezieht sich auch auf den Träger der Revolution, das revolutionäre Volk selber. Dies ist das Thema der Szene II, 2. Hier werden Menschen aus dem ‘Volk’, ‘Bürger’, als bewußtlose Individuen und zugleich als Träger der Revolution vorgeführt. Die Szene ist deutlicher Ausdruck der Büchnerschen Ansicht von der Rolle des Volkes als Revolutionsträger. Er sah im Volk noch kein entwickeltes revolutionäres Subjekt. Revolutionäres Bewußtsein ist erst aus den realen Widersprüchen zu entwickeln. Volk ist bei Büchner ambivalent, revolutionär und unrevolutionär zugleich. Es steht im Widerspruch, Träger und Objekt der Revolution in einem zu sein. In der Diskussion Simons mit dem Bürger [9], der sich freut, Vater geworden

---

(9) Vgl. Zöllner, B.: Büchners Drama ‚Dantons Tod‘ und das Menschen- und Geschichtsbild in den Revolutionsgeschichten von Thiers und Mignet, Diss. Kiel 1972: „Das Volk hat [...] die Sprache der Revolutionäre übernommen und auch ein repu-

zu sein, zeigt Büchner Menschen des Volkes vom Pathos Robespierrescher Moral getäuscht. Über ihr individuelles Schicksal trösten und betrügen sie sich selber mit Phrasen. In deutlicher Ironisierung weist Büchner das Praktisch-Werden der Moral Robespierres als Unfug nach. Den gleichen Sachverhalt, sich durch Moral zu erhöhen, mit ihr von der Realität abzuheben, um um so fester an sie gekettet zu werden, führt Büchner witzig-ironisch an einem scheinbar nebensächlichen Einsprengsel vor. Ein Bänkelsänger [10] singt: „Was doch ist, was doch ist / Aller Männer Freud und List?" (S. 34) Nach einer kurzen Unterbrechung setzt der Sänger sein Lied fort: „Unter Kummer unter Sorgen / Sich bemühn vom frühen Morgen / Bis der Tag vorüber ist." (S. 34) In diesen beiden kleinen Beispielen stellt Büchner seine Ansicht vom verführbaren, noch verblendeten Volk dar. Klassenbewußtsein ist erst in Ansätzen da und wird, wenn die Moral der bürgerlichen Revolution von den unbürgerlichen Massen aufgegriffen wird, zum Witz im wahrsten Sinn des Wortes. Die Ironisierung, die Büchner in die Darstellung eingehen läßt, dient dem Ziel, materialistisches Bewußtsein zu produzieren aus der parodistischen Kritik des idealistischen Bewußtseins.

Robespierre und der Nationalkonvent:
Gegenposition zur Unzufriedenheit der Dantonisten wie der des Volkes ist die Auffassung Robespierres, welche zugleich die des größeren Teils des Nationalkonvents ist. Denn mit seiner Ansicht von der Notwendigkeit der Fortsetzung der Revolution setzt Robespierre sich gegen die Dantonisten durch. Entscheidend, um seine Ansicht von der Halbheit der Revolution herauszuarbeiten, sind die Szenen I, 3 und I, 6 sowie die Szene II, 7.
Die Szene I, 3 bringt Robespierres Analyse des Standes der gesellschaftlichen Kämpfe der Revolution und ein daraus abgeleitetes Programm; Szene I, 6 zeigt die Konfrontation der beiden Protagonisten; in der Szene II, 7 findet

---

blikanisches Bewußtsein entwickelt, ohne allerdings das antike Vorbild gedanklich zu erfassen" (S. 106).
Die Verwendung antiker Formen besitzt bei Büchner „zwei Funktionen: einmal dienen sie den dargestellten Personen als Beispiele zur Kennzeichnung der politischen Situation, zum anderen wird dieser Sprachgebrauch durch das Volk in seiner Phrasenhaftigkeit entlarvt" (S. 106).
Zum gleichen Zusammenhang vgl. Krapp, H.: Zu Büchners ästhetischer Konzeption. Pathos. In: W. Martens (Hrsg.): Georg Büchner, Darmstadt 1965, S. 391 ff.; ders.: Der Dialog bei Georg Büchner, Darmstadt 1958, S. 17.
Wichtig in diesem Zusammenhang ist auch die Kritik, die Zöllner an H. Koopmanns Arbeit: ‚Dantons Tod' und die antike Welt, In: ZfdPh 84, 1965, Sonderheft, S. 22—41, übt. Sie findet sich im Kapitel: Die Idee der ewigen Wiederkehr des Gleichen. Geschichtsbild Georg Büchners?, S. 100—107.
(10) Eine Gefahr der Interpretation der Funktion der Volkslieder scheint mir in deren naiver Rezeption als positiver Ausdruck von Volksverbundenheit zu liegen. Vgl. H. J. Geerdts, Anm. 1, S. 646; Fink, Gonthier-Louis: Volkslied und Verseinlage in den Dramen Büchners, In: W. Martens, Anm. 9, S. 443 ff.;
Emrich, W.: Georg Büchner und die moderne Literatur, In: ders.: Polemik, Bonn 1968, S. 148; H. Poschmann, Anm. 1, S. 37.
Die wichtigsten Ausführungen zu den Liedern macht meiner Meinung nach Ullmann, B.: Die sozialkritische Thematik im Werk Georg Büchners und ihre Entfaltung in ‚Woyzeck', Diss. Stockholm 1970, S. 101 ff.

sich erneut eine Darlegung der Grundzüge der Politik Robespierres sowie der Politik St. Justs. Diesmal entwickeln sie die Prinzipien ihrer Politik allerdings nicht perspektivisch, sondern vor allem, auf die inzwischen erfolgte Verhaftung reagierend, als Rechtfertigung. Die Szenen werden in der Reihenfolge, wie sie im Drama aufeinander folgen, dargestellt.
Die Sitzung des Jakobinerklubs findet statt in einer geschichtlichen Situation [11], die Büchner nur am Rande streift. Es herrscht allgemeine Unruhe in den Klubs, den Hauptzentren der revolutionären Aktionen, weil sie die Revolution gefährdet sehen. So macht beispielsweise ein Lyoner Jakobiner der Pariser Führung, d. h. hier implizit Robespierre, den Vorwurf der Nachgiebigkeit: „Eure Barmherzigkeit mordet die Revolution." (S. 16) Er geht sogar so weit, die Möglichkeit eines Aufstandes der Klubs gegen die Pariser Führung als Drohung zu gebrauchen. Der Lyoner Bürger zeigt die Revolution in Gefahr. Er erwähnt ein Anwachsen der Konterrevolution im Innern — die Ermordung Ronsins — sowie die Übergriffe der Konterrevolution aus dem Ausland — den Versuch einer Invasion der Flotten Pitts. Danach meldet sich Robespierre zu Wort und entwickelt in für ihn typischer Weise seine Analyse der Situation. Typisch ist zunächst einmal vor allem der Beginn seiner Rede, wenn er sagt: „Wir warteten nur auf den Schrei des Unwillens, der von allen Seiten ertönt, um zu sprechen." (S. 17) Dies ist eine Geste der Bescheidenheit. Nicht allein bescheiden ist er, redet nur, wenn das Volk es verlangt, nein noch mehr, er stellt sich dem Volk als Diener zur Verfügung. Er will nur ausführendes Organ einer größeren tugendhaften Kraft sein: Diener des Volkes. Ist er im Volk als der 'Unbestechliche' bekannt — auch Büchner läßt ihn immer wieder so nennen —, so ist es gerade solch ein typischer Anfang seiner Rede, mit dem er dieses Bild pflegt. Auf seine Haltung des selbstlosen Dienens wird mehrfach das religiöse Bild des Messias angewandt. Seine Rede bringt die Aufteilung der „inneren Feinde der Republik" (S. 17), die in zwei Lager [12] zerfallen seien: „unter Bannern von verschiedener Farbe und auf den verschiedensten Wegen eilen sie alle dem nämlichen Ziele zu" (S. 18). Er meint die Ultras, die zum damaligen Zeitpunkt gerade ausgeschaltet worden waren, übrigens unter Beihilfe Dantons, sowie die Citras, die Gemäßigten, unter die auch die Dantonisten zu zählen sind. Die Fraktion der Ultras „erklärte der Gottheit und dem Eigenthum den Krieg" (S. 18). Die Fraktion der Gemäßigten wähle einen anderen Weg: Sie wolle das Volk entwaffnen, um es „nackt und entnervt den Königen zu überantworten" (S. 18). Dem Vorwurf, die Schreckensherrschaft sei despotisch, sie gleiche dem absolutistischen Regime, entgegnet er:

„Regire der Despot seine thierähnlichen Unterthanen durch den Schrecken, er hat recht als Despot, zerschmettert durch den Schrecken die Feinde der Freiheit und ihr habt als Stifter der Republik nicht minder Recht. Die Revolutionsregirung ist der Despotismus der Freiheit gegen die Tyrannei [...] In einer Republik sind nur Repu-

---

(11) Zum geschichtlichen Hintergrund dieser Szene vgl. Soboul, A.: Die Große Französische Revolution, Bd. 2, 4. Kap.: Sieg und Sturz der Revolutionsregierung, S. 324 bis 369.

(12) Zum Kampf der 'Ultras' und 'Citras' vgl. A. Soboul, Anm. 11, S. 336 ff.

blicaner Bürger, Royalisten und Fremde sind Feinde. Die Unterdrücker der Menschheit bestrafen ist Gnade, ihnen verzeihen ist Barbarei." (S. 18/19)

Hat er bislang noch auf der vernünftigen Ebene einer Zweck-Mittel-Relation argumentiert, so kommt es im Anschluß an diese rationale Argumentation sofort zu einem Bruch in seiner Rationalität. Vom Angriff geht er zur Denunziation des Gegners über. Wichtig ist dabei, daß fraglos gesetzte Argumente rational begründete verdrängen. Er bezichtigt die Dantonisten, „die heiligsten Quellen [der Kraft des Volkes, der Verf.] durch das Laster zu vergiften. Dieß ist der feinste, gefährlichste und abscheulichste Angriff auf die Freiheit." (S. 19); Moral enthüllt sich als Haupttriebkraft seiner Argumentation. Auch die rationalen Argumente Robespierres sind — verwunderlicherweise — nicht primär Folge von Vernunft. Die Republik muß nicht verteidigt werden, weil Freiheit und Gleichheit Materialisationsformen von Vernunft wären, dem Glück des Volkes dienten; sondern das Verhältnis erscheint verkehrt. Weil Moral oberstes, nicht selbst begründetes Ziel ist, ist die Vernunft nur Mittel zum unbegründeten, vorausgesetzten Zweck. Nicht die Moral hat dem Volk zu dienen, sondern das Volk der Moral. Robespierre entwirft hier eine idealistische Politik, Politik aus moralischen Prinzipien.

Faßt man seine Rede zusammen, so kann man folgendes festhalten:

Sie fußt auf einem allgemeinen Prinzip: dem einer Moral, die selbst nicht mehr begründet wird. Sie ist so gesehen einfache Setzung, unvernünftig. Die obersten Zwecke sind nicht rational begründet.

Aus einer derartigen Setzung folgt eine rationale Argumentation in Zweck-Mittel-Kategorien: Wenn Moral die Ziele statuiert und wenn die Form der Realisation dieser Ziele die Republik ist, wird alles, was ihren Erfolg garantiert, legitim, und alles, was sie gefährdet, ist zu bekämpfen. Der Zweck diktiert die Mittel. Hier argumentiert Robespierre auf der Grundlage der Unvernunft vernünftig.

Weil Robespierre den Widerspruch jener Verbindung von Vernunft und Unvernunft spürt und weil Danton genau an dieser schwächsten Stelle angreift, muß Robespierre, um auf der Zweck-Mittel-Ebene sein Ziel in der Argumentation zu erreichen, auch hier Vernunft mit Unvernunft mischen, d. h., um die eigene Unvernunft zu verdecken, muß er zum Mittel der Denunziation, Verleumdung und Verzerrung greifen. Funktion der Denunziation Dantons als eines lasterhaften Menschen ist es, den Bruch der logischen Verbindung von Zweck und Mittel zu verdecken. Sie stellt den Versuch dar, von Dantons Kritik an der bei Robespierre nicht radikal durchgehaltenen Vernünftigkeit abzulenken. Daß Danton die vernünftige Begründung der Tugend verlangt, die Robespierre unreflektiert als Norm seinem Handeln voraussetzt, bringt ihm den Vorwurf der Lasterhaftigkeit ein, der eine historische Berechtigung in der Verwicklung Dantons in Bestechungsaffären[13] hatte. Im Aufweis eines Mangels Dantons wird vom eigenen Mangel abgelenkt. Daß das Erreichen der Erfüllung individueller Wünsche und Bedürfnisse als Laster von Robespierre allgemein denunziert wird, daß Askese als individuelle Inter-

(13) Zum Bestechungsvorwurf gegen Danton vgl. A. Soboul, Anm. 11, S. 325 ff.

esselosigkeit im Dienste eines höheren Allgemeininteresses unter der Kennmarke der Tugendhaftigkeit propagiert wird, ist Ausdruck dieser abgebrochenen Reflexion auf den obersten Zweck. Der vernünftige Robespierre bricht seine Reflexion an einem wesentlichen Punkt ab und muß den Kritiker dieses Bruches innerhalb seiner Vernunft denunzieren. Da seine Politik nicht primär das materielle Wohlergehen des Volkes im Auge hat, sondern seine sittliche Besserung, wohingegen die Volksmassen durchaus am materiellen Wohlergehen primär interessiert sind, muß er zum Mittel der Demagogie greifen, um diesen Grundwiderspruch zu verdecken. Als im Interesse des Volkes liegend, muß dargestellt werden, was die Massen nur mittelbar interessiert. Da Robespierre als bürgerlicher Revolutionär, der den Angriff auf „Gottheit und Eigenthum" ablehnt, ja deren Schutz ins Zentrum stellt, den materiellen Interessen des Volkes nicht nachkommen kann, muß er ihm die moralische Überlegenheit suggerieren. Materielle Interessen werden bei ihm spiritualisiert, verinnerlicht. Man macht keine Revolution, weil man besser leben will, sondern weil man ein besserer Mensch ist.

Unvernunft als Ausgangspunkt in der Bestimmung der Ziele, Vernunft in der Verfolgung der gesteckten Ziele und Demagogie als vernünftiges Mittel, die Unvernunft zu verdecken, gehören bei Robespierre zusammen. Moral und Vernunft sind bei ihm in seiner Argumentation gekoppelt wie zugleich durch Demagogie dementiert.

Deutlicher noch wird dieser Zug in der Szene I, 6, in der Danton und Robespierre aufeinandertreffen. Sie zeigt, was Robespierre eine halbe Revolution nennt:

> „Die sociale Revolution ist noch nicht fertig, wer eine Revolution zur Hälfte vollendet, gräbt sich selbst sein Grab. Die gute Gesellschaft ist noch nicht todt, die gesunde Volkskraft muß sich an die Stelle dieser nach allen Richtungen abgekitzelten Klasse setzen. Das Laster muß bestraft werden, die Tugend muß durch den Schrecken herrschen." (S. 26)

Robespierre spricht es hier wörtlich aus: Die soziale Revolution ist noch nicht fertig, der Klassenkampf gegen den Adel noch nicht siegreich beendet. So weit hat er recht, aber wenn er Laster und Adel identifiziert, kommt sein Widerspruch zum Vorschein. Der Adel wird nicht bekämpft, weil er parasitär von der Arbeit der Unterdrückten lebt, sondern weil er lasterhaft ist. Geschichtliche Einsicht und Unvernunft, Moral und Politik gehen durcheinander. Es ist eben keine soziale Revolution, deren Führer er ist, sondern eine Revolution, die, wenn es nach ihm ginge, um den Sieg der Moral kämpfte.[14] Eben die Fundierung von Politik auf Moral, die schwächste Stelle in Robespierres Argumentation, greift Danton an, wenn er auf das materielle Interesse als Triebkraft der Revolution hinweist. Er nennt es ein „elendes Vergnügen" (S. 26), eine Revolution durchzuführen, nur um „Andre schlechter zu

(14) Vgl. B. Zöllner, Anm. 9, S. 129: „Robespierre tritt im Drama als Beschützer des Eigentums auf. Als Lösung des Gegensatzes zwischen Armen und Reichen schwebt der Robespierre-Figur des Dramas eine konsequente Durchsetzung des Tugendsystems vor, eine gewaltsame Umschichtung der Eigentumsverhältnisse beinhaltet diese Konzeption nicht."

finden als mich“ (S. 26), und in diesem Argument ist es ihm gelungen, dialektisch die Interesselosigkeit, die Robespierre behauptet, ihres eigenen Interesses zu überführen. Damit weist er gerade darauf hin, daß die soziale Revolution, die Robespierre im Munde führt, gar nicht intendiert ist, sondern als moralische Revolution um ihren sozialen Sinn gebracht wird. Er sagt: „Es giebt nur Epicuräer und zwar grobe und feine [...] Jeder handelt seiner Natur gemäß d. h. er thut, was ihm wohl thut.“ (S. 27) Auf der Prinzipienebene bringt er das Einzelinteresse und seine Durchsetzung als Ziel der Revolution wieder ins Blickfeld und kämpft gegen die Interesselosigkeit der Verwirklichung von moralischen Prinzipien als Triebfeder der Revolution. Ändern sollen sich die sozialen Verhältnisse und mit ihnen das Verhältnis der Menschen untereinander, nicht die Moral allein. Moral bzw. ihre rücksichtslose Verwirklichung ist ihm Mord. Wichtig an der Szene ist, daß Robespierre, hier angegriffen von Danton, als Ziel seiner Revolution die Verwirklichung allgemeiner Tugendhaftigkeit propagiert und die Revolution als halbe Revolution anspricht, weil dieses Ziel noch nicht erreicht sei. Die Unterschiede zwischen Robespierre und Danton werden deutlich. Während Robespierre der Moral zum Sieg verhelfen will und sein Ziel am besten in der Form der Republik garantiert sieht, ist für Danton die Republik nur Form der Revolution, nicht weil sie das Wirklichwerden einer Idee erlaubt und ermöglicht, sondern die sozialen Verhältnisse verändert. Beide haben die gleiche politische Form Republik im Auge, aber aus völlig verschiedenen Motiven. Danton gibt sich als Materialist, Robespierre als Idealist. Der eine verfolgt die Verwirklichung eines Einzelinteresses als Interesse der verschiedenen Einzelnen, der andere die Errichtung eines Allgemeininteresses, das in der Form der Moral zu verwirklichen sei.

Resumee des 1. Aktes: Halbheit der Revolution

Der erste Akt bringt, auf drei Ebenen reflektiert, ein Bild der Geschichte der Französischen Revolution als *unvollendeter Revolution* und damit auch das Bild einer *unabgeschlossenen Geschichte*. Er thematisiert die Unzufriedenheit mit der Revolution und zeigt auf den drei Ebenen der Danton-Fraktion, des Volkes und der Robespierre-Fraktion, was sie jeweils unter der *Halbheit der Revolution* verstehen. Danton ist die Revolution halb, weil die Freiheit der Einzelinteressen noch nicht garantiert ist. Robespierre ist sie halb, weil es noch kein Allgemeininteresse gibt, das er in der Form der Moral propagiert. Für das Volk ist die Revolution halb, weil es noch hungert. Auf der Ebene der Konfrontation der Hauptfiguren stellt sich Geschichte dar als *Streit verschiedener Prinzipien*, als Streit von Einzelinteresse und Allgemeininteresse, als Streit von *Egoismus und Moral*. Die Konfrontation zeigt, daß Egoismus und Moral in der republikanisch-demokratischen Phase der Revolution im Verhältnis eines Widerspruchs zueinander stehen, eines Widerspruchs, der nicht aus der immanenten Logik der Auseinandersetzung geschlichtet wird, sondern eine Lösung nur gewaltsam findet in der Liquidierung des Vertreters des Einzelinteresses. Die Moral siegt in Form der Politik Robespierres qua Gewalt. Die Französische Revolution wird von Büchner als *Revolution im Widerspruch* gezeigt, der darin besteht, Menschenrechte proklamiert zu haben und zugleich diejenigen, die sie wahrnehmen wollen, liquidieren zu müssen. Der großen Masse des Volkes kann sie die Wahrnehmung dieser Menschenrechte nur in einer Form garantieren, die ihr Leben nicht wesentlich verändert. Der Widerspruch, welcher einer des Inhaltes der bürgerlichen Revolution ist, wird *personalisiert* dargestellt an Danton und Robespierre. Beide werden als Revolutionäre aufgefaßt, stehen aber jeweils selbst wieder unter besonderen Widersprüchen. Eine äußerliche Form dieses Widerspruchs drückt sich etwa in der Unentschiedenheit Büchners gegenüber seinen Personen aus. Danton gehören Büchners Sympathien, aber auf Robespierres Seite steht die Vernunft. Danton erscheint menschlich, aber unvernünftig handelnd, Robespierre vernünftig, aber unmenschlich handelnd. Vernunft und Moral sind aufgespalten in Personen und damit getrennt. *Diese Halbheit der Revolution darzustellen ist der eigentliche Gegenstand des Dramas.*

2. Akt: Dialektik von Fortschritt

Der festgestellte retardierende Charakter des zweiten Aktes soll nun als konsequenter Ausdruck des Gehaltes kommentiert werden. Wesentlich erscheint, daß Geschichte hier schon nicht mehr als Geschichte der Revolution thematisiert, sondern als Ausdruck eines Widerspruchs entfaltet wird, der die Geschichte selber tangiert. Geschichte der Revolution sollte heißen: Geschichte der Veränderung des Laufes der Geschichte. Im zweiten Akt aber wird sie von Büchner noch immer gezeigt als etwas, was unbegriffen über die Menschen verhängt ist und sie in ihrem Handeln bestimmt.

Die Stellung zur Revolution, als dem entscheidenden Prozeß des Heraustretens aus der vergangenen Geschichte von Herrschaft, wird im Drama vor allem durch die kontrastierenden Revolutionsauffassungen von Danton und Robespierre/St. Just dargestellt und problematisiert. Ihre Auffassungen thematisieren das in der Revolution enthaltene Motiv des Fortschritts. So faßt Danton desillusioniert den Revolutionär als ausführendes Organ einer fremden Geschichtsnotwendigkeit. In bezug auf die eigene Person und auf Robespierre stellt er fest: „Wir haben nicht die Revolution, sondern die Revolution hat uns gemacht.“ (S. 32) Für Danton ist die Revolution Ausdruck eines sozialen Gesetzes; dieses Gesetz selbst aber ist noch unerkannt, wird noch nicht beherrscht: „Es fehlt uns etwas, ich habe keinen Namen dafür.“ (S. 32) Geschichte ist sogar im Akt ihrer Umwälzung für ihn unbegriffene Gewalt: Verhängnis [15]. Genau aus der Unkenntnis, nicht zu wissen, wie Geschichte aus dem Akt des Verfügt-Werdens in einen Akt von Verfügung überführt werden kann, zieht Danton die Konsequenz. Er verzichtet auf handelndes Eingreifen, weil die Art des Eingreifens in Geschichte selber nur Verlängerung bisheriger Geschichte bedeuten würde. Der unbegriffenen Geschichte, wie sie sich ihm darstellt als ewiger Kampf aller gegen alle, will er sich durch Untätigkeit verweigern. Nur an einer Revolution, die alle bisherige Geschichte verändert, fühlt er sich beteiligt. Die Französische Revolution zählt er selbst in diesem Augenblick nicht zu einem solchen Veränderungsprozeß. Sie erscheint ihm noch immer als Vorgeschichte.

---

(15) Vgl. Szondi, P.: Versuch über das Tragische, Frankfurt/Main 1961, S. 104 f.

Die Aussagen Robespierres und St. Justs stellen den Gegenpol zu Dantons Geschichtsverständnis dar. Sie haben das gleiche Thema, ja sie kommen inhaltlich zum gleichen Resultat. Nicht die Menschen machen die Geschichte, sondern die Geschichte bedient sich der Menschen. Unterschieden sind sie nur dadurch, daß sie sich im Gegensatz zu Danton positiv auf die Geschichte — auch die ihrer eigenen Unfreiheit — beziehen. Sie haben ein unproblematischeres Verhältnis zur Geschichte, sie rechtfertigen deren Verlauf, statt ihn als unvollendet zu begreifen. Robespierre wendet unerbittlich seine moralischen Prinzipien auf die Geschichte an und folgert aus der Moral die Unmoral. Er akzeptiert sich selbst als fremdbestimmtes Wesen, als nur ausführendes Organ. Er ist zufrieden, Instrument in der Hand der Geschichte zu sein. St. Just verhält sich ebenso. Ihm ist die Geschichte gleichfalls ein Prozeß, in dem die Rollen der Einzelnen wie der Massen fremdbestimmt sind: „Die Natur folgt ruhig und unwiderstehlich ihren Gesetzen." (S. 45) Im Gegensatz zu Danton [16] akzeptiert er seine eigene fremdbestimmte Rolle als ausführendes Organ einer als Naturprozeß ablaufenden Geschichte.

„Ich frage nun: soll die moralische Natur in ihren Revolutionen mehr Rücksicht nehmen, als die physische? [. . .] Der Weltgeist bedient sich in der geistigen Sphäre unserer Arme eben so, wie er in der physischen Vulkane oder Wasserfluthen gebraucht. Was liegt daran ob sie an einer Seuche oder an der Revolution sterben? — Die Schritte der Menschheit sind langsam, man kann sie nur nach Jahrhunderten zählen, hinter jedem erheben sich die Gräber von Generationen.
Das Gelangen zu den einfachsten Erfindungen und Grundsätzen hat Millionen das Leben gekostet, die auf dem Wege starben. Ist es denn nicht einfach, daß zu einer Zeit, wo der Gang der Geschichte rascher ist, auch mehr Menschen außer Athem kommen?" (S. 45 f.)

Mit dem mythischen Bild der Naturgeschichte rechtfertigt er, daß auch die neue revolutionierte Geschichte der vergangenen gleichen dürfe. Veränderung ist ihm nicht Veränderung des Gesetzes aller bisherigen Geschichte, sondern deren weitere Existenz. Ihm kommt es nicht darauf an, alle bisherige Geschichte zu verändern, sondern sie anders zu interpretieren und schon diese andere Interpretation für den Fortschritt zu halten. Sein Geschichtsoptimismus ähnelt dem Geschichtspessimismus Dantons mehr, als es scheint; beide haben denselben Grund, die Annahme einer Gesetzmäßigkeit der Geschichte. Auch er sieht die Opfer aller bisherigen Geschichte, ihm sind sie notwendig, er preßt der Sinnlosigkeit in seinem zynischen Bild Sinn ab, Danton dagegen will, daß Geschichte anders werde.
Der zweite Akt entwirft eindringlich das Bild aller bisherigen Geschichte der Menschen als Vorgeschichte im Zeichen des Schicksals. Noch die Revolution wird als Teil dieser Vorgeschichte gedeutet, sowohl von Danton, der ihre Gesetzmäßigkeit ändern will, wie von Robespierre und St. Just, die ihre Gesetz-

(16) B. Zöllner hat auf eine Gemeinsamkeit der im Drama einander so unversöhnlich bekämpfenden Personen Danton und St. Just hingewiesen. Beide vertreten eine deterministische Geschichtsauffassung. Ein Unterschied ergibt sich nur aus der Stellung zu ihr (S. 137).

mäßigkeit akzeptieren. Die Dialektik des Fortschritts wird thematisiert, nur steht seine Entfaltung noch aus.

3. Akt: Moral als Unmoral

Einleitend konnte zur Handlung festgestellt werden, sie sei im dritten Akt hinsichtlich der Hauptpersonen völlig statisch. Handlung ist jedenfalls in bezug auf Danton und seine politischen Freunde, ausgeklammert oder, paradox ausgedrückt, sie ist allein in Reflexion noch erhalten. Was besagt eine solchermaßen in Statik verwandelte Handlung für den darzustellenden Inhalt der revolutionären Geschichte einer bürgerlichen Revolution?

Zunächst einmal soll auf der Ebene des Hintergrundes dargestellt werden, was Dialektik von Fortschritt meint. Darstellbar wird das an der Intrige um die Verurteilung Dantons. Hieran zeigt Büchner, wie die moralische Politik über die unmoralische siegt. Er verfolgt die Intrige in mehreren Stadien ihres Verlaufes, zunächst die Manipulation der Geschworenen, deren Auswahl nach Kriterien ihrer physischen oder intellektuellen Unfähigkeit erfolgt. Der Präsident des Revolutionstribunals weiß, daß dies ein offener Rechtsbruch ist: „es wird die gesetzliche Form verletzen" (S. 51). Auch die Verwendung des Märchens von der angeblichen Verschwörung im Gefängnis, mit der der Prozeß endgültig abgebrochen wird, geschieht in voller Absicht. St. Just ordnet an: „Sie [die Dantonisten, der Verf.] müssen weg, um jeden Preis." (S. 57) Recht ist ihm nur ein Mittel, Zwecke durchzusetzen, die sich als moralische Zwecke ausgeben, aber ganz anders, nämlich in politischer Nützlichkeit fundiert sind. Im Unterschied zu Robespierre, der hier nicht auftritt, ist ihm Moral nicht Selbstzweck, sondern Mittel zum Zweck. Das Motiv politischer Nützlichkeit verschwindet im Umkreis der Personen St. Justs noch weitergehend. Bei Barrère, Collot und Billaud-Varennes ist nicht einmal mehr der politische Zweck vorhanden, sondern allein noch der private Nutzen. Sie handeln als Schurken und wissen sich auch als Schurken: „Die Welt müßte auf dem Kopf stehen, wenn die sogenannten Spitzbuben von den sogenannten rechtlichen Leuten gehängt werden sollten." (S. 59)

Betrachtet man diese Szenenfolge als Fortsetzung von Büchners Reflexion auf die Geschichte der Französischen Revolution in Hinblick auf eine darzustellende Dialektik von Fortschritt, so sagt sie: Die moralische Politik ist so moralisch nicht, wie sie sich selbst im Urteil Robespierres glaubt. Moral kann nur unter Zuhilfenahme eines ihr äußerlichen Momentes, der Gewalt, hier des Rechtsbruchs, zur Wirklichkeit werden. Moral und Verbrechen werden von Büchner als miteinander verbunden gezeigt. Recht wird Recht als Unrecht. War die Errichtung einer unabhängigen Gerichtsbarkeit eine der großen Errungenschaften der Französischen Revolution, Ausdruck des Geschichtlich-Werdens von aufklärerischer Vernunft, die Unrecht als Rechtssprechung aus unmittelbarem Privatinteresse der Feudalherren ablösen wollte, so zeigt sich hier im Rechtsprozeß Unrecht selbst wiederholt, alte Herrschaft in neuer Form verlängert.

Die Darstellung des Rechtes als Unrecht wird auf der Ebene der Reflexion durch Danton und seine Freunde eingeholt. So zum Beispiel in der Szene III, 3, in welcher der Vermittlungsprozeß der moralischen Ideen zur Wirklichkeit von den Betroffenen selber erfahren wird. Mercier ist es, der hier das oben Vorweggenommene formuliert:

„Nicht wahr, Lacroix? Die Gleichheit schwingt ihre Sichel [...] geht einmal euren Phrasen nach, bis zu dem Punkt, wo sie verkörpert werden. Blickt um euch, das Alles habt ihr gesprochen, es ist die mimische Uebersetzung eurer Worte. Dieße Elenden, ihre Henker und die Guillotine sind eure lebendig gewordenen Reden. Ihr bautet eure Systeme, wie Bajazet seine Pyramiden aus Menschenköpfen"

und Danton antwortet ihm, desillusioniert über moralische Politik:

„Du hast Recht. Man arbeitet heut zu Tag alles in Menschenfleisch. Das ist der Fluch unserer Zeit." (S. 51/52)

Hier wird ein unmittelbarer Zusammenhang gesehen zwischen den Prinzipien der bürgerlichen Revolution von Freiheit und Gleichheit und dem Terror. Danton bezeichnet diesen Fortschritt in einem Vergleich mit vorbürgerlichen Herrschaftsverhältnissen sogar explizit als Rückschritt: „[...] dieß langsame Morden mit seinen Formalitäten ist gräßlicher" (S. 52); dasselbe Argument findet sich auch in Szene III, 7, abermals von Danton formuliert:

„Wär' es ein Kampf, daß die Arme und Zähne einander packten! aber es ist mir, als wär ich in ein Mühlwerk gefallen und die Glieder würden mir langsam systematisch von der kalten physischen Gewalt abgedreht. So mechanisch getödtet zu werden!" (S. 60)

Dialektik von Fortschritt ist so gefaßt als Schuldzusammenhang der bürgerlichen Revolution mit der Vergangenheit, d. h. die bürgerliche Revolution, als großer Versuch der Kritik dieser Vergangenheit, gerät nur unvollkommen. Es ist ihr Mangel, beim Versuch, Herrschaft über Menschen abzuschaffen, sie durch Formalisierung zu imitieren und in solcher Wiederholung der kritisierten Vergangenheit — bei allem Fortschritt — immer noch gleich zu bleiben. Geschichte ist bei Büchner, wie gesagt, immer noch Vorgeschichte der zu erlangenden Freiheit.

Die Hinrichtung Dantons wird als Scheitern der bürgerlichen Revolution selbst gedeutet. Das Scheitern vollzieht sich auf zwei Ebenen. Zum einen liquidiert sich die Revolution selbst, indem sie ihre eigenen Revolutionäre liquidiert. Die Verkehrung moralischer Zwecke in Mittel für andere, nicht in Moral fundierte Zwecke, wird sich an Robespierre wiederholen. Das ist es, was Danton meint, wenn er im Blick auf Robespierre sagt:

„Die Freiheit und eine Hure sind die Kosmopolitischsten Dinge unter der Sonne. Sie wird sich jetzt anständig im Ehebett des Advokaten von Arras [i. e. Robespierre, der Verf.] prostituiren. Aber ich denke sie wird die Clytemnaestra gegen ihn spielen, ich lasse ihm keine sechs Monate Frist, ich ziehe ihn mit mir." (S. 70)

Zum anderen liquidiert sich die Revolution als moralische Politik selbst, da Moral keines der wesentlichen sozialen Probleme lösen kann. Terror kann zwar von den sozialen Problemen ablenken, nicht aber den Hunger der Massen stillen. Die bürgerliche Revolution steht im Widerspruch. In ihr ist Freiheit nur Freiheit der verschiedenen Einzelnen, Gleichheit nur Gleichheit bei bestehenden Unterschieden; Brüderlichkeit existiert allein als Phrase.

Auf prinzipieller Ebene zeigt Büchner den Gedanken des Verhaftetseins in der Vorgeschichte an Dantons Bild einer Identität von Leben und Tod im dritten Akt:

„Wir sind Alle lebendig begraben und wie Könige in drei- oder vierfachen Särgen beygesetzt unter dem Himmel, in unseren Häusern in unsern Röcken und Hemden. Wir kratzen fünfzig Jahre lang am Sargdeckel. Ja wer an Vernichtung glauben könnte! dem wäre geholfen. Da ist keine Hoffnung im Tod, er ist nur eine einfachere, das Leben eine verwickeltere, organisirte Fäulniß, das ist der ganze Unterschied!" (S. 61)

Dieser Satz ist nicht nur Dantons Ausdruck seiner verzweifelten Situation im Gefängnis, sondern auch Teil seiner Reflexion auf Geschichte. Das Leben ist ihm noch kein Leben, es ist ihm vielmehr Kratzen am Sargdeckel, ohne daß der Sarg schon geöffnet würde zum — besseren — Leben. Daß das Leben dem Tod ähnelt, ist nicht etwa ein überzogenes Bild, sondern Ausdruck eines radikalen Denkens, dem Leben erst wäre, wenn Menschen frei wären vom Zwang unbeherrschter Geschichte. Noch in diesem scheinbar pessimistischen Bild setzt der gebrochene Revolutionär seine gescheiterte Revolution als Revolte fort. Revolution hat nach ihm ihr Ziel noch nicht erreicht. Geschichte ist noch nicht identisch mit dem Fortschritt, den sie behauptet, sie steht noch aus.
Der dritte Akt entfaltet auf der Handlungsebene, wie auf der Ebene der Reflexion, einen Prozeß der Unabgeschlossenheit der Geschichte. Im vierten Akt wird diese Darstellung der Geschichte ihren Höhepunkt und Abschluß finden.

4. Akt:
Bei der funktionalen Bestimmung des Handlungsverlaufs könnte bezüglich des vierten Aktes gesagt werden, er bringe eine völlige Ausblendung des politischen Geschehens infolge der Reduktion der Geschichte auf den Aspekt des Todes. An der Revolution sei allein festgehalten im Aufbegehren gegen die erste Natur: den Tod.
Eingeleitet wird der vierte Akt durch den Satz Julies: „Es ist aus." (S. 64) Die folgenden Szenen, die den Untergang der Dantonisten vorführen, belegen nur noch die Richtigkeit ihrer Feststellung. Wichtig für die bisherige Darstellung wird es sein zu erkennen, wie an Dantons Verhältnis zum Tode sich sein Verhältnis zur Revolution erweist. Zu ermitteln ist also, ob tatsächlich aus der bisher entwickelten Halbheit der Französischen Revolution der Revolutionär resignierend den eigenen Tod als Abschluß der Geschichte begreift, oder ob in einem so ungebrochenen Sinn von Resignation bei ihm nicht gesprochen werden kann. Natürlich ist die Stimmung der Gefangenen in der Conciergerie während der Nacht vor ihrer Hinrichtung von Angst geprägt: „*Danton:* Jawohl, s'ist so elend sterben müssen" (S. 66); und ein wenig später formuliert er positiv, wie er sich seinen Tod gewünscht hätte: „Doch hätte ich anders sterben mögen, so ganz mühelos, so wie ein Stern fällt, wie ein Ton sich selbst aushaucht, sich mit den eigenen Lippen todtküßt, wie ein Lichtstrahl in klaren Fluthen sich begräbt." (S. 67) Sein Wunsch nähme dem Tod

alle Elemente des Leidens und der Angst, nicht zufällig wird er von Danton in Bildern der Natur gefaßt. Aber sein realer Tod entspricht nicht den Wünschen eines mit der eigenen Natur versöhnten Subjekts. In der fünften Szene des vierten Aktes formuliert Danton noch einmal den gleichen Gedanken, diesmal als Paradoxie, indem er beschreibt, daß der Tod zu früh komme, bevor er habe leben können. Bedauern liegt in seinen Aussagen, aber die Angst, die sich in früheren Szenen zeigte, ist einem mutigen Trotz gewichen, einem wiedergewonnenen Selbstvertrauen, wie er es schon in seiner Rede vor dem Revolutionstribunal gezeigt hatte. Im Gegensatz zu den anderen Gefangenen ist er gefaßt und versucht sogar, seinem Tod noch einen revolutionären Gehalt abzugewinnen. Auf dem Revolutionsplatz tröstet er seinen Freund Camille, der am schwersten von allen stirbt. Mit keinem überirdischen Sinn versucht er sich über die irdische Erbärmlichkeit seines Todes falsch zu trösten. Er benutzt für sein Leben das Bild des Instrumentes, das, nachdem es gebraucht wurde, weggeworfen wird. Im Tod sieht er einfach eine unbegreifliche Sinnlosigkeit: „Die Welt ist das Chaos, das Nichts ist der zu gebärende Weltgott." (S. 72) Dieser Satz formuliert seine Hoffnung, daß wenigstens der Tod dem falschen Leben in nichts mehr gleichen möge, aber auch darüber hat er keine Gewißheit. Nicht resignierend blickt Danton auf sein Leben zurück, sondern verzweifelt gefaßt wird er aus dem Leben guillotiniert. Denn über den Tod kann er nicht aus freien Stücken verfügen; auch er ist ein Stück falscher, will sagen fremdbestimmter Geschichte. Sein Tod ist nicht Resignation, sondern Tod aus erzwungener Ohnmacht. In keinem Punkt findet er sich mit seinem Schicksal ab, aber er hat nicht die Mittel, es zu ändern. Resignation enthält noch als Begriff ein affirmativ bescheidenes Moment, Danton aber stirbt trotzig. Seine Kritik an Robespierre gilt der unvollendeten Revolution, seine Kritik am Tod der Jämmerlichkeit des Todes, den er — wenn überhaupt irgendwo — nur in der Weise akzeptiert, daß er nichts Jämmerlicheres als das Leben selbst bringen könne. Er lehnt sich nach der mißlungenen Kritik an der zweiten Natur, die Gesellschaft ist, auf gegen die erste Natur in der Gestalt des eigenen Todes. Einigendes Motiv der Revolte in beiden Fällen ist der Kampf gegen Fremdbestimmung, einmal durch die physische, das andere Mal durch die gesellschaftliche Natur.

Im Tod der Dantonisten, in der Demonstration einer unvollendeten Revolution, in der Trauer und Verzweiflung, die Büchner in seiner Darstellung zeigt, formt er negativ sein Bild einer notwendigen Vollendung des im Stück noch widersprüchlich belassenen Zustandes des geschichtlichen wie des individuellen Lebens. Gezeigt wird, was nicht länger sein darf. Büchners Gestaltung der Geschichte der Französischen Revolution hat den Charakter einer Anklage der Geschichte in ihrer bisherigen Form. Der Untergang der Dantonisten, der stellvertretend gezeigt wird für die vielen namenlos im Verlauf der Jahrhunderte gestorbenen Menschen, ist nicht resignativ. Der Untergang ist so Bild des Büchnerschen Vorwurfs an die Geschichte — Revolution taucht bei ihm auf als ein ganz anderer Zustand, der dem bisherigen nicht ähneln darf. Allein dann wäre sie gelungen. Eben diesen Prozeß der Versöhnung, des Gelingens, vermag Büchner nicht darzustellen. Sein Stück bleibt durch und durch negativ, ist Kritik an Geschichte, nicht deren Affirmation.

1.2. Ideologiekritische Analyse des Gehaltes

Bisher wurde festgehalten: Halbheit der Revolution ist der Gegenstand des Dramas. Im Prinzipienstreit zwischen Danton und Robespierre wird sie entfaltet als Dialektik von Fortschritt. Am Ende der Auseinandersetzung steht ein Scheitern beider revolutionärer Fraktionen. Dantons Individualismus hielt nicht, was er versprach: Glück; Robespierres Moral ist nicht so, wie sie sein wollte; sie verwandelt sich in ihr Gegenteil.
Fragt man nach dem Gehalt des Stückes, wird man ihn im Konflikt von Egoismus und Moral und deren realem Ausdruck im geschichtlichen Kampf zu suchen haben. Robespierre, der Vertreter der Moral, Danton, der Vertreter des Egoismus, sind die personellen Träger dieses Konfliktes, an dem Büchner die Geschichte der Französischen Revolution in ihrer entscheidensten Phase zeigen will. Als Resultat erscheint das Scheitern beider Politiker — die bürgerlichen Revolutionäre, ja die bürgerliche Revolution, werden als in einem Selbstwiderspruch befangen gezeigt. Revolution ist halbe Revolution.
Inwieweit in solcher Zentrierung der Darstellung der Französischen Revolution auf den Widerspruch von Egoismus und Moral die wirkliche Revolution gefaßt wird, soll in der ideologiekritischen Analyse herausgearbeitet werden. Die Probleme der ideologiekritischen Analyse ergeben sich vor allem beim Versuch, den historischen Gehalt der Konfrontation von Danton und Robespierre zu erarbeiten. In Einzelanalysen dieser Personen muß sich der Selbstwiderspruch der bürgerlichen Revolution erweisen. Die Erarbeitung dessen, was den Widerspruch der Französischen Revolution ausmacht, so wie Büchner ihn darstellt, wird zugleich ein Beitrag zum Problem bzw. zum Verständnis seiner *Enttäuschung* über die Französische Revolution sein. Bisher wurde diese Frage von der Literaturwissenschaft fast durchgängig so gelöst, daß sie in der Enttäuschung Büchners *resignative Absage* an jede Möglichkeit revolutionärer Veränderung ablesen zu meinen glaubte: Fatalismus. Diese Position der Sekundärliteratur führte zu dem Widerspruch, revolutionäre Aktivitäten und Sympathien in seinem Leben und 'Fatalismus' in seiner Kunst nicht mehr verbinden zu können.

1.2.1. Zur Person Robespierres. Moral und bürgerliche Revolution

Moral, in ‚Dantons Tod' vertreten durch Robespierre, wird auf zwei Ebenen im Drama gezeigt, auf der *Ebene der Prinzipien* sowie auf der *Ebene der Realität*, als Realisationsort moralischer Politik. Der Sieg der Robespierreschen Prinzipien ist als Ausdruck moralischer Politik zugleich Ausdruck völligen Scheiterns. Moral war, das hat die Analyse des dritten Aktes immanent zeigen können, mit individuellen Interessen verbunden, damit ihrem Gegenteil: egoistischer Politik ähnlich; sie war aber auch mit einer verbrecherischen Praxis verbunden und damit Gegenteil ihrer Prinzipien. Zudem war sie mit Vernunft selber im Konflikt, da sie ihre obersten Ziele nicht vernünftig bestimmte, sondern autoritär setzte. Der Sieg der moralischen Politik ist zugleich ein Sieg der Unmoral. Diese Politik ist ihrem Anspruch nach gescheitert und in ihrem Scheitern dargestellt.
Ausgangspunkt der ideologiekritischen Analyse ist die Frage: Welche Bedeu-

tung hat der Konflikt Moral-Egoismus für die Darstellung der bürgerlichen Revolution? Ist nicht gerade ein Thema wie das der Moral dazu angetan, von aller spezifischen Geschichtlichkeit abzulenken? [17] Läßt sich am Konflikt von Egoismus und Moral wirklich etwas wesentliches über die Französische Revolution im besonderen und die bürgerliche Revolution im allgemeinen aussagen?

Um diese Frage zu beantworten, ist ein theoretischer Exkurs zum Zusammenhang von Moral und bürgerlicher Gesellschaft nötig. Im folgenden wird versucht, in Anlehnung an Arbeiten des frühen Horkheimer diesen Zusammenhang aufzuzeigen. Es handelt sich dabei vor allem um Horkheimers Arbeit ‚Materialismus und Moral' [18] sowie um seinen Aufsatz ‚Egoismus und Freiheitsbewegung' [19].

Ausgangspunkt beider Arbeiten ist das offensichtlich geschichtliche verkehrte Verhältnis von Moral und Egoismus. Die Moral wird zum bewegenden Gesetz des Handelns der Menschen erhoben, aber gerade das Erlangen des Einzelvorteils, durch eben diese Moral tabuiert, ist real bewegendes Motiv des Handelns, wie es sich im Bereich der individuellen und gesellschaftlichen Produktion zeigt. Ziel der Analysen Horkheimers ist das Verständnis dieses Verkehrungszusammenhanges. Zunächst ist zum Verständnis der Moral zu sagen, daß sie im geschichtlichen Prozeß, über die Geschichte der bürgerlichen Gesellschaften hinausgehend, Zeichen einer *historischen Stufe der Entwicklung der Vernunft* ist. Moral, die jeden Menschen vor seiner Vernunft die Frage entscheiden läßt, ist das, was ich tue, richtig oder falsch, gut oder böse, stellt eine bestimmte historische Stufe der Entfaltung der Vernunft in dem Sinne dar, daß gesellschaftlich wesentliches Handeln nicht mehr allein in Autorität fremder, überirdischer oder irdischer, Mächte begründet ist. Handeln begründet sich in der Vernunft des einzelnen Subjektes. Moral ist so Resultat der Erschütterung des Prinzips der Autorität und der Versuch, von einzelnen Personen oder Interessen unabhängig ein oberstes allgemeines geistiges Orientierungsgefüge zu erhalten. Entstehung von Moral ist damit zusammen zu sehen mit der Entstehung des Wunsches und der realen geschichtlichen Gestalt von Subjektivität.

Eine enge notwendige Beziehung zur bürgerlichen Gesellschaft bzw. bürgerlichen Produktion ist durch eine solche allgemeinste Deutung allerdings noch nicht gewonnen. Horkheimer versucht, sie in ‚Materialismus und Moral' folgendermaßen stringent herzuleiten. Wesentlich für den zu erklärenden Zusammenhang ist, was zur Notwendigkeit der Moral wie der spezifischen Form ihres Verhältnisses zur bürgerlichen Produktion von Horkheimer ausgeführt wird.

---

(17) Als Beispiel dafür, wie die Behandlung der Frage der Moral unter Vernachlässigung des in ihr sich ausdrückenden geschichtlichen Gehaltes erfolgen kann, vgl. Petersen, J. H.: Die Aufhebung der Moral im Werk Georg Büchners, In: DVJs 47, 1973, S. 245—266.

(18) Horkheimer, Max: Materialismus und Moral, In: Zeitschrift für Sozialforschung, Leipzig/Paris/New York, Jg. 1933, Bd. 2, S. 161 ff.

(19) Horkheimer, Max: Egoismus und Freiheitsbewegung, In: Zeitschrift für Sozialforschung, Jg. 1936, Bd. 5, S. 161 ff.

„Das gesellschaftliche Ganze lebt durch die Entfesselung der Eigentumsinstinkte aller Einzelnen. Indem sie sich um Gewinn, Erhaltung und Vermehrung von eigenem Besitz bekümmern, wird es [das gesellschaftliche Ganze, der Verf.] erhalten. Jedem ist anheim gegeben, für sich zu sorgen, so gut er kann. Weil er dabei aber notwendig leisten muß, was andere brauchen, setzen sich mittels der scheinbar selbständigen, das eigene Wohl bezweckenden Tätigkeiten die Bedürfnisse der Allgemeinheit durch. Der Sachverhalt, daß in dieser Ordnung die Produktion der gesamtgesellschaftlichen Existenz mit dem Streben der Subjekte nach Besitz zusammenfällt, hat ihren psychischen Apparat geprägt [...] Der ökonomische Vorteil ist in dieser Epoche [der Entfaltung der Warenproduktion vermittels des Tausches, der bürgerlichen Produktion, der Verf.] das natürliche Gesetz, unter dem das individuelle Leben steht. Diesem natürlichen Gesetz der Einzelnen hält der kategorische Imperativ das 'allgemeine Naturgesetz', das Lebensgesetz der menschlichen Gesellschaft, als ein Richtmaß vor. Dies wäre sinnlos, wenn die besonderen Interessen und die Bedürfnisse der Allgemeinheit nicht höchst ungenau, sondern mit Notwendigkeit ineinander griffen. Daß dies aber nicht geschieht, ist der Mangel der bürgerlichen Wirtschaftsform. Zwischen freiem Wettbewerb der Individuen als dem Mittel und der Existenz der Gesamtgesellschaft als dem Vermittelten besteht keine vernünftige Beziehung. Der Prozeß vollzieht sich nicht unter der Kontrolle des bewußten Wollens, sondern als Naturvorgang. Das Leben der Allgemeinheit ergibt sich blind, zufällig und schlecht aus der chaotischen Betriebsamkeit der Individuen, der Industrien und der Staaten [...]“ [20]

Drei wesentliche Argumentationsstufen entwickelt also Horkheimer damit:

1. Den Vermittlungsprozeß des gesellschaftlichen Ganzen durch die Arbeit aller Einzelnen zeigt er als ungeplanten Prozeß.
2. Daraus resultiert, daß dem „natürlichen Gesetz“ der Einzelnen: Verfolgen des ökonomischen Vorteils, ein „allgemeines Naturgesetz“ in Form der Moral entgegengesetzt werden muß als Versuch, das Leben der Allgemeinheit zu sichern.
3. Moral ist somit der Versuch, den in der bürgerlichen Produktion naturwüchsig hergestellten Zusammenhang von Einzel- und Allgemeininteresse, der, weil er naturwüchsig allein ist, mangelhaft ist, geplant, wenn auch idealistisch geplant, aufzuheben. Moral wäre also zu verstehen als der Versuch bürgerlicher Planung des ungeplanten Vermittlungsprozesses von Einzel- und Allgemeininteresse. Ausdruck bürgerlicher Planung ist Moral deshalb, weil dieser Vermittlungszusammenhang als Moral im Kopf jedes Einzelnen hergestellt werden soll, keiner soll wollen, was dem Allgemeinen schadet. Das heißt, der Mangel selbst, der in der bürgerlichen Produktion liegt, bleibt weiter bestehen. Weil bürgerliche Produktion unangetastet bleibt, ist das Individuum allein der Ort, und nicht die Gesellschaft, die planend verändert werden soll.

Die gesellschaftliche Funktion von Moral ist demnach die, denkend ein Allgemeininteresse zu entwerfen, das in der Sphäre der bürgerlichen Produktion nicht besteht. Moral als oberstes, abstraktes Prinzip, das das Handeln aller real unterschiedenen Subjekte gleichermaßen bestimmen soll, geht damit im

(20) Anm. 18, S. 166 f.

Entwurf eines Allgemeininteresses über das Einzelinteresse des produzierenden Subjektes in der Sphäre der Ökonomie hinaus, zugleich aber geht sie auch an der Sphäre der Ökonomie vorbei, da ihr eigenes Wirklich-Werden nur als Appell, Gebot, Norm gedacht werden kann und bürgerliche Produktion nicht angerührt werden darf. Das Wirklich-Werden des Allgemeininteresses als reales, kann Moral selbst nur unter der Form des Sollens fassen, nicht aber real garantieren. Moral ist also Reflex der Ökonomie, als Versuch der Aufhebung von deren Mangel, kein Allgemeininteresse zu kennen. Sie ist aber zum anderen falsche Form des Allgemeininteresses der Verbindung von Einzel- und Allgemeininteresse, insofern sie nur denkend, von aller realen Interessenunterschiedenheit abstrahierend, ihre Allgemeinheit erreicht. Sie ist so in ihrer Abstraktion scheinbar klassenneutral, in ihrer Realisation: Garantie der gleichen Anforderungen an alle unterschiedenen Subjekte, ist sie zugleich gerade in dieser Neutralität Instrument zur Aufrechterhaltung von Klassenherrschaft, die bürgerliche Gesellschaft ist. Unterschiedlich wirkt sie auf die verfügende und die verfügte Klasse.

Für die herrschenden Klassen ist der Entwurf eines, das Einzelinteresse beschneidenden Allgemeininteresses, wie die Institutionalisierung dieser Funktion in der Form staatlicher Gewalt wichtig. Dadurch werden die Rahmenbedingungen zur Aufrechterhaltung des Einzelinteresses geschaffen. Moral hat für sie die Funktion, gesellschaftliche Konkurrenz zu erhalten, wie ihre schlimmsten Auswirkungen einzudämmen, z. B. im Entwurf des Rechtes und seiner Gestaltung in Form der Gesetze. Einzelinteresse wird gesichert in seiner Existenz durch den Entwurf eines allgemeingültigen Maßstabes in Form von Gesetzen, die grobe Übergriffe einzelner Bürger aufeinander verhindern sowie Angriffe unbürgerlicher Elemente unterbinden. Das Allgemeininteresse ist formuliert im Anspruch, allen alles zu erlauben, was dem Einzelnen nicht schadet, bzw. zu untersagen, was das Einzelinteresse in seiner Freiheit einengt.

Der Schutz des Einzelinteresses als Allgemeininteresse legt zugleich ein Tabu über die unverhohlene Apologie des Egoismus. Zumindest in der Ideologie scheint das Allgemeininteresse immer über dem Einzelinteresse zu stehen, in Wirklichkeit ist es jedoch gerade der besondere Widerspruch der bürgerlichen Form des Allgemeininteresses: die Erhaltung aller einzelnen Interessen zu garantieren und damit die Entstehung eines wirklichen gemeinsamen Interesses aller zu verhindern.

In dieser besonderen bürgerlichen Form des Allgemeininteresses, Allgemeininteresse als Schutz des Einzelinteresses, liegt als Moral zugleich die Doppelmoral eingeschlossen. Wenn erst einmal in der Entdeckung der Moral ein Allgemeininteresse entworfen ist und die Verfolgung von rein egoistischen Interessen damit abfällig bewertet wird, so ergibt sich für die Bürger aus ihrer ökonomischen Position heraus mit Notwendigkeit ein besonderer Widerspruch: Müssen sie in der Ökonomie sich in Konkurrenz mit anderen Subjekten begeben und zum Bestehen in dieser Konkurrenz gerade den anderen als Mittel zur Erlangung des eigenen Vorteiles benutzen, so geraten sie im Verfolg ihrer ökonomischen Aufgaben in Widerspruch zu der von ihnen selbst produzierten Moral. Sie haben diese Moral geschaffen und können sich

in ihrer alltäglichen Arbeit nicht an sie halten. In der Moral rangiert das Allgemeininteresse an erster Stelle, in der bürgerlichen Ökonomie aber herrscht mit Notwendigkeit der Primat des Einzelinteresses. Diesen Widerspruch, das Allgemeininteresse nur in bürgerlicher Form: als allgemeine Erhaltung aller einzelnen Interessen fassen zu können, statt eine reale Identität von allgemeinem und einzelnem Interesse herstellen zu können, versucht die Doppelmoral zu schlichten, indem sie den Verfolg des Einzelinteresses als im Interesse aller liegend darstellt. Auch sie erkennt verbal noch das Allgemeininteresse als höchsten Wert an, aber sie muß im Bewußtsein der realen Abwesenheit solcher Allgemeinheit die Wahrnehmung des Einzelinteresses als im eigentlichen Interesse aller liegend ausgeben. Privilegien haben die Bürger zwar, aber wie sie sagen nur, damit es anderen gut geht. Sie besitzen die Produktionsmittel, aber nur, damit die Masse des Volkes an ihnen Arbeit findet. Man ist Bürger, Mitglied der herrschenden Klasse, die von Ausbeutung des Mehrwertes lebt, aber man tut es nur widerwillig, weil allen damit gedient ist. Die Figur, in der man bürgerliche Moral in ihrer Falschheit ausdrücken kann, ist die des *Egoisten als Märtyrer,* des Egoisten wider Willen.
Fragt man nun anschließend an den Versuch der Bestimmung der gesellschaftlichen Funktion der Moral für die Bourgeoisie nach der Funktion, die die Moral für die Unterdrückten hatte — mit Absicht wird hier der Sammelbegriff: Unterdrückte gewählt, er soll dem Phänomen des späten 18. Jahrhunderts, noch kein geschlossenes Proletariat zu kennen, Rechnung tragen —, so kann man zunächst negativ festhalten, daß die Moral die Form der Zügelung des Verfolges des Einzelinteresses in dem Sinn, wie sie für die Bürger galt, nicht haben kann. Hemmung der Freiheit der Individuen im Umgang mit dem Privateigentum an den Produktionsmitteln war für diese Mitglieder der Gesellschaft ohnehin nicht nötig, da sie die Freiheit der Verfügung über die Produktionsmittel gar nicht hatten. Die mystifizierte rationale Funktion, die Moral materiell für die Bürger besaß, mußte sich bei den Unterdrückten anders ausdrücken. Auch bei ihnen bedeutet Moral Hemmung des Verfolges des Einzelinteresses, aber in anderem Sinn. Die beherrschte Klasse wird zu Moral angehalten, aus dem geschichtlichen Stand der „Härte der gesellschaftlichen Herrschaft“ [21]. „Für sie soll Moral Fügsamkeit, Selbstbescheidung, Disziplin und Aufopferung fürs Ganze, d. h. die Unterdrückung ihrer materiellen Ansprüche schlechthin bedeuten.“ [22] Für sie hat Moral nicht nur, wie für die Bürger, den Aspekt, nichts zu tun, was anderen schadet, sondern unmittelbar umgekehrt die Funktion, das zu tun, was anderen nützt. Sollen die Bürger nur nicht ins Leben anderer eingreifen, so sollen die Unterdrückten nicht nur nicht ins Leben anderer eingreifen — d. h. vor allem die Eigentumsordnung respektieren —, sondern sie greifen in ihr eigenes Leben zensierend ein. Für sie hat die Moral die Funktion der Ablenkung von den unmittelbar materiellen Interessen, d. h. die der *Verinnerlichung der eigenen Interessen.* Die Bürger leben gut auf Kosten anderer. Die beherrschten Klassen leben schlecht zum Vorteil anderer. Aber, und dies ist der Lohn der Verinner-

(21) Anm. 19, S. 168.
(22) Anm. 19.

lichung, sie wissen sich selbst als gute Menschen. Haben die Bürger von der Moral den unmittelbaren materiellen Vorteil, so die Unterdrückten den immateriellen Vorteil: sittliche Wesen zu sein. Die allgemeine Tabuisierung des Egoismus, wie die Moral sie vollzieht, hat also sehr verschiedene Auswirkungen.

Zusammenfassend kann man zu dieser Moral sagen, daß sie nicht als besondere Fassung der moralischen Inhalte, sondern als Moral schlechthin bürgerlichen Charakter hat, daß sie der ideelle Entwurf eines real abwesenden Allgemeininteresses ist. Historisch bedeutet das auch, daß das Bürgertum die Freiheiten, die es zur Entfaltung seiner Produktionsweise braucht, erkämpft, und zwar mit den Massen im Klassenbündnis gegen die ihm entgegenstehenden reaktionären geschichtlichen Mächte, aber daß es im Widerspruch befangen ist, die Befreiung nicht bis zur realen Freiheit der Unterdrückten fortführen zu können, da es damit die eigene ökonomische Basis zerstören müßte. Moral als Lehre allgemeiner Gleichheit bei realer Unterschiedenheit lehrt die Massen im revolutionären Kampf zugleich sich selbst zu unterdrücken. Allgemeine Gleichheit und reale Ungleichheit müssen zusammengehalten werden in der bürgerlichen Gesellschaft. Das führt zu einer besonderen Typologie persönlichen Verhaltens in bürgerlicher Politik, die im folgenden am Text von Büchners Drama aufgewiesen werden soll.

Der beschriebene notwendige Widerspruch bürgerlicher Moral findet sich zentral auch bei Büchners Darstellung Robespierres. Wenn Danton in Szene I, 6 Robespierre, der vorgibt, kein individuelles Interesse mit seiner Politik zu verfolgen, entgegenhält: „Es giebt nur Epicuräer und zwar grobe und feine [...] Jeder handelt seiner Natur gemäß, d. h. er thut was ihm wohl thut.“ (S. 27), so unterstellt er dem selbstlosen Robespierre ein individuelles Interesse; und weiter oben hatte er es auch schon benannt: „Ich würde mich schämen dreißig Jahre lang mit der nämlichen Moralphysiognomie zwischen Himmel und Erde herumzulaufen bloß um des elenden Vergnügens willen Andere schlechter zu finden, als mich.“ (S. 26) Danton thematisiert damit genau den Widerspruch, unter dem Deckmantel des Allgemeininteresses ganz private Interessen durchzusetzen. Sind derartige Privatinteressen bei Robespierre noch immaterieller Natur„ so sind sie bei den Personen seiner näheren Umgebung schon ganz konkret zu materiellen Interessen verdichtet. Doch beläßt es Büchner nicht bei diesem Aussprechen des Widerspruchs in polemischer Form durch Danton. Der ganze Prozeß des Wirklich-Werdens von Robespierres Ideen einer moralischen Politik führt jenen Widerspruch aus und zwar auf drastische Art und Weise. Nicht nur steht Moral im Widerspruch zur Realität, sondern der moralische Robespierre muß sich unter dem Namen des Rechtes mit Verbrechern zusammentun, um der Moral zum Sieg zu verhelfen. Robespierre ist seiner Intention nach rein, ihm ist durchaus keine Abweichung von seinen Prinzipien nachzuweisen. Er gilt als der 'Unbestechliche' und wird als solcher auch von Büchner gezeigt, aber zum Wirklich-Werden seiner Ideen bedarf es solcher Mittel, die seine Moral widerlegen. Barrère, ein Robespierrist, weiß deutlich um den Idealismus Robespierres, wenn er sagt: „Die Welt müßte auf dem Kopf stehen, wenn die sogenannten Spitzbuben von den sogenannten rechtlichen Leuten gehängt werden sollten.“

(S. 59) Für ihn ist die moralische Politik offenes Deckmittel individueller Vorteile, und Büchner läßt ihn das auch aussprechen.
Aber nicht nur auf dieser Ebene zeigt Büchner den Widerspruch von moralischer Politik und unmoralischer Realität. Radikal greift er in seiner Kritik nicht nur den Unterschied an, der zwischen den Idealen und der Realität besteht — das würde besagen, daß er zumindest die Ideale selbst noch anerkennen würde —, sondern er sieht ansatzweise schon die Falschheit des Entwurfs einer Politik aus Moral selber. So zum Beispiel, wenn er eine notwendige Verbindung herstellt zwischen pathetischer Phrase von allgemeiner Freiheit und Gleichheit und Terror. Mercier formuliert das im Stück als späte politische Einsicht wie folgt: „Dieße Elenden, ihre Henker und die Guillotine sind eure lebendig gewordenen Reden.“ (S. 52) Der Fehler liegt nicht nur darin, eine Politik zu machen, die ihre Ziele nicht erreicht, sondern in der tendenziellen Falschheit schon der Ziele. Auch diese radikalere Kritik ist angesprochen in der entscheidenden Szene I, 6, in welcher Danton von Robespierre eine Rechtfertigung der Moral selber verlangt, die er nicht erhält. Robespierre rechtfertigt nicht das oberste Ziel, das steht ihm unverrückbar fest, wird nicht begründet, sondern er rechtfertigt nur die Mittel zur Verfolgung dieses Zieles. Moral selber müßte sich rechtfertigen, so verlangt es Danton, er leugnet ideelle Normen wie Tugend und Laster, ihm gilt als Ziel alles, was jedem einzelnen „wohltut“. Sein Programm ist gerade die Verwirklichung des Individualinteresses im Genuß. Gegen Moral setzt er Hedonismus. Indem Büchner aus den moralischen Prinzipien den Terror erwachsen sieht, indem er gegen die idealistische Konstruktion eines obersten Allgemeininteresses materialistisch das Faktum hält, daß jeder sein Einzelinteresse verfolgt, ist seine Darstellung eine Kritik am Widerspruch der Moral zur Realität, wie eine Kritik an der Moral selber. Ihr wird unterstellt, daß sie die Wirklichkeit verzerrt wahrnehme, wenn sie den Blick vor der Tatsache des realen Verfolges individuellen Vorteils verschließe. Moral wird als falsche Ansicht von der Gesellschaft materialistisch attackiert.
Büchner hat seine Gestalt Robespierre denn auch mit allen Zügen solcher Widersprüchlichkeit behaftet dargestellt. So ist Robespierre zwar Revolutionär, da er für die Verwirklichung von Freiheit und Gleichheit im revolutionären Prozeß eintritt, aber er ist Revolutionär im Widerspruch, Revolutionär, dem der Blick auf die Realität verstellt ist. Seine Politik wird von Büchner als idealistische Politik kritisiert. Dieser Grundmangel, Gleichheit und Freiheit zu proklamieren, aber zugleich reale Gleichheit und Freiheit mit der Guillotine zu unterdrücken, Moral zu wünschen, aber ihr nur im Vollzug des Gegenteils zur Wirklichkeit zu verhelfen, zeigt sich in allen Szenen. So beispielsweise in der Szene I, 2, wo das Volk die Durchsetzung unmittelbarer materieller Verbesserungen fordert. Robespierre läßt sich gar nicht auf diese niedere Sphäre des individuellen Interesses ein. Mit Hilfe rhetorischer Gewandtheit lenkt er die Wünsche des Volkes ab, ins blinde Vertrauen auf die Gesetzgeber. Die Szene enthält eine ganze Typologie bürgerlicher Politik. Von der Rationalität der Klagen über materielle Not lenkt der bürgerliche Revolutionär direkt ab durch die Irrationalität einer Schmeichelei, einer blinden vernunftlosen Beschwörung der Volkstugend. Statt rea-

ler Hilfe bietet er, weil er als bürgerlicher Revolutionär nicht mehr zu bieten hat, die Phrase von der sittlichen Überlegenheit des tugendhaften Volkes. Bürgerliche Führer vom Schlage Robespierres müssen von der materiellen Not des Volkes ablenken statt ihr abzuhelfen. Zu ihrer Politik, das zeigt Büchner deutlich, gehört ein Moment von *Demagogie*.

Ebenso läßt sich ein weiteres Moment von bürgerlicher Politik am Verhältnis von Führer und Massen ablesen, wie Büchner es darstellt. Alle Macht geht dem bürgerlichen Revolutionär vom Volk aus. Das Volk ist Souverän, aber es herrscht nicht in unmittelbaren Verfügungsorganen, sondern es delegiert seine Macht im Repräsentationssystem an Führer. Es ist Subjekt von Politik wie Objekt zugleich, mündig und entmündigt. Es ist frei und wird zugleich gelenkt. Es ist angeblich tugendhaft und muß erzogen werden. An diesem widersprüchlichen Verhältnis von Führer und Massen liest Büchner einen Mangel ab, auch wenn er die historische Notwendigkeit solcher Politik sieht, wenn er das Volk selbst als schwankendes Volk darstellt. Aber im materialistischen Unterschied zu Robespierre ist ihm die Französische Revolution noch nicht Ausdruck der Herrschaft des Volkes, sondern nur Ausdruck des Anspruchs des Volkes auf die Herrschaft. Nicht sieht er das Volk schon als führende Kraft, wie Robespierre, er teilt keine Illusionen, wie sie im Begriff des tugendhaften Volkes anklingen. Horkheimer faßt die Momente bürgerlicher Politik, das Zusammengehen von Rationalität und Irrationalität sowie das gebrochene Verhältnis zwischen bürgerlichem Führer und Volksmassen treffend zusammen in einer Art und Weise, die den besten Kommentar zum Auftreten Robespierres in allen Szenen gibt:

„Die Massen, an die sich jene [bürgerlichen, der Verf.] Führer vornehmlich zu wenden hatten, befanden sich bei ihrer elenden Lage und da sie keinem rationalen Arbeitsprozeß eingegliedert waren, stets in einem unentwickelten, zugleich autoritären und rebellischen psychischen Zustand und besaßen kaum die Spuren eines selbständigen Klassenbewußtseins. Bei aller Auflehnung gegen die herrschenden Verhältnisse, zu welcher der Führer das Volk zu überreden suchte, konnte ihn nicht die Absicht leiten, die Disposition dieser Massen zu innerer Abhängigkeit, ihre blinde Gläubigkeit an Autoritäten zu zerstören. Mit der Kritik einzelner zu stürzender Autoritäten verbindet die Führerpropaganda keine Tendenz zu unbeschränkter Vernünftigkeit. Waren die Massen mit Hilfe irrationaler Bindungen im alten System zusammengefaßt, so tritt jetzt nicht unmittelbar eine Gesellschaft an seine Stelle, die sich tatsächlich durch die Wirksamkeit des allgemeinen Interesses zu behaupten vermag [...] Je mehr geltende Autoritäten bei der Ausbreitung der Freiheit gestürzt oder wenigstens angegriffen werden, um so stärker macht sich das Bedürfnis geltend, die Autorität der neuen Herrschaft durch Rückgang auf dahinterliegende, durch ihr Alter der gegenwärtigen Unzufriedenheit entrückte Mächte zu verklären.“ [23]

Auch die beschriebene Tendenz bürgerlicher Moral, die Massen von der Verwirklichung ihrer materiellen Interessen abzulenken, zeigt sich deutlich im Text. Schon angeführt wurde die Situation der Szene I, 2. Parodistisch gestaltet und kritisiert Büchner dieses Verhältnis ebenso in der Volksszene II, 2, in der Bürger der unteren Volksschichten sich mit den Idealen und dem

(23) Anm. 19, S. 182.

Pathos der Revolutions-Heroen identifizieren und lächerlich werden. Entsprechend führt die letzte Volksszene (III, 10) einen ähnlichen Ablenkungszusammenhang vor. Das Volk will Brot, um seinen Hunger zu stillen und kriegt nur die Leiche Dantons, weil jemand sagt, er sei ein „Verräter". Mit diesem moralischen Begriff wird von der Wirklichkeit abgelenkt.
Zusammenfassend zur Person Robespierres und der Darstellung seiner moralischen Politik kann man sagen, daß Büchner:
1. weitgehend eine Kritik an der Unzulänglichkeit einer Politik entfaltet, die auf die Verwirklichung von Idealen ausgeht und nicht auf der Erkenntnis der realen Verfaßtheit der Gesellschaft basiert;
2. daß er eine Typologie der Falschheit solcher moralischen Politik gibt, die am einzelnen Faktum seiner Gestaltung des Verhältnisses von Rationalität und Irrationalität sowie am Verhältnis von Führer und Massen dargestellt wird.

Gestaltet wurde von Büchner dieses Scheitern nicht etwa, um zu versuchen, Robespierre als Revolutionär zu diskreditieren. Im Unterschied zu allen zeitgenössischen Quellen akzeptiert er durchaus Robespierre als Revolutionär. Gestaltet wurde vielmehr die Falschheit seines Versuchs der Fundierung von Politik auf Moral. Indem Robespierre keinen Weg zur realen Versöhnung der unterschiedlichen Interessen findet, keine Identität von Einzel- und Allgemeininteresse, außer in der Phrase, erreicht, ist er gescheitert. Sein Scheitern ist eine spezifische Form der Halbheit der Revolution, Robespierre ist bürgerlicher Revolutionär, seine Politik wird von den Widersprüchen bürgerlicher Gesellschaft geprägt. Das zeigt Büchner und kritisiert es durch seine Darstellung. Enttäuschung in bezug auf Robespierres Politik bedeutet konkret, nicht die Täuschung, die Robespierre selber hat, zu teilen, sondern illusionslos an seinem Sieg über Danton sein Scheitern zu zeigen.
Inwieweit Büchner in Danton, dem Träger der Kritik an der moralischen Politik, eine positive Gegenfigur entwirft, oder auch ihn in dem Widerspruch bürgerlicher Revolution befangen zeigt, wird im nächsten Kapitel zu untersuchen sein. Enttäuschung über Robespierre, das jedoch kann jetzt schon festgehalten werden, ist nicht einfach mit einer allgemeinen Enttäuschung über die Revolution gleichzusetzen.

1.2.2. Zur Person Dantons

War bisher der Widerspruch gezeigt worden, auf dem Weg der Moral Politik zu machen, und war der Widerspruch, in den solche Politik mit ihrer Basis: Gesellschaft kommt, aufgewiesen worden als notwendig aus bürgerlicher Produktion resultierend — über sie hinauszielend, aber in ihr befangen zugleich —, so soll jetzt untersucht werden, inwieweit Büchner in der Gestalt des Danton eine positive, wenn auch tragisch endende, Gegenfigur zu Robespierre entworfen hat.
Ausgegangen wird dabei von der Annahme, daß auch an der Figur Dantons die gleiche Befangenheit im Selbstwiderspruch bürgerlicher Revolution aufgewiesen werden kann: Schon der Titel ‚Dantons Tod' thematisiert ja ein Scheitern. Wenn er in irgendeiner Weise einen alternativen Entwurf revolu-

tionärer Politik enthält, so wäre auch dessen Scheitern durch sein Schicksal: Tod angezeigt. Ausgegangen werden kann bei der Interpretation Dantons von dem Faktum, daß ihm mehr Sympathien Büchners gehören als Robespierre. Ob aber diese Sympathien im Sinn einer Identifikation Büchners mit seiner Gestalt gedeutet werden können, wie es viele Autoren der Sekundärliteratur [24] tun, soll problematisiert werden.

Die ideologiekritische Analyse der hedonistischen Gegenposition Dantons ist gedacht als Beitrag zu der Frage, inwieweit auch dessen Scheitern Enttäuschung im Sinn des Bezweifelns der Möglichkeit revolutionärer Umwälzung anzeigt.

Eine Voraussetzung, die gemacht wird, soll betont werden: Die Kritik, wie sie am Entwurf moralischer Politik von Büchner an Robespierre dargestellt wird, ist *unhintergehbar*, d. h.: kann man zeigen, daß auch Dantons hedonistische Politik in Widersprüchen befangen ist, keinen Ausweg weist, so ist damit in keiner Weise ein Argument für die vorher kritisierte Form moralischer Politik gegeben. Das Scheitern hedonistischer Politik hebt nicht die vorher geübte Kritik an Moral auf, im Gegenteil, es liefert einen Beitrag zur präziseren Bestimmung des Selbstwiderspruchs bürgerlicher Revolution. Die unaufgehobene Widersprüchlichkeit in beiden konträren Programmen liefert eine genauere Bestimmung dessen, was bisher als Halbheit der bürgerlichen Revolution angenommen wurde. Ausgegangen wird — ähnlich wie beim Problem der Moral — auch beim Entwurf hedonistischer Politik von einer theoretischen Reflexion auf den Stellenwert des Hedonismus im Zusammenhang bürgerlicher Gesellschaft. Im besonderen wird das Gelingen der hedonistischen Kritik an Moral untersucht. Die theoretischen Ausführungen orientieren sich an Marcuses frühem Aufsatz ‚Zur Kritik des Hedonismus' [25].

Ausgehen kann man davon, daß der Entwurf hedonistischer Theorie in unmittelbarem Zusammenhang mit dem durch Moral thematisierten Verhältnis von Einzel- und Allgemeininteresse zu sehen ist, als dessen Kritik. Hedonismus ist Kritik an Moral. Zunächst ist noch einmal der reale Hintergrund, das rationale Element an Moral zu zeigen:

„Die idealistische Philosophie der bürgerlichen Epoche hatte das Allgemeine, das sich in den isolierten Individuen durchsetzen sollte, unter dem Titel der Vernunft zu begreifen versucht. Das Individuum erscheint als ein gegen die anderen in seinen Trieben, Gedanken und Interessen vereinzeltes Ich. Die Überwindung dieser Vereinzelung, der Aufbau einer gemeinsamen Welt, geschieht durch die *Reduktion* der konkreten Individualität auf das *Subjekt bloßen Denkens,* das vernünftige Ich." [26]

Rational ist daran der Versuch, ein die Individuen aus ihrer Vereinzelung lösendes gemeinsames Element zu konstruieren, aber aus diesem Versuch resultiert eben sogleich sein eigener Mangel in der spezifischen Art der Lösung

(24) Stellvertretend für viele ähnliche Interpretationen sei hier nur auf die Arbeiten von K. Viëtor verwiesen, die in der Büchner-Literatur großen Einfluß ausgeübt haben.
(25) Marcuse, Herbert: Zur Kritik des Hedonismus, In: Zeitschrift für Sozialforschung, Jg. 1938, Bd. 7, S. 55 ff.
(26) Anm. 25, S. 55.

qua Reduktion der Subjekte auf „Subjekte bloßen Denkens". Allgemeinheit, als die Subjekte verbindende, ergibt sich der Moral nur

„[...] sofern in ihre Allgemeinheit der einzelne eben *nur* als vernünftiges Wesen eingehen sollte und nicht mit der empirischen Mannigfaltigkeit seiner Bedürfnisse und Fähigkeiten [...]" [27] Damit „[...] enthält solche Idee der Vernunft schon die *Opferung des Individuums.* Seine volle Entfaltung konnte in das Vernunftreich nicht hineingenommen werden: Die Befriedigung seiner Bedürfnisse und Fähigkeiten, sein Glück erscheint als ein willkürliches, subjektives Moment, das mit der Allgemeinheit des höchsten Prinzips des menschlichen Handelns nicht in Einklang gebracht werden kann." [28]

Der Hedonismus greift genau diese Reduktion des Subjektes auf ein von den realen Bedürfnissen abstrahierendes Subjekt an. Er stellt die Allgemeinheit, die Moral unter den Subjekten herstellt, als *Form falscher Allgemeinheit* dar. Insofern verteidigt der Hedonismus im Angriff auf den Entwurf eines reinen abstrakten Subjektes die realen Subjekte, ist der Intention nach Kritik an nur theoretisch konzipierten Freiheitsvorstellungen, wie sie der Moral zugrunde liegen. Gegen diese „*Verinnerlichung des Glückes,* welche die Anarchie und Unfreiheit der äußeren Daseinsverhältnisse unvermeidlich hinnimmt" [29], setzt er die Forderung nach realem Glück:

„Wenn sie das Glück in die Lust verlegten, so war dadurch gefordert, daß auch die sinnlichen Möglichkeiten und Bedürfnisse des Menschen ihre Befriedigung finden sollten [...] Mit dem Prinzip des Hedonismus ist die Forderung nach der Freiheit des Individuums — in abstrakter und unentwickelter Gestalt — in den Bereich der materiellen Lebensverhältnisse vorgetrieben." [30]

Unentwickelt und abstrakt ist das Prinzip des Hedonismus insofern, als der Hedonismus „nicht nur nicht zwischen einzelnen Lüsten, sondern auch nicht zwischen den Individuen, die sie genießen", differenziert. „So wie sie sind, sollen sie sich befriedigen und so wie die Welt ist, soll sie zum Gegenstand möglichen Genusses werden." [31] Fortschrittlich ist der Hedonismus also in seiner Forderung realer Freiheit, realen Glückes, affirmativ aber ist er, solange er der Form der falschen Allgemeinheit, wie die Moral sie bedeutet, in der *Form falscher Unmittelbarkeit* begegnet. Seine affirmative Funktion, Befangenheit in einer Realität, in der Freiheit und Glück aller in einem unvereinbaren Widerspruch stehen, läßt sich genauer ausführen.
Die wesentlichste Form der falschen Unmittelbarkeit des Hedonismus ist an seiner *Reduktion des Glückes* abzulesen. Es ist in einen Bereich außerhalb der bürgerlichen Produktion, in den Bereich der Konsumtionssphäre, verbannt. Das hartnäckige Pochen auf der Befriedigung des Individualinteresses schlägt dabei um in Verzicht auf wahre Befriedigung.

(27) Anm. 25.
(28) Anm. 25.
(29) Anm. 25, S. 57.
(30) Anm. 25.
(31) Anm. 25, S. 58.

„Die Beschränkung des Glückes auf die vom Produktionsprozeß getrennt erscheinende Sphäre der Konsumtion verfestigt die Partikularität und Subjektivität des Glückes in einer Gesellschaft, in der die vernünftige Einheit von Produktions- und Konsumtionsprozeß, von Arbeit und Genuß, nicht hergestellt ist.“ [32]

Der Mangel der Moral, Einheit von Individualinteresse und Allgemeininteresse nur postulatorisch herstellen zu können, weil der reale Grund, Getrenntheit der Subjekte in antagonistischen Produktionsverhältnissen, unberührt gelassen wurde, wiederholt sich am Hedonismus. Er fordert im Gegensatz zur Moral reale Befriedigung von Einzelinteressen als Prinzip aller und bekümmert sich, hier in Analogie zur Moral, nicht darum, daß gerade bürgerliche Produktion Befriedigung von Einzelinteresse bedeutet, ohne jedoch zugleich identisch zu sein mit dem Glück aller ihrer Subjekte. Hedonismus wie Moral gehen gemeinsam auf verschiedenen Wegen an der gesellschaftlichen Realität vorbei und erhalten die Partikularität der Subjekte, deren Aufhebung Grund ihrer theoretischen und praktischen Mühen war. So findet sich im Hedonismus bürgerliche Gesellschaft durchaus akzeptiert, er formuliert schlaglichtartig deren Prinzip, wenn er Glück als individuelles allein denken kann, „er versöhnt das besondere Glück mit dem allgemeinen Unglück.“ [33]
Aber der Hedonismus ist, will er an seiner Forderung nach Glück in der Realität festhalten, gezwungen, die Realität in seine Fassung des Begriffes von Glück mit aufzunehmen und damit seine kritischste Kategorie mit der Falschheit der Gesellschaft zu verseuchen, zum Beispiel in der Gestalt der Subjektivität von Glück. Nach der Reduktion des Glückes auf das vereinzelte Subjekt muß dieses Glück im Subjekt selber noch einmal weiter reduziert werden, auf die Sphäre der sinnlichen Lust allein. Falschheit liegt dabei nicht in der Verbindung von Lust und Glück, sondern in der Ausschließlichkeit, mit der die Sphäre der Lust allein als Ort des Glückes akzeptiert wird. Hier versöhnt sich Hedonismus mit dem falschen Zustand bürgerlicher Realität, der Glück und Arbeit nicht verbunden kennen kann, da die Arbeit wie deren Resultate nicht nach der bewußten Verfügung des freien Willens der arbeitenden Subjekte gestaltet wird, sondern in antagonistischen Produktionsverhältnissen. Hedonismus tendiert dazu, „negativer Hedonismus“ [34] zu werden, sich selbst in seiner kritischen Funktion zu beschneiden, indem er sein Prinzip in der zu vermeidenden Unlust findet (siehe die Reduktionsvorgänge) statt in radikal verfolgtem Streben nach Lust, das sehr schnell die Schranken der bürgerlichen Gesellschaft zu spüren bekäme. Um der Realisierung der Lust willen vermeidet der Hedonismus den radikalen Angriff auf eine Gesellschaft, in der Glück und Befriedigung eben keine die Gesellschaft wesentlich bestimmenden Momente sind. Um der Realisierung des Glückes willen gibt der Hedonismus seine zentrale kritische Kategorie: Glück der falschen Realität preis und akzeptiert als Glück einen gesellschaftlichen Zustand, dessen Überwindung selber erst den unverfälschten Gedanken an Glück erlauben würde. Hedonismus, der Kritik sein will, korrumpiert sich an der Realität in

---

(32) Anm. 25, S. 66.
(33) Anm. 25, S. 82.
(34) Anm. 25, S. 63.

falscher Unmittelbarkeit, da die Umwälzung dieser nicht als Konsequenz der Theorie verstanden wird.

„Beide Lehren sind in der bisherigen Gesellschaft unvereinbar, ebenso wie die Prinzipien, die sie vertreten. Die Idee der Vernunft zielt auf eine Allgemeinheit, in der die antagonistischen Interessen der 'empirischen' Individuen aufgehoben sind; aber dieser Allgemeinheit bleibt die wirkliche Erfüllung der Individuen, ihr Glück, ein Fremdes, Äußerliches, das zum Opfer gebracht werden muß. Zwischen dem allgemeinen und dem besonderen Interesse, zwischen der Vernunft und dem Glück besteht keine Harmonie; wenn das Individuum eine Übereinstimmung beider Interessen zu finden glaubt, fällt es einer notwendigen heilsamen Täuschung zum Opfer: die Vernunft überlistet die Individuen. Das wahre Interesse [der Allgemeinheit, der Verf.] verdinglicht sich gegenüber den Individuen und wird zu einer sie überwältigenden Macht. — Mit der Idee des Glückes will der Hedonismus die Entfaltung und Befriedigung des Individuums als Ziel innerhalb einer anarchischen und elenden Realität festhalten. Aber der Protest gegen die verdinglichte Allgemeinheit und die sinnlichen Opfer, die ihr dargebracht werden, führt nur tiefer in die Vereinzelung und Gegensätzlichkeit der Individuen hinein, solange die geschichtlichen Kräfte nicht herangereift und begriffen sind, welche die bestehende Gesellschaft in eine wahre Allgemeinheit verwandeln können.“ [35]

Kann am Hedonismus dessen Kritik wie dessen Befangenheit in den Widersprüchen bürgerlicher Gesellschaft aufgezeigt werden, so ist im folgenden zu untersuchen, inwieweit diese Widersprüche sich auch an der Person Dantons, wie Büchner sie darstellt, ablesen lassen.
Zunächst einmal ist offensichtlich, daß auch Danton als Gegenspieler Robespierres genau den theoriegeschichtlichen Sachverhalt der gegenseitigen Abhängigkeit von Moral und Hedonismus wiederholt. Danton dient im Drama Büchners als Medium der Kritik an Robespierre. In seiner Aussage, es gebe nur Epikuräer, kritisiert er die Selbstlosigkeit, die in der Moral Robespierres gefordert wird, als illusionistisch. Aber gerade die kritische Position gegen Robespierre verfängt sich sogleich in Selbstwidersprüchen, wenn sie zum theoretischen Prinzip verallgemeinert wird: „Jeder handelt seiner Natur gemäß, d. h. er thut was ihm wohl thut.“ (S. 27) Zwar ist hier materialistisch ein Element gesellschaftlicher Wirklichkeit angesprochen, aber indem es als Prinzip der Natur gesehen wird, wird es ontologisiert, es ist materialistisch und metaphysisch zugleich. Die materialistische These gibt sich als übergeschichtliche Wahrheit und wird dabei unmaterialistisch. Kritisiert Danton an Robespierre, daß er sein individuelles Interesse verleugne bzw. es durch Moral durchsetze, kritisiert er also dessen Individualinteresse, so macht er gerade das Kritisierte im Prinzip seiner hedonistischen Philosophie zur Grundlage. Sein Prinzip: jeder tut, was ihm wohltut, ist ja die Apologie des Individualinteresses, nur versteckt er es nicht hinter dem Deckmantel der Moral. Der Unterschied zwischen Danton und Robespierre ist im Endeffekt minimal. Robespierre vertritt sein Individualinteresse unter der Form der Allgemeinheit, Danton vertritt es offen als Individualinteresse. Der eine tabuiert den Tatbestand des Egoismus, der andere spricht ihn als bürgerliches Prinzip aus.

(35) Anm. 25, S. 61.

Vollends ähnlich werden sich die kontradiktorisch auftretenden Theorien da, wo Hérault in der ersten Szene des ersten Aktes die Prinzipien dantonistischer Politik formuliert. „Jeder muß in seiner Art genießen können, jedoch so, daß Keiner auf Unkosten eines Anderen genießen oder ihn in seinem eigenthümlichen Genuß stören darf." (S. 11) Hier ist eine Stelle, an der ein Vertreter der Politik Dantons einmal versucht, nicht nur kritisch die falsche Allgemeinheit der Moral als Heuchelei zu denunzieren, sondern wo er selber versucht, eine Aussage über das Verhältnis von Einzel- und Allgemeininteresse zu machen. Man kann feststellen, daß er in seiner Formulierung das Zentrum der Moral, den kategorischen Imperativ wiederholt, d. h. indem er auf dem Individualinteresse bestehen will, es zugleich in der Einschränkung, es finde am anderen seine Grenze, aufgibt. Entwirft Moral die Beziehung aufs Allgemeine nur in der Abstraktion, so gelingt dem Dantonisten nicht einmal mehr diese Abstraktion. In der Realität sind sich Moralisten wie Hedonisten gleich, ihre Prinzipien werden durch die Realität widerlegt. Das Prinzip Robespierres, weil Moral einer unmoralischen Realität konfrontiert wird, das Prinzip Dantons, weil Glück am anderen nur seine Schranke findet, d. h. eine reale Identität von Allgemeinheit auch ihm nicht gelingt. Apologie des Individualinteresses, die vom geschichtlichen Stand abstrahiert, hypostasiert einen gesellschaftlichen Zustand der Vereinzelung der Subjekte in der Konkurrenz zueinander. Glück ist so immer nur Glück des Stärkeren. Die Verteidigung des Individualinteresses führt nicht aus den Widersprüchen der bürgerlichen Realität heraus, sondern ist Apologie der Grundlage dieser Gesellschaft, des Kampfes aller gegen alle. Die Kritik gelingt also nur in dem Aufweis des Mangels der Moral, ohne diesen Mangel selbst beheben zu können. Robespierre und Danton sind beide bürgerliche Revolutionäre und sprechen beide auf unterschiedliche Weise die Wünsche der bürgerlichen Gesellschaft aus, welche diese nicht erfüllen kann.

Danton, so kann man einwenden, kämpft in seiner Verteidigung des Individualinteresses als Bürger gegen die bürgerliche Realität, die das Individualinteresse nur auf dem Rücken anderer sich verwirklichen läßt. Er steht im Selbstwiderspruch, wie ihn ein Robespierrist gegen den Dantonisten Legendre formuliert: „Hört! die Ursache verklagt ihre Wirkung, der Ruf sein Echo, der Grund seine Folge" (S. 17), d. h. in der Apologie des Einzelinteresses formuliert er ein bürgerliches Prinzip, dessen reale Verwirklichung in der Konkurrenz der Ökonomie gerade den Entwurf der Moral, wie Robespierre ihn vertritt, notwendig gemacht hatte. Der Bürger Danton verklagt die Folgen seiner Bürgerlichkeit, aber es gelingt ihm nicht, sie abzustreifen.

Bürgerlichkeit zeigt sich in der Darstellung des Hedonisten Danton zum Beispiel da, wo genau der zentrale Mangel des Hedonismus, Glück zu erstreben als allgemeines Glück, es zugleich aber nur in der Sphäre der Individuation: Konsumtionssphäre zu realisieren, auch an ihm sich erkennen läßt. Er will das Glück aller, meint es aber nur finden zu können in der Vereinzelung. Das zeigt sich deutlich am Motiv der Einsamkeit Dantons. Sie taucht auch in den für ihn glücklichsten Beziehungen zu Julie oder Marion immer wieder auf. Sie ist radikalster Ausdruck von Individuation. Individuation wird von ihm selbst schon nicht mehr nur als Form der Freiheit verstanden und empfunden, sondern zugleich als Unfreiheit. Freiheit von der Möglichkeit einer Beziehung zu den anderen. Individuation wird als Form radikaler Trennung angesprochen und beklagt: „Wir wissen wenig voneinander. Wir sind Dickhäuter, wir strecken die Hände nacheinander aus aber es ist vergebliche Mühe." (S. 9) Individuation radikal gedacht ist keine Form der Beziehung von Einzelnem und Allgemeinem, sondern eine Form der Trennung, genau diesen Mangel erfährt Danton als Einsamkeit. Aber die Reduktion geht noch über die äußere Form der Individuation hinaus, reicht in sie hinein. So ist die Trägheit Dantons, seine Müdigkeit, Ausdruck der Reduktion der Hoffnung auf Befriedigung. Politik, in deren Zentrum er als Führer einer revolutionären Fraktion steht, ist ihm nur Mühe, nicht Vehikel zur Durchsetzung seiner Ziele und Bedürfnisse. Tendenziell wird er durch das ganze Drama hindurch als Außenseiter der Politik gezeigt. Sie ist ihm Ort eines natürlich scheinenden Kampfes, an dem er sich nicht beteiligen will, weil er dann seine Bedürfnisse nach Glück nicht befriedigen könnte. Politik erscheint als eine die Freiheit der Individuen begrenzende Sphäre und wird deshalb von Danton nur widerwillig als Möglichkeit des Handelns akzeptiert. Damit aber ist ihre Reduktion auf die Sphäre des Privaten schon vollzogen.

Glück scheint demzufolge keinen Platz in der Gesellschaft zu haben, es erscheint allein in der Sphäre der Sinnlichkeit gesichert. Aber auch da hat es nur eine sehr unsichere Existenz, wie die Szene mit Marion (Szene I, 5) deutlich zeigt. Jene befreite Sinnlichkeit, die sie verkörpert, überschreitet die Grenze der Individuation lediglich, um in der Form von Leiden zu scheitern.

Leben selbst erscheint Danton, dem Hedonisten, dem es Ort realen Glückes sein sollte, als Inkarnation von Unglück. Seine Todesphantasien thematisieren solche Erfahrung. Er wünscht sich den Tod (Szene II, 4) als Ort der Sicherheit und Ruhe, zu dem Glück ihm nach den mehrfachen Reduktionen verkommen ist. Er weiß, wie sehr dieser Wunsch Reaktion auf Zwänge der Realität ist. Die Ambivalenz seines Todeswunsches steigert sich zunächst im emphatischen Ton der Verteidigungsrede vor dem Revolutionstribunal (Szene III, 4), in der er — aus der Not eine Tugend machend — formuliert:

„Uebrigens, was liegt mir an euch und eurem Urtheil? Ich hab' es euch schon gesagt, das Nichts wird bald mein Asyl seyn, — das Leben ist mir zur Last, man mag es mir entreißen, ich sehne mich danach es abzuschütteln." (S. 53)

Aber schon in der Szene III, 7 ist ihm nicht einmal mehr diese äußerste Reduktion des Glückes ins Nichts mehr sicher:

„Im Nichts. Versenke dich in was Ruhigers, als das Nichts [...] aber — [...] der verfluchte Satz: etwas kann nicht zu nichts werden! und ich bin etwas, das ist der Jammer. Die Schöpfung hat sich so breit gemacht, da ist nichts leer, Alles voll Gewimmels. Das Nichts hat sich ermordet, die Schöpfung ist seine Wunde, wir sind seine Blutstropfen, die Welt ist das Grab worin es fault. Das lautet verrückt, es ist aber doch was Wahres daran." (S. 61)

Oder wenn er, eine Identität von Leben und Tod sehend, formuliert:

„Wir kratzen fünfzig Jahre lang am Sargdeckel. Ja wer an Vernichtung glauben könnte! dem wäre geholfen. Da ist keine Hoffnung im Tod, er ist nur eine einfachere, das Leben eine verwickeltere, organisirte Fäulniß, das ist der ganze Unterschied! Aber ich bin gerad' einmal an dieße Art des Faulens gewöhnt, der Teufel weiß wie ich mit einer anderen zu Recht komme." (S. 61)

Glück soll in der Welt sein, wenn nicht im Leben, dann eben im Tod. Aber da es nicht einmal da garantiert ist, sieht Danton auch seinen letzten Fluchtort, den Tod, verdorben. Seine letzte Rebellion ist deshalb die gegen den Tod. Danton, der sich an der Revolution beteiligte, weil sie eine reale Besserung des menschlichen Lebens ermöglichen wollte, dem sie nur aus diesem materialistischen Grund wichtig erscheint, ist von der Revolution enttäuscht, weil sie seine Vorstellung vom Glück nicht einlöste. An seinem Wunsch und Ziel hält er bis zuletzt fest, aber er findet keine Erfüllung dafür in der Geschichte. Danton erfährt sich, wie Robespierre, im Widerspruch der Gesellschaft befangen.[36] Er erkennt die bürgerliche Revolution als halb, weil sie nur den Gedanken an die Freiheit formulieren konnte, ohne sie indes real werden zu lassen.

1.2.3. Probleme der Geschichtlichkeit

Im folgenden Abschnitt soll untersucht werden, ob Büchners Darstellung der Französischen Revolution deren wesentliche Momente trifft oder an Teilbereiche möglicherweise ganz subjektiven Interesses sich verliert. Gefragt wird, ob eine Darstellung der Französischen Revolution, die den Widerspruch von Egoismus und Moral ins Zentrum stellt, den Gegenstand der Darstellung — bürgerliche Revolution — überhaupt erfaßt.

Ausgangspunkt von Büchners Darstellung der Französischen Revolution ist zunächst einmal Büchners Selbstverständnis von den Aufgaben des „dramatischen Dichters", wie er es seiner Familie im Brief vom 28. Juli 1835 entwickelt. In fast positivistisch erscheinender Manier führt Büchner dort aus:

„Der dramatische Dichter ist in meinen Augen nichts, als ein Geschichtsschreiber, steht aber über letzterem dadurch, daß er uns die Geschichte zum zweitenmal erschafft und uns gleich unmittelbar, statt eine trockne Erzählung zu geben, in das Leben einer Zeit hinein versetzt, uns statt Charakteristiken Charaktere, und statt Beschreibungen Gestalten gibt. Seine höchste Aufgabe ist, der Geschichte, wie sie sich wirklich begeben, so nahe als möglich zu kommen."

Sein Anspruch ist es demnach, radikal historisch zu sein, Geschichte nur zu verlebendigen, sie zum zweiten Mal zu erschaffen, ihr so nahe wie möglich zu kommen. Die Frage, die, anschließend an sein Selbstverständnis, hier interessiert, ist, ob dieses Programm in ‚Dantons Tod' von Büchner eingelöst wurde oder ob das Stück mehr ist als reine Geschichtsschreibung verlebendigter Art. Wenn es mehr wäre, so muß gerade dieses Mehr inhaltlich bestimmt werden. Vergleicht man, um Büchners Anspruch, Geschichte nur lebendiger darzustellen, zu überprüfen, seine Art der Darstellung der Französischen Re-

(36) F. Hörnigk schreibt: „Dennoch, theoretisch verkörpert Danton sehr nahe die unlösbar scheinenden Widersprüche Büchners; das Ausspielen dieser Widersprüche erfaßt wesentliche Seiten der Widersprüchlichkeit dieser Zeit und verweist stärker auf die prinzipielle Unmöglichkeit, innerhalb der bürgerlichen Gesellschaft die soziale Frage zu lösen." (S. 167)

volution mit der Art der von ihm benutzten Quellen [37], so lassen sich einige Unterschiede feststellen.
Bei allen Quellen, die Büchner benutzte, handelte es sich um Gesamtdarstellungen, in denen zwar einzelne Phasen unterschieden werden, grundsätzlich aber gleiches Interesse allen Ereignissen des gewählten Zeitraumes vorliegt. *Revolution ist ihnen ein zeitlicher Begriff, kein qualitativer.* Auch wenn die Autoren unterschiedliche Standpunkte haben — Thiers und Mignet gelten heutiger Geschichtsforschung als liberal [38], Strahlheim als Royalist —, so haben sie doch alle eines gemeinsam, sie beurteilen die Revolution vom Resultat her gesehen als Ausdruck geschichtlichen Fortschritts, auch wenn sie den Weg zu diesem Fortschritt verurteilen.[39] Bei Büchner dagegen ist die Grundtendenz anders. Er konzentriert sich ausschließlich auf die republikanische Phase der Revolution, auf die Zeit der Herrschaft des Wohlfahrtsausschusses. Diese Zeit ist ihm qualitativer Höhepunkt und Wendepunkt der Revolution zugleich.[40] Wenn die bürgerliche Revolution radikal war, dann war sie es in der von Büchner gewählten Phase.

---

(37) Den Bezug des Dramas zu den historischen Quellen untersuchen folgende Arbeiten:
Jaspers, A.: Georg Büchners Trauerspiel ‚Dantons Tod', Diss. Marburg 1918;
Viëtor, K.: Die Quellen von Büchners Drama ‚Dantons Tod', In: Euphorion 34, 1933;
Thieberger, R.: La Mort de Danton de Georg Büchner et ses sources, Paris 1953;
Beck, A.: Unbekannte französische Quellen für ‚Dantons Tod' von Georg Büchner, In: Jahrbuch des deutschen Hochstifts, 1963;
Mayer, Th.: Zur Revision der Quellen von ‚Dantons Tod' von Georg Büchner, In: Studi Germanici 7, 1969.
Eine Übersicht über die Ergebnisse dieser philologischen Arbeiten findet sich bei G. Jancke, S. 139 ff.
Eine mir wichtiger erscheinende Arbeit zum Vergleich mit den Quellen liegt mit der Dissertation von B. Zöllner, s. Anm. 9, vor. Seine Arbeit befragt die Quellenautoren selber historisch und beschränkt sich nicht allein auf philologische Probleme. Als einziger geht er auf den historisch-politischen Charakter der Geschichtswerke ein, die Büchner als Quelle dienten und stellt deren spezifisch bürgerliches Weltbild dar.
(38) Vgl. B. Zöllners Darstellung der politischen Standpunkte von Thiers und Mignet im dritten Kapitel seiner Arbeit, S. 17 ff. sowie auch Gooch, G. P.: Geschichte und Geschichtsschreiber im 19. Jahrhundert, Frankfurt/Main 1964; auch dort findet sich ein Kapitel über Thiers und Mignet.
(39) Zöllner weist darauf hin, daß sowohl Thiers als auch Mignet die Schreckensherrschaft verurteilen, sie aber gegen ihr eigenes moralisches Urteil für notwendig hielten (s. S. 33).
(40) Büchners Interesse und Werturteil über diese Phase der Revolution ist deutlich ablesbar an seinem kurzen Abriß der Französischen Revolutionsgeschichte, der sich als Einschub im ‚Hessischen Landboten' findet (s. S. 48). Radikal geht Büchner hier über das Programm einer konstitutionellen Monarchie hinaus und verteidigt die von den Jakobinern erkämpfte republikanisch-demokratische Form der politischen Ordnung. Auch durch das Faktum der Hinrichtung des Königs läßt er sich nicht abschrekken. Seine Ausführungen im ‚Hessischen Landboten' sind eine Verteidigung der radikalen Maßnahmen der Französischen Revolution. Obwohl sie wesentlich detaillierter sind als die immer zitierte Briefstelle, sind sie bis jetzt noch nie herangezogen worden, wenn es darum ging, Büchners Bild von der Französischen Revolution zu entwickeln. Aus Büchners Kritik am Verlauf der Revolution, er beurteilt die Zeit nach dem Thermidor, den Übergang vom Directoire zur Herrschaft Napoleons negativ (s. S. 48), hätte man einen politisch präziseren Eindruck von Büchners Enttäuschung am Verfall der Revolution gewinnen können.

Neben der zeitlichen Konzentration findet sich auch eine inhaltliche. Es ging Büchner nicht darum, die Ereignisse der Revolution in ihrer bloßen Abfolge zu zeigen oder gar zu rechtfertigen. Er läßt seine Darstellung leiten von der Frage, ob die Revolution den sozialen Fortschritt gebracht hat, den die Massen von ihr erhofften. Er fragt, was sie für das Volk an materiellen Verbesserungen gebracht hat, wer von der erkämpften Freiheit profitiert. Damit kreist seine Darstellung mehr um eine Bestimmung des *Wesens der Französischen Revolution,* als daß sie ihren Erscheinungsformen verhaftet bleibt. Tendenziell enthistorisiert er seinen geschichtlichen Gegenstand. So schreibt er im Brief an die Braut vor der Abfassung des Dramas:

„Ich studirte die Geschichte der Revolution. Ich fühlte mich wie zernichtet unter dem gräßlichen Fatalismus der Geschichte. Ich finde in der Menschennatur eine entsetzliche Gleichheit, in den menschlichen Verhältnissen eine unabwendbare Gewalt, Allen und Keinem verliehen. Der Einzelne nur Schaum auf der Welle, die Größe ein bloßer Zufall, die Herrschaft des Genies ein Puppenspiel, ein lächerliches Ringen gegen *ein ehernes Gesetz, es zu erkennen das Höchste, es zu beherrschen unmöglich.*" [41]

Büchners Äußerung enthält Programm wie Resultat des Studiums der Revolution zugleich. Aber neben der herkömmlichen Deutung gerade dieser Äußerung unter dem Aspekt des „gräßlichen Fatalismus" kommt es mir vor allem auf die programmatische Absicht an: Einsicht in die Gesetze des Verlaufs der Geschichte im Versuch der Organisierung von deren Fortschritt. Büchner fragt nach dem Gesetz der Geschichte. Ihm geht es um eine qualitative Bestimmung des Wesens der Revolution, um ein Studium der Revolution unter dem praktischen Aspekt, aus der Einsicht zu lernen, um sie in eigene Praxis umzusetzen.[42] Zentral bleibt ihm bei all dem die Frage: Hat sich das Leben der Volksmassen geändert? Gerade diese Frage aber tabuisieren die Quellen und überlassen sich den Erscheinungsformen blind. Konstitution, Wirtschaftsordnung, nationale Einheit sind Büchner kein Selbstzweck, definieren nicht per se Fortschritt und Revolution. Ihm ist wichtig, ob die Revolution ihre sozialen Ziele erreicht hat. Das ist sein Maßstab für die Beurteilung.

---

(41) Brief an die Braut, S. 425 f.
Wie weit Büchners Darstellung in diesem Brief durch die Geschichtsauffassung seiner Quellen geprägt ist, wäre zu untersuchen. So schreibt Zöllner z. B. zu Mignet: „Mignet lehnt ein personales Geschichtsverständnis ab. Der Mensch vermag nur im Kollektiv wirksam zu werden, als Individuum kann er auf den Verlauf des historischen Geschehens keinen Einfluß nehmen [...] Die Revolutionszeit läßt ein allgemein gültiges Gesetz, das Mignet durch die Formel 'subordination des hommes aux choses' kennzeichnet, erst besonders deutlich erkennen [...] Die Darstellung der historischen Ereignisse im Werk Mignets ist von dieser Auffassung geprägt. Die Führer der französischen Revolution haben bestimmte politische Funktionen zu erfüllen, sie sind weit mehr Ausführende als selbständig Handelnde." (S. 35 f.)

(42) Aus Büchners Einschätzung der Revolutionen von 1789 und 1830 im ‚Hessischen Landboten' kann man sehen, was er aus dem Studium der Geschichte gelernt hat: „In Deutschland und ganz Europa aber war große Freude als der zehnte Karl vom Thron gestürzt ward, und die unterdrückten deutschen Länder richteten sich zum Kampf für die Freiheit. Da rathschlagten die Fürsten, wie sie dem Grimm des Volkes entgehen sollten und die Listigen unter ihnen sagten: Laßt uns einen Theil unserer Gewalt abgeben, daß wir das Uebrige behalten. Und sie traten vor das Volk und sprachen: Wir wollen euch die Freiheit schenken, um die ihr kämpfen wollt. — Und zitternd vor

In den Quellen wurde, da die Ziele des Bürgertums erreicht waren, die Revolution im Resultat akzepiert, aber der Weg — Gewalt — wurde strikt verurteilt. Die Bürger wollen ihre eigene Geschichte nicht aus Gewalt im Klassenkampf entstanden sehen. Sie verschließen die Augen vor dem offenkundigen geschichtlichen Faktum, von dem sie profitieren. Büchner dagegen beurteilt die Revolution vom Standpunkt des materiellen Fortschritts der Volksmassen her. Sein Urteil fällt negativ aus. Für die Masse des Volkes sieht er die Revolution als gescheitert an.

Enthistorisierung [43] als Zentrieren einer geschichtlichen Phase um ein wesentliches Problem führt dazu, gerade in dem wesentlichen Aspekt (hier: Egoismus und Moral) über die vorgegebene geschichtliche Aktion hinausgelangen zu können. Enthistorisierung bedeutet hier, aus der Vergangenheit im Aufgreifen eines an ihr auftauchenden unabgeschlossenen Widerspruchs in die Geschichte der Gegenwart und Zukunft vorstoßen zu können. Auf eine andere Weise als Büchner selbst es sich dachte, kommt er tatsächlich der Geschichte so nahe wie möglich, er aktualisiert sie.

In dieser Art der Darstellung beweist Büchner seinen revolutionären Mut.[44] Es war gerade die Phase der Schreckensherrschaft, an der sich die Urteile der Zeitgenossen teilten [45], an der die Sympathien mit der Französischen Revolu-

---

Furcht warfen sie einige Brocken hin und sprachen von ihrer Gnade. Das Volk traute ihnen leider und legte sich zur Ruhe. — Und so ward Deutschland betrogen wie Frankreich." (S. 50)

Büchner hält fest: die herrschaftstabilisierende Funktion konstitutioneller Zugeständnisse sowie die Unentwickeltheit des politischen Bewußtseins im Volk. Radikalität und Enttäuschung Büchners kann man in diesem Urteil begründet sehen. Die sozialrevolutionären Konsequenzen des ‚Hessischen Landboten' zeigen, in welcher Richtung seine Kritik der gescheiterten Revolutionen zielte.

(43) Zwei verschiedene Formen der Annahme einer „Enthistorisierung" des Dramas finden sich bei Hans Mayer und Ulrike Paul (Vom Geschichtsdrama zur politischen Diskussion. Über die Desintegration von Individuum und Geschichte bei Georg Büchner und Peter Weiss, München 1974). Mayer bezieht sich auf die von der geschichtlichen Person Dantons abweichende Darstellung bei Büchner (vgl. S. 207 f.). Differenzierter verwendet U. Paul diesen Begriff. Für sie ist die Frage der Enthistorisierung nicht auf die Darstellung einzelner Fakten oder Personen allein bezogen. Sie reflektiert Enthistorisierung mehr als ein notwendig auftauchendes Problem, wenn Geschichte Gegenstand dramatischer Darstellung wird.

Ich verstehe die Rephilosophierung der Geschichte in Form des Prinzipienstreits zwischen Danton und Robespierre als Enthistorisierung realer Geschichte. Aber gerade diese Enthistorisierung eröffnet eine Darstellungsmöglichkeit des objektiven Gehaltes des realen Geschehens. Sie ist eine dramatische Notlösung. Falsch ist sie, weil sie inhaltlich im Gegensatz zu den durch die Personen vertretenen Positionen steht. Personen sprechen aus, daß Personen in der Geschichte keine Bedeutung haben. Formal ist diese Darstellungsweise problematisch, weil die Geschichte im Drama nur als reflektierte auftauchen kann. Sowohl die Personen als auch die von ihnen vertretenen Ansichten sind vor allem Abstraktionen.

(44) Daß Mut dazu gehört haben muß, dieses Drama zu veröffentlichen, kann man aus einer Briefstelle ablesen, in der Büchner den ersten Druck seines Dramas kommentiert: „Der Titel ist abgeschmackt, *und mein Name steht darauf, was ich ausdrücklich verboten hatte; und steht außerdem nicht auf dem Titel meines Manuscripts.*" (Brief an die Familie, Straßburg, 28. Juli 1835; S. 443).

(45) Einen guten Überblick über zeitgenössische Stellungnahmen zur Französischen Revolution gibt der Band: Die Französische Revolution im Spiegel der deutschen Literatur, Frankfurt/Main 1975. Vgl. auch das Vorwort des Herausgebers.

tion endeten. In einer Zeit der finstersten Restauration in Deutschland wagte er es, nicht nur die Schreckensherrschaft als Höhepunkt der Revolution zu thematisieren [46], sondern sie zugleich auch noch als nicht weitgehend genug zu kritisieren. Er liefert eine bis dahin in Deutschland kaum vorzufindende Kritik an der Französischen Revolution von einer revolutionären Position aus. Er entzieht sich der Alternative, entweder für die Revolution oder gegen sie zu sein, indem er ihr ungelöstes Problem aufgreift und im Aufweis des Widerspruchs dessen Aufhebung zur Aufgabe macht. Die von den Jakobinern errichtete und verteidigte Ordnung bürgerlicher Gesellschaft gerät bei Büchner selber als Ort von Freiheit und Gleichheit ins Schußfeld der Kritik. In seinen Augen sind Freiheit und Gleichheit noch nicht verwirklicht, und bürgerliche Gesellschaft ist ihm nicht deren Garant.

1.2.4. Darstellung der Französischen Revolution durch Karl Marx. Versuch einer Wesensbestimmung der Französischen Revolution als bürgerlicher Revolution

Ist bis jetzt versucht worden, die Stellung Büchners zur Französischen Revolution zu erarbeiten, so ergab sich als vorläufiges Ergebnis, daß der Revolutionär Büchner die Französische Revolution kritisiert, von ihr enttäuscht ist. Will man aus dieser seltsamen Konstellation, daß die bürgerlichen Autoren hinter dem größten revolutionären Ereignis der Epoche stehen, während der Revolutionär Büchner es ablehnt, nicht den Schluß ziehen, der Enttäuschte müsse also noch konservativer als jene sein — oder er habe sich vom Versuch und dem Wissen von der Notwendigkeit revolutionärer Veränderung abgewandt, so muß man dieses Faktum erklären.
Bisher ist nur aufgezeigt worden, daß Büchners Enttäuschung sich präzise darstellt als Enttäuschung über den in der Geschichte unabgeschlossen bleibenden Widerspruch von Einzel- und Allgemeininteresse. Im Zentrum stand, bestimmend für seine Darstellung, das Problem von Egoismus und Moral, nicht die Vielfalt historischer Faktizität. Am Beispiel von Marx soll nun erwiesen werden, wie ein revolutionärer Theoretiker zur Zeit des Vormärz, also historisch in ähnlicher Situation wie Büchner lebend, sich materialistisch zur Französischen Revolution verhält, wie er kritisiert und zu welchem Ergebnis er kommt. Ich parallelisiere somit Marx' Darstellung der Französischen Revolution mit der Büchners, um Ähnlichkeiten und Unterschiede zu erarbeiten, deren Kenntnis helfen soll, das Thema Enttäuschung besser zu verstehen. Herangezogen werden nur Frühschriften von Marx aus der Zeit von 1848, insbesondere der Text ‚Zur Judenfrage'.[47]
Zentral geht es dabei (nachdem der Ausgangspunkt, B. Bauers Stellung zur Judenfrage, abgehandelt ist, der hier nicht interessiert) um den Aufweis des-

(46) Garber, Jörn (Hrsg.): Revolutionäre Vernunft. Texte zur jakobinischen und liberalen Revolutionsrezeption in Deutschland 1789—1810, Kronberg 1974; Grab, W.: Eroberung oder Befreiung? Deutsche Jakobiner und die Franzosenherrschaft im Rheinland 1792—1799, In: Archiv für Sozialgeschichte, Bd. X, 1970; ders.: Norddeutsche Jakobiner. Demokratische Bestrebungen zur Zeit der französischen Revolution, Frankfurt/Main 1967.
(47) Marx, Karl: Zur Judenfrage, MEW Bd. 1, S. 347 ff.

sen, was Marx die „Halbheit der politischen Emanzipation“ [48] nennt. Ausgangspunkt ist ihm das Verhältnis der „politischen Emanzipation“ [49], wie sie in der bürgerlichen Revolution vollzogen wurde zur „menschlichen Emanzipation“ [50]. Zur Trennung der Begriffe war es gekommen, da die politische Emanzipation in ihrer historischen Form eine Schranke enthielt, weil die politische Emanzipation „nicht die durchgeführte, die widerspruchslose Weise der menschlichen Emanzipation ist“ [51]. Worin besteht nun diese Schranke, wie ist sie für Marx an der Französischen Revolution abzulesen?
Ort der politischen Emanzipation ist der Staat. Marx konstatiert den offenen Widerspruch der Realität:

„daß der Staat sich von einer Schranke befreien kann, ohne daß der Mensch wirklich von ihr frei wäre, daß der Staat ein Freistaat sein kann, ohne daß der Mensch ein freier Mensch wäre.“ [52]

Er präzisiert das an der Französischen Revolution folgendermaßen:

„Der Staat hebt den Unterschied der Geburt, des Standes, der Bildung, der Beschäftigung *in seiner Weise* [i. e. politisch, der Verf.] auf, wenn er Geburt, Stand, Bildung, Beschäftigung für unpolitische Unterschiede erklärt, wenn er *ohne Rücksicht* auf diese Unterschiede jedes Glied des Volkes zum gleichmäßigen Teilnehmer der Volkssouveränität ausruft, wenn er alle Elemente des wirklichen Volkslebens von dem Staatsgesichtspunkt aus behandelt. Nichtsdestoweniger läßt der Staat das Privateigentum, die Bildung, die Beschäftigung *auf ihre Weise,* d. h. als Privateigentum, als Bildung, als Beschäftigung wirken und ihr besondres Wesen geltend machen. Weit entfernt, diese *faktischen Unterschiede* aufzuheben, existiert er vielmehr nur unter ihrer *Voraussetzung.*“ [53]

Der Staat befindet sich also in dem Widerspruch, die Unterschiede für aufgehoben zu erklären und sie zugleich vorauszusetzen. Eine solche Form des Widerspruchs der politischen Emanzipation führt zu einer realen *Verdoppelung* des Lebens, sowohl des gesellschaftlichen Lebens wie zugleich des Lebens aller Einzelnen. Marx entfaltet diesen Widerspruch dann auch auf beiden Ebenen, in der Entwicklung der Trennung von Staat und Gesellschaft auf allgemeiner Ebene und in der Trennung von citoyen und bourgeois auf der Ebene der einzelnen Person.

„Der vollendete politische Staat ist seinem Wesen nach das *Gattungsleben des Menschen* im Gegensatz zu seinem *materiellen Leben.* Alle Voraussetzungen dieses egoistischen Lebens bleiben außerhalb der Staatssphäre in der bürgerlichen Gesellschaft [. . .] bestehen. Wo der politische Staat seine wahre Ausbildung erreicht hat, führt der Mensch nicht nur im Gedanken, im Bewußtsein, sondern in Wirklichkeit, im Leben ein doppeltes, ein himmlisches und ein irdisches Leben. Das Leben im politischen Gemeinwesen, worin er sich als Gemeinwesen gilt, und das Leben in der bürgerlichen Gesellschaft, worin er als Privatmensch tätig ist.“ [54]

---

(48) Anm. 47, S. 351.
(49) Anm. 47, S. 352.
(50) Anm. 47.
(51) Anm. 47, S. 353.
(52) Anm. 47.
(53) Anm. 47, 354.
(54) Anm. 47, S. 354 f.

Trotz der Widersprüchlichkeit der politschen Emanzipation sieht Marx diese doch als Fortschritt an, als „Umweg“ [55] der „beschränkten Emanzipation“ [56] auf dem Wege zur wirklichen menschlichen Emanzipation. Die politische Emanzipation ist jedoch „nicht die letzte Form der menschlichen Emanzipation überhaupt, aber sie ist die letzte Form der menschlichen Emanzipation innerhalb der bisherigen Weltordnung“ [57]. Hierbei wird unterstellt, daß die politische Emanzipation als spezifischer Ausdruck bürgerlicher Gesellschaft in dieser Grundlage notwendig ihre Schranke findet, daß menschliche Emanzipation nur in der Revolutionierung eben dieser Grundlage, im Hinausgehen über die bürgerliche Ordnung hergestellt werden kann. Daß die bürgerliche Ordnung die Schranke der wirklichen Emanzipation ist, läßt sich aus dieser Ordnung selber erst ableiten. Marx versucht das in einer Kritik der Menschenrechte, dem fortschrittlichsten geistigen Produkt der Französischen Revolution. Seine Kritik ist der Versuch, die Menschenrechte als spezifisch bürgerliche Form der Planung menschlicher Freiheit zu deuten, indem er den Zusammenhang mit der bürgerlichen Produktionsweise an ihnen abliest, obwohl sie selbst nicht um ihn wissen, ja reine Abstraktion zu sein glauben.
So findet sich die Halbheit der politischen Emanzipation auch in den *Menschenrechten* wieder, wenn sie zum Beispiel von den *Bürgerrechten* geschieden werden.

„Die droits de l'homme werden als solche unterschieden von den droits du citoyen, von den Staatsbürgerrechten. Wer ist der vom citoyen unterschiedene homme? Niemand anders als das Mitglied der bürgerlichen Gesellschaft.“ Die droits de l'homme sind die Rechte „des egoistischen Menschen, des vom Menschen und vom Gemeinwesen getrennten Menschen [...] Es handelt sich um die Freiheit des Menschen als isolierter auf sich zurückgezogener Monade [...] das Menschenrecht der Freiheit *basiert nicht* auf der *Verbindung* des Menschen mit dem Menschen, sondern vielmehr auf der *Absonderung* des Menschen von dem Menschen [...] Die praktische Nutzanwendung des Menschenrechtes der Freiheit ist das Menschenrecht des Privateigentums.“ [58]

Das führt zu einem seltsamen Verhältnis von Staat und Gesellschaft: Der Staat, als Vertreter des Allgemeininteresses entworfen, kann diese Allgemeinheit eben nicht als allgemeines Interesse aller vertreten — weil es ein gemeinsames Interesse in einer antagonistischen Gesellschaft von miteinander konkurrierenden Subjekten wie Klassen nicht gibt —, sondern er vertritt widersprüchlich das Allgemeininteresse als die Interessen der einzelnen Verschiedenen in der Garantie ihrer Unterschiedenheit. Gleichheit und Freiheit werden auf der Grundlage der bürgerlichen Produktion zur Gleichheit und Freiheit in der Unterschiedenheit. Der citoyen wird zum Diener des egoistischen homme erklärt. Der Staat erscheint als Mittel zum Zweck der Garantie der bürgerlichen Produktion, aus der er entsprungen ist, weil sie ohne ihn nicht existieren könnte. Dies führt zur spezifischen Täuschung der bürgerlichen Revolution über sich selber; sie meint Freiheit und Gleichheit aller zu garantieren

(55) Anm. 47, S. 353.
(56) Anm. 47.
(57) Anm. 47, S. 356.
(58) Anm. 47, S. 364.

und garantiert sie nur für alle Einzelnen. Gemeinwesen ist die bürgerliche Gesellschaft nur abgehoben von ihrer Grundlage, real ist sie Gesellschaft der Konkurrenz:

„Endlich gilt der Mensch, wie er Mitglied der bürgerlichen Gesellschaft ist, für den eigentlichen Menschen [...] weil er der Mensch in seiner sinnlichen individuellen nächsten Existenz ist, während der politische Mensch nur der abstrahierte, künstliche Mensch ist, der Mensch als eine allegorische, moralische Person. Der wirkliche Mensch ist erst in der Gestalt des egoistischen Individuums, der wahre Mensch erst in der Gestalt des abstrakten Citoyen [...]" [59]

Die politische Revolution löst das bürgerliche Leben in seine Bestandteile auf, ohne diese Bestandteile selbst zu revolutionieren und der Kritik zu unterwerfen.

„Die Vollendung des Idealismus des Staates war zugleich die Vollendung des Materialismus der bürgerlichen Gesellschaft." [60]

Marx ist hier genau an der Stelle, an der sein Urteil über die Französische Revolution, als politische Revolution eine halbe Revolution zu sein, deutlich zu werden beginnt.

„Die Revolution von 1789 hat das alte Regime gestürzt. Sie hat aber vergessen, die neue Gesellschaft oder die Gesellschaft neu zu machen." [61]

In der ‚Judenfrage' kritisiert Marx die aufgewiesene Halbheit bürgerlicher Revolution, wenn er den Weg der Aufhebung der Revolution als Vollendung ihrer eigenen Ziele deutet, die politische Revolution in die soziale Revolution verlängert als Programm entwirft. Nur so kann aus der politischen Emanzipation die wahre menschliche Emanzipation entstehen:

„Erst wenn der wirkliche individuelle Mensch den abstrakten Staatsbürger in sich zurücknimmt und als individueller Mensch in seinem empirischen Leben, in seiner individuellen Arbeit, in seinen individuellen Verhältnissen, Gattungswesen geworden ist, erst wenn der Mensch seine 'forces propres' als gesellschaftliche Kräfte erkannt und organisiert hat und daher die gesellschaftliche Kraft nicht mehr in der Gestalt der politischen Kraft [d. h. als Staat, der Verf.] von sich trennt, erst dann ist die menschliche Emanzipation vollbracht." [62]

Erst wenn die Gesellschaft sich revolutionär zu ihrer Grundlage — dem Einzelnen — verhält, erst wenn sie in ihrer Befreiung den Widerspruch löst, Freistaat zu sein, „ohne daß der Mensch ein freier Mensch schon wäre", wäre die Revolution gelungen. Daß die Revolution dieses Ziel teilweise in der Französischen Revolution schon anstrebte, versucht Marx gerade an der Phase der Schreckenszeit zu zeigen. Er schreibt:

„In den Momenten seines [des Staates, der Verf.] *besonderen Selbstgefühles* sucht das politische Leben seine Voraussetzung, die bürgerliche Gesellschaft und ihre Elemente,

(59) Anm. 47, S. 369.
(60) Anm. 47.
(61) Brief an Engels vom 8. 8. 1851, MEW Bd. 27, S. 297.
(62) Anm. 47, S. 370.

zu erdrücken und sich als das wirkliche, widerspruchslose Gattungsleben des Menschen zu konstituieren. Es vermag dies indes nur durch *gewaltsamen Widerspruch gegen seine eigenen Lebensbedingungen* [...] und das politische Drama endet daher ebenso notwendig mit der Wiederherstellung aller Elemente [...] der bürgerlichen Gesellschaft [...]" [63]

Marx faßt die Schreckensherrschaft auf als den Versuch, über die Selbstwidersprüche der bürgerlichen Revolution hinauszugelangen. Gegen die eigenen Voraussetzungen rebellierend, ist der Terror der idealistische Versuch, Freiheit und Gleichheit real werden zu lassen, wo sie noch nicht existieren. Terror der Schreckensherrschaft ist idealistische Politik, Politik der Moral bzw. des bloßen Willens. Revolution soll sein, was sie in ihrer bürgerlichen Gestalt noch nicht sein kann.
In der ‚Heiligen Familie' geht Marx noch einmal auf das gleiche Problem ein:

„Die Idee blamiert sich immer, soweit sie von dem Interesse unterschieden war. Andererseits ist es leicht zu begreifen, daß jedes massenhafte, geschichtlich sich durchsetzende Interesse, wenn es zuerst die Weltbühne betritt, in der Idee oder Vorstellung weit über seine wirklichen Schranken hinaus geht und sich mit dem menschlichen Interesse schlechthin verwechselt." [64]

Eben dies zeigt Robespierres Politik: Die Idee war treibender Faktor seiner Politik, Terror sollte seine Ziele gegen die Realität durchsetzen, die Idee aber blamierte sich, weil Robespierre den Klassencharakter der bürgerlichen Produktion und damit auch den der Revolution nicht kannte. So sagt Marx in bezug auf seine Politik:

„Nur der politische Aberglaube bildet sich heutzutage ein, daß das bürgerliche Leben vom Staat zusammengefaßt werden müsse, während umgekehrt der Staat vom bürgerlichen Leben zusammengehalten wird." [65]

Robespierres Staatsauffassung war idealistisch, auf Rousseau fußend, wollte weit über die wirklichen Schranken hinaus. Seine Größe lag darin, nicht vor den Widersprüchen der bürgerlichen Gesellschaft Halt gemacht zu haben, war zugleich aber auch der Grund seines Scheiterns, da er keinen realen Weg der Aufhebung der Widersprüche zu weisen wußte.
Robespierres Politik scheiterte, weil sie Politik eines Bürgers war, der über die bürgerlichen Grenzen hinauswollte, in diesem Sinn kann man an Robespierre unbürgerliche Züge feststellen. Zugleich aber wurden die Ziele der Bourgeoisie gerade durch seine Politik wie durch deren Scheitern realisiert. Ihr war Robespierres Politik Mittel zu einem Zweck, den er nicht wollte. Den Klassencharakter der bürgerlichen Revolution sehend, formulierte Marx deshalb sein Urteil über die Revolution folgendermaßen:

„Das 'Interesse' der Bourgeoisie in der Revolution von 1789, weit entfernt 'verfehlt' zu sein, hat alles 'gewonnen' [...] so sehr der 'Pathos' verraucht war [...] Dieses 'Interesse' war so mächtig, daß es die Feder eines Marat, die Guillotine der Terro-

(63) Anm. 47, S. 357.
(64) Engels, Friedrich / Marx, Karl: Die heilige Familie oder Kritik der kritischen Kritik. Gegen Bruno Bauer und Konsorten, MEW Bd. 2, S. 85.
(65) Anm. 64, S. 128.

risten [...] siegreich überwand. *'Verfehlt' ist die Revolution nur für die Masse*, die in der politischen 'Idee' nicht die Idee ihres wirklichen 'Interesses' besaß, deren wahres Lebensprinzip also mit dem Lebensprinzip der Revolution nicht zusammenfiel, deren reale Bedingungen der Emanzipation wesentlich verschieden sind von den Bedingungen, innerhalb deren die Bourgeoisie sich und die Gesellschaft emanzipieren konnte. Ist also die Revolution, die alle großen geschichtlichen 'Aktionen' repräsentieren kann, verfehlt, so ist sie verfehlt, weil die Masse, innerhalb deren Lebensbedingungen sie wesentlich stehenblieb, eine 'exklusive', nicht die Gesamtheit umfassende, eine 'beschränkte' Masse war. Nicht weil die Masse sich für die Revolution 'enthusiasmierte' und 'interessierte', sondern weil der zahlreichste, der von der Bourgeoisie unterschiedne Teil der Masse in dem Prinzip der Revolution nicht sein 'wirkliches' Interesse, nicht sein 'eigentümliches' revolutionäres Prinzip, sondern nur eine Idee [...] besaß." [66]

Indem Marx ebenso wie Büchner die Revolution nicht als vollendet betrachtet, indem er im ideologiekritischen Aufweis ihrer Widersprüche Enttäuschung im Sinn von Desillusionierung formuliert, liefert das Verständnis seiner Analyse der bürgerlichen Revolution als Kritik ein Beispiel dafür, wie man die bürgerliche Revolution als gescheitert ablehnen kann, um an der Revolution festzuhalten. Marx' Kritik ist revolutionäre Kritik, Plädoyer für die Aufhebung der Halbheit der bürgerlichen Revolution durch die soziale Revolution.

1.2.5. Wahrheit der enthistorisierten Darstellung der Revolution durch Büchner

Der von Marx konstatierte Charakter der Halbheit der bürgerlichen Revolution wird in ‚Dantons Tod' ebenso deutlich begriffen und dargestellt. Auf der allgemeinen Ebene faßt Büchner den Widerspruch, indem er gerade die Phase der Schreckensherrschaft wählt, in welcher die demokratische Verfassung suspendiert wurde. Freiheit und Gleichheit, Unfreiheit und Ungleichheit, Recht und Unrecht sind in seiner Darstellung eng verbunden.

Auf der Ebene der Subjekte wiederholt sich der nämliche Widerspruch als Aufspaltung der Subjekte [67] im Drama in Citoyen und Bourgeois. Sehr deutlich läßt sich das an der Grundkonstellation des Dramas — am Verhältnis von Robespierre und Danton — ablesen. Robespierre, einseitig orientiert auf die Interessen der Allgemeinheit, leugnet jedes Einzelinteresse. Er wird von Büchner als Revolutionär gezeigt und akzeptiert, er ist die Inkarnation des Citoyen, ein *Prinzip als Person*. Ihm steht als Apologet des Individualinteresses Danton gegenüber, in der Freiheit der Subjekte, die er fordert, repräsentiert er genau den Bourgeois. Ihm gehören Büchners Sympathien, aber deutlich weiß der Autor auch um seine Schwächen. Das Drama stellt mit diesen zwei Personen vor, was sich real in jeder einzelnen bürgerlichen Person wiederholt.

Das Unheilvolle dieser Spaltung in Citoyen und Bourgeois vollzieht sich hier in der Tragik der Protagonisten, im Untergang Dantons, der gezeigt wird,

---

(66) Anm. 64, S. 85 f.

(67) Eine völlig unhistorische Darstellung des Konflikts findet sich bei Mischke, J.: Die Spaltung der Person in Georg Büchners ‚Dantons Tod', Diss. Marburg 1970.

und im Untergang Robespierres, der vorausgesagt wird. Mit der Darstellung eben jener Spaltung der Subjekte in Citoyen und Bourgeois trifft Büchner den Kern der bürgerlichen Revolution. In der Unversöhnlichkeit, mit der Danton und Robespierre sich gegenüberstehen, erfaßt er ihren zentralen Mangel, eine reale Identität von Einzelnem und Allgemeinem nicht herstellen zu können. Büchner weist kompromißlos auf diesen Mangel hin, ohne einen Ausweg zeigen zu können.

Terror, wie Büchner ihn in seiner Darstellung der Revolution während der Phase der Schreckensherrschaft thematisiert, ist Politik aus dem reinen Willen, Versuch, den dargestellten Widerspruch mit Gewalt zu beheben. Er ist idealistischer Versuch, gegen die Realität mit materieller Gewalt der Guillotine sich durchsetzen zu wollen. Diese Politik scheitert, da die Moral sich mit der Unmoral verbinden muß und da sie unfähig ist, die materiellen Probleme des Volkes zu beheben. Insofern ist Terror Rebellion des bürgerlichen Revolutionärs gegen die bürgerliche Grundlage der Revolution, der Versuch, die Ideen über die Klassenschranken der Realität hin wahrzumachen. Er ist Idealismus. Genau als Idealisten, ja als zynischen Idealisten, kritisiert Büchners Danton den Gegner Robespierre. In der Darstellung Robespierres gelingt so der Aufweis der widersprüchlichen Verbundenheit von Moral und Unmoral.

Der gleiche Widerspruch wiederholt sich aber in Danton, dem Kritiker der Moral, der als Vertreter des reinen Individualinteresses eine Apologie des vereinzelten Subjektes, der Monade, darstellt. An seiner Einsamkeit wird der Mangel bürgerlicher Individualität, am anderen nur seine Schranke zu sehen, gezeigt. Individuelle Freiheit ist zugleich Produkt der bürgerlichen Revolution, ein Stück von ihr erkämpfte Freiheit, wie Grenze des bürgerlichen Lebensprinzips, Freiheit in kümmerlichster Form.

Für die Massen, die Büchner als schwankendes Volk, Träger der Revolution ohne Klassenbewußtsein, in seinem Drama auftreten läßt, muß die Revolution verfehlt erscheinen. Sie verharren im materiellen Elend. Auch wenn sie Freiheit und Gleichheit erkämpft haben, bleiben sie unfrei und ungleich. Büchner läßt sich als Materialist den Blick auf die Realität nicht vom Blendwerk der Ideen der Revolution verstellen. Der Aufweis der Halbheit der Revolution, in den Aporien der Fraktionen der bürgerlichen Revolution ausgeführt, gerät am deutlichsten in der weiterhin bestehenden Not der Massen. Die bürgerliche Revolution kann für sie nur ein Schritt im Kampf um den Fortschritt sein, von der halben Revolution müssen sie fortschreiten zur ganzen sozialen Revolution.

Man kann demnach an den wesentlichen inhaltlichen Momenten eine grundsätzliche Identität im Urteil von Büchner und Marx über die Französische Revolution konstatieren. Aber einen wesentlichen Unterschied gilt es festzuhalten. Marx kommt zu seinem Urteil durch das Wissen von der Verbundenheit der Revolution mit der bürgerlichen Produktion. Er erkennt diese Widersprüche als notwendig aus der bürgerlichen Realität resultierende. Büchner dagegen sucht das Gesetz der Geschichte, kann dabei jedoch nur die Falschheit von Anspruch und Realität festhalten. Die Falschheit der Gesellschaft taucht bei ihm präzise dargestellt auf in der Gesamtsituation der Revolution als

halber, unvollendeter Revolution, wie in den Widersprüchen der in seinem Drama agierenden Subjekte. Seine Darstellung der bürgerlichen Revolution zeugt von einem Desillusionierungsprozeß, der Kritik ist. Büchners Enttäuschung über die Französische Revolution ist *Enttäuschung über den bürgerlichen Charakter dieser Revolution.* Sie ist Resultat sich entwickelnder materialistischer Theorie. Wichtig aber bleibt zu sehen, daß sein Materialismus noch unabgeschlossen ist. Er erkennt zwar schon die Halbheit der Revolution, aber er versteht sein eigenes Wissen noch nicht. Auf die Frage nach dem Gesetz der Geschichte hat er noch keine Antwort gefunden.
Indem Büchner zentral den Widerspruch zwischen Robespierre und Danton als unaufhebbar darstellt, indem er den Idealismus des revolutionären Führers Robespierre kritisiert, und am Tod Dantons zeigt, daß Individuen die Geschichte noch nicht mit Willen und Bewußtsein machen, enthält seine Kritik auch in ihrer Enttäuschung ein Moment materialistischer Einsicht. Indem er zeigt, wie die Geschichte die Individuen — hier Robespierre und Danton sowie die Volksmassen — überrollt, haftet selbst an der Erfahrung des „gräßlichen Fatalismus der Geschichte" in enthistorisierter Form materialistische Erkenntnis. Er erfaßt etwas von dem noch unbegriffenen Gesetz aller bisherigen Geschichte. Im Widerspruch der Revolution taucht abstrakt etwas vom Klassencharakter der bürgerlichen Revolution auf. In der Bedeutungslosigkeit der Subjekte, die er enttäuscht, aber mutig feststellt, ahnt er etwas vom Zwangscharakter der Ökonomie. Bürgerliche Geschichte wird von den Individuen gemacht, aber noch nicht planend von ihnen gemeinsam bestimmt. Bürgerliche Geschichte ist unvollendet, bleibt Teil der Vorgeschichte der Menschen — genau dies gelingt es Büchner in seiner Enttäuschung zu sagen.
Abschließend hierzu kann man festhalten, daß Büchner sein objektivistisches Programm, wie es sein Brief über die Aufgaben des dramatischen Dichters als Geschichtsschreiber formuliert, nicht einlöst, es aber gerade deshalb um so mehr erfüllt. Er behält recht gegen seinen Willen. Er stellt nicht den Ablauf der Geschichte in verlebendigter Form dar, wiederholt nicht Geschichte in den Bildern und Szenen seines Dramas. In der enthistorisierten Form seiner Darstellung, wo er das Problem von Egoismus und Moral ins Zentrum rückt, ohne sich in den historischen Fakten zu verlieren, kommt er der Geschichte tatsächlich „so nahe wie möglich".
Nicht im Prinzip der Widerspiegelung der realen Prozesse, wie er es programmatisch formulierte, liegt die Wahrheit der Darstellung, sondern gerade in der Reflexion auf die Widersprüche des realen Prozesses, in der Rephilosophisierung der Geschichte im Prinzipienstreit zwischen Danton und Robespierre. Sich als Künstler eben nicht der Realität gebeugt zu haben, ist seine Leistung. Sein revolutionäres Denken geht in seine Darstellung der Französischen Revolution ein, als deren Kritik. Er spiegelt nicht die Geschichte wider, sondern unterwirft sie seiner Konstruktion. Geschichte ist vom Künstler konstruierte Geschichte, er versucht, den real noch unbeherrschten Ablauf der Geschichte in den Griff zu bekommen mit der Darstellung des blind Geschehenden. Darstellung der Geschichte als Schicksal ist nicht Fatalismus, sondern gerade Kritik des „gräßlichen Fatalismus der Geschichte". Im Urteil, solche Geschichte sei „gräßlich", drückt sich deutlich der Wunsch des Revolu-

tionärs Büchner aus, diesem Fatalismus ein Ende zu bereiten.[68] Seine Einsicht in den Zwangscharakter der Geschichte ist selbst Element revolutionärer Theorie, weil dem Fatalismus die Erfahrung seiner Gräßlichkeit abgerungen wird. Im Aufzeigen des Bannes, der über der Geschichte der Menschen noch liegt, ist der Keim seiner Aufhebung enthalten.

1.2.6. Zur Methode der Kritik bei Büchner

Die bisherige Parallelisierung der Kritik, die Büchner und Marx zur Zeit des Vormärz an der Französischen Revolution übten, erfolgte unter dem Aspekt, im Aufweis inhaltlicher Gemeinsamkeiten herauszuarbeiten, daß Kritik an der Französischen Revolution möglich war, ohne die Einsicht in die Notwendigkeit revolutionärer Veränderung aufzugeben. Meine Darstellung ist der Versuch, die Fatalismus-These der Sekundärliteratur dadurch zu Fall zu bringen, daß ich neben Büchners Darstellung der Revolution eine ihm inhaltlich ähnliche Kritik stellte, bei der es absurd wäre, wollte man auch ihr Fatalismus unterstellen. Zwar wurde schon angesprochen, daß Marx Einsicht in die Notwendigkeit der Widersprüche der bürgerlichen Revolution hatte, wo Büchner erst die Falschheit, Widersprüchlichkeit in präziser Betrachtung der Ereignisse konstatieren konnte; aber auf diese wesentliche Unterschiedenheit wurde zu kurz eingegangen. Die Methode, in der sich beide Autoren kritisch verhalten, muß noch genauer betrachtet werden. Bei Marx findet man explizit Aussagen zur Methode der Kritik aus dieser Zeit, beispielsweise in den Deutsch-Französischen Jahrbüchern aus dem Jahr 1844. Er umreißt dort programmatisch seine Theorie als kritische Theorie, wenn er schreibt, daß in einer Situation, in der eine „allgemeine Anarchie unter den Reformern ausgebrochen ist“ [69], in der jeder jede Reform vorzuschlagen können glaubt, es gerade nicht darauf ankommen könne, diese Anarchie um neue Vorschläge zu bereichern. Wesentlich sei auf dem Wege immanenter Kritik einen Beitrag zum Wissen von der Notwendigkeit revolutionärer Veränderung zu leisten. Nicht komme es darauf an, „dogmatisch die Welt zu antizipieren, sondern erst aus der Kritik der alten Welt die Neue“ [70] zu finden.

„Ist die Konstruktion der Zukunft und das Fertigwerden für alle Zeiten nicht unsere Sache, so ist desto gewisser, was wir gegenwärtig zu vollbringen haben, ich meine die rücksichtslose Kritik alles Bestehenden, rücksichtslos sowohl in dem Sinn, daß die Kritik sich nicht vor ihren Resultaten fürchtet und ebensowenig vor dem Konflikt mit den vorhandenen Mächten.“ [71]

---

(68) In seinem Versuch der Kritik nihilistischer Danton-Interpretationen verweist Krapp (Der Dialog bei Büchner, S. 26) auf den Zusammenhang von Verzweiflung und Revolution. Dieser Hinweis ist wichtig, da das Faktum der Verzweiflung oft als Beweis der Resignation des Revolutionärs gedeutet wurde. Daß revolutionäres Denken in Verzweiflung über den Lauf der Geschichte seine Basis finden kann bzw. eine gescheiterte Revolution Verzweiflung produzieren kann, übersehen diese Autoren. Sie denken sich Revolutionäre scheinbar als unverbesserliche Optimisten.

(69) Marx, Karl: Briefe aus den Deutsch-Französischen Jahrbüchern, MEW Bd. 1, S. 344.

(70) Anm. 69.

(71) Anm. 69.

Rücksichtslose Kritik ist ihm Programm und Voraussetzung revolutionärer Aktion in einer Zeit, in der praktische Schritte noch weitgehend unmöglich sind. Kritik hat den Weg zu weisen. Marx grenzt so materialistische Theorie von utopischen oder idealistischen Entwürfen ab. Seine Methode besteht darin, an den Widersprüchen der alten Welt aufzuzeigen,

„daß die Welt längst den Traum von einer Sache besitzt, von der sie nur das Bewußtsein besitzen muß, um sie wirklich zu besitzen." [72] „Die Vernunft hat immer existiert, nur nicht immer in der vernünftigen Form. Der Kritiker kann also an jede Form des theoretischen und praktischen Bewußtseins anknüpfen und aus den eigenen Formen der existierenden Wirklichkeit die wahre Wirklichkeit als ihr Sollen und ihren Endzweck entwickeln." [73]

Auf dem Wege immanenter Kritik in Form materialistischer Analyse den Nachweis der Notwendigkeit revolutionärer Umwälzung erbringen zu können, an jeder Form theoretischen und praktischen Bewußtseins die verkehrte Form des richtigen Lebens im Falschen zu entwickeln, dies ist die Aufgabe, die Marx sich selbst als materialistischer Kritiker in einem Augenblick praktischer politischer Ohnmacht zuschreibt. Er dachte dabei vor allem daran, in wissenschaftlichen Analysen diese rücksichtslose Kritik zu üben. Büchner dagegen übt seine Kritik in Form seiner künstlerischen Produktion.
Seine Kritik ist immanente Kritik, sie läßt sich auf die Ereignisse der Französischen Revolution und die Aporien der beiden revolutionären Fraktionen ein und stellt deren Befangenheit in Widersprüchen dar.
Seine Kritik ist rücksichtslose Kritik, er scheut sich nicht, als Revolutionär auch das bisher weitestgehende revolutionäre Ereignis zu kritisieren, auf die Unvollendetheit der Revolution als sozialer Revolution hinzuweisen, obwohl er keinen Ausweg zeigen kann. Trotzdem hält er an der Notwendigkeit der Kritik des erkennbar Falschen fest, als Voraussetzung des Fortschritts. Demzufolge hat seine Kritik den Charakter reiner Negativität. Er zeigt aus seiner Sehnsucht nach der vollendeten gelungenen menschlichen Emanzipation heraus nur die Falschheit alles bisherigen Lebens und versagt sich in radikaler historischer Ehrlichkeit Hoffnungen, die er für aussichtslos hält.

1.2.7. Dramatische Form als Schranke der Kritik

Trotz aller Gemeinsamkeiten erweist sich also das Verfahren Büchners, seine Kritik ästhetisch zu formulieren, als entscheidender Unterschied. Die von ihm gewählte Form des Dramas entpuppt sich dabei als Schranke. Das resultiert daraus, daß die Annahme handlungsfähiger Individuen eine Formvoraussetzung des Dramas [74] ist. Der darzustellende Inhalt kollidiert indes mit eben dieser Formvoraussetzung. Die für das Stück charakteristische Offenheit der Form ist die dramatische Verlaufsform dieses immanenten Widerspruchs. Sie ist nicht nur formaler Einfall Büchners, sondern als Formveränderung Ausdruck einer sich entwickelnden Krise des Dramas.

---

(72) Anm. 69, S. 346.
(73) Anm. 69, S. 345.
(74) Vgl. Szondi, P.: Theorie des modernen Dramas, S. 14 ff.

Das Drama bewegt sich im Versuch eines Kompromisses, Geschichte als Geschichte von Individuen an Individuen darstellen zu müssen und Geschichte nicht länger als Geschichte von Individuen darstellen zu können. Es bewegt sich zwischen den Polen von Individualität und Kollektivität. So muß Büchner zum Beispiel, um die Französische Revolution im Drama ansatzweise einbringen zu können, die reale Geschichte der dramatischen Form anpassen. Er tut dies, indem er sie, dem dramatischen Gesetz gehorchend, daß Geschichte im Drama nur als Geschichte von Personen darstellbar ist, als Geschichte von Dantons Tod zeigt. Er grenzt ihren Zeitablauf am Leben eines Menschen ein. Dantons Tod als Zentrum des Dramas trägt also einer traditionellen dramatischen Kategorie Rechnung. Ein Individuum bildet den dramatischen Anhaltspunkt, um die Revolution zu behandeln. Aber Büchner weiß, daß der Zwang, der solchermaßen von der Form ausgeht, die Gefahr enthält, mit dem Befolgen der dramatischen Gesetze die geschichtlichen Gesetze zu verletzen. Er weiß, daß die Personalisierung der Geschichte, wie die dramatische Form sie verlangt, zur Anonymität realer Geschichte im Widerspruch steht. Er muß seine Personalisierung, die er zwangsläufig mit der dramatischen Form akzeptiert hat, relativieren. Er tut dies, indem Dantons Tod als individuelles Geschehen nur den äußeren Rahmen des Dramas abgibt. Er verschiebt den Gehalt des Dramas von der Handlungsebene, welche die Geschichte des Todes zeigt, auf eine überindividuelle, abstrakte Reflexionsebene. Die Person ist so weiterhin als Person anwesend und ermöglicht es zugleich, die eigenen Grenzen permanent in der Reflexion zu überschreiten. Die hohe Reflexionsstufe des Dramas ist der dramatische Trick. Geschichte, nach Szondis These dramatisch undarstellbar, weil nicht in Personen aufgehend, kann nur vermittelt über Personen ins Drama eingehen. Dies geschieht auf der Reflexionsebene. In ihr sprechen Personen der Geschichte über Geschichte. Sie helfen in ihren Reflexionen der Geschichte auf die Bühne, die diese ohne sie nicht betreten könnte. Geschichte kann und soll nicht als dramatische Aktion auf der Bühne erscheinen, sondern sie erscheint in der Reflexion, im Prinzipienstreit zwischen Danton und Robespierre zum Beispiel, oder in den Reden Robespierres und St. Justs vor dem Revolutionstribunal. *Personen des Dramas müssen im Drama aussprechen, was dem Drama als Form unsagbar ist: daß sie keine Bedeutung haben.* Im Drama haben die Personen eben qua Form immer noch die Bedeutung, über die sie in der Geschichte nicht mehr verfügen, Geschichte wird so unter Zuhilfenahme von Personen auf die Bühne geschmuggelt, ohne doch in ihnen aufzugehen. Sie ist in ‚Dantons Tod' individuell und überindividuell zugleich dargestellt. So rebelliert die Offenheit der dramatischen Form denn auch gegen die dramatische Konvention, Individuen ins Zentrum des Geschehens zu stellen. Sie ist der Versuch, dem geschichtlichen Gesetz der Relativierung der Personen auch im dramatischen Ablauf Rechnung zu tragen. Besonders die Tendenz der Szenentechnik zur losen Reihung unterstützt die Loslösung von der dramatischen Hauptfigur. In den Volksszenen wird versucht, die dramatische Person in das geschichtliche Subjekt, das sich aus vielen Personen zusammensetzt, aufzulösen. Der in den Abstraktionen der Protagonisten ausgesprochene Gedanke der Geschichte als einer unpersönlich-überpersönlichen Dynamik des Geschehens schafft sich hier seinen formalen Ausdruck. Dennoch sind diese Szenen nur Ausdruck eines dramatischen Kompromisses. Sie sind bloß Illustrationen der Abstraktionen, stehen nicht im Zentrum, sondern kommentieren den zentralen Gedanken. Man denke sich ‚Dantons Tod' als ein Drama ohne Robespierre und Danton, das nur aus Partikeln wie denen der Volksszenen bestünde. Es wäre dann ästhetisch konsequenteste Ausformung der von Robespierre und Danton dargestellten Geschichtsauffassung, würde formal die Bedeutungslosigkeit der einzelnen Subjekte wiederholen, aber als Drama wäre es zugleich völlig zerstört. In ‚Dantons Tod' findet sich ein Kompromiß als Versuch, die Sphäre des Zwischen [75] zu verlassen und sie beizubehalten. Geschichte, die nach Aussage der Helden nicht von Personen gemacht wird, bedarf zumindest im Drama noch dieser Helden, um solche Aussagen machen zu können. Das ist ein Widerspruch, der dem Drama als ästhetisches Problem zugrunde liegt. Die dramatische Lösung kommt dabei in Gefahr, sich völlig in den verselbständigten Teilen zu verlieren (wenn sie gemäß der obigen Ansicht von Geschichte die Hauptpersonen aufgäbe) oder aber sich in einen theoretischen Exkurs über Geschichte zu verwandeln (wenn sie die Undarstellbarkeit realer Geschichte auf der Bühne radikal durchhielte). Büchners Stück balanciert zwischen beiden Polen, zwischen einer Beschreibung, die zur Epik tendiert, und einer Theorie der Gesellschaft, die das Ende der künstlerischen Darstellung selber wäre. Seine Kritik bewegt sich notwendig im Rahmen seiner künstlerischen Produktion. Hier liegt ihre Besonderheit wie zugleich ihre Schranke. Kritik der Geschichte als Kritik der Bedeutungslosigkeit der Individuen in aller bisherigen Geschichte, wie sie in ‚Dantons Tod' gezeigt wird, ist in künstlerischer Produktion Erkenntnis und Ohnmacht zugleich. Büchners Kritik erreicht ihr Ziel und erreicht es zugleich nicht. Sie hat etwas von ohnmächtiger Anklage. Sie enthält Elemente von Trauer, die bürgerliche Apologeten als Resignation entschärfen wollen. Seine Darstellung der Geschichte als Zwangszusammenhang bewahrheitet sich noch in der eigenen Kritik, denn gerade sie ist von der beklagten Ohnmacht nicht frei, kann den Bann der Geschichte nur benennen, nicht zerbrechen.

(75) Anm. 74, S. 14.

2. ‚Lenz': Zur Einheit von künstlerischer Produktion und Kritik

2.1. Vorbemerkung

Im Anschluß an die ideologiekritische Analyse von ‚Dantons Tod' soll im folgenden die Erzählung Büchners, die er im gleichen Jahr verfaßte wie ‚Dantons Tod' — im Herbst 1835 — analysiert werden. Leitendes Interesse der Analyse dieses Erzählfragments ist es, am poetischsten Werk, am scheinbar unpolitischsten Ausdruck seiner künstlerischen Produktion, dessen Geschichtlichkeit zu erarbeiten.

Diese Aufgabenstellung ergibt sich aus dem Versuch, ein Hauptklischee der Sekundärliteratur gerade an der Stelle zu widerlegen, an der es am treffendsten erscheint. Es geht darum, die gängig angenommene Trennung von Künstler und ‚Politiker', von Kunst und Politik am untendenziösesten Werk Büchners auf ihre Stimmigkeit hin zu befragen. Es wird in der Analyse der Versuch gemacht, die Einheit von revolutionärer Intention und künstlerischer Produktion im Detail nachzuweisen, künstlerische Gestaltung und revolutionäre Intention nicht als unvereinbare Momente, sondern als in der Erzählung auffindbare produktive Einheit nachzuweisen.

Die Erarbeitung der Struktur des Gegenstands als Suche nach einem organisierenden Prinzip der Konstruktion, das die disparaten Teile zu einer Einheit der Entwicklung verbindet, steht zu Beginn der Analyse. Auf sie aufbauend werden die Elemente der Geschichtlichkeit, die in diese Konstruktion eingehen, selber befragt. Der Gehalt der Erzählung wird in ihrer offengelegten Geschichtlichkeit gesehen. Erst dadurch wird das rein künstlerische Produkt zum gesellschaftlichen Dokument, das verstanden werden kann. Es wird erkennbar als Ausdruck einer sich selbst unbewußt seienden Geschichtsschreibung.

Büchners Text enthält in sich eine Dreiteilung. Gliederndes Prinzip ist das zunächst rein äußerliche Faktum des Zeitablaufs. Die Erzählung wird in eine erste Phase geteilt, welche die Zeit vor Oberlins Abwesenheit umfaßt, in eine zweite Phase, die die Zeit seiner Abwesenheit beschreibt, und in eine dritte Phase, in die alles Geschehen nach Oberlins Rückkehr fällt. Ob diese rein zeitliche Einteilung auch Ausdruck einer vor sich gehenden inhaltlichen Entwicklung ist, wird zu untersuchen sein. Nimmt man diese Zeiteinteilung und überblickt danach das in den drei Phasen ablaufende Geschehen, so werden in der Tat drei Schwerpunkte der Erzählung erkennbar, deren immanenter Zusammenhang nun zu ermitteln ist. In der ersten Phase sind bei Büchner alle Momente angelegt, die für den weiteren Verlauf seiner Erzählung bestimmend werden. Die Bedeutung, die dort der Kunst, der Religion und der Krankheit zukommt, findet sich in der von Büchner benutzten Quelle, dem Tagebuch des elsäßischen Pfarrers Oberlin [1], nicht. In der zweiten Phase er-

(1) Vgl. Oberlins Aufzeichnungen und Georg Büchners ‚Lenz' in Gegenüberstellung, In: Georg Büchner: Sämtliche Werke, Bd. 1, S. 435 ff.

gibt sich eine Dominanz der religiösen Problematik, die überleitet zur Krankheitsentwicklung und deren Darstellung in der dritten Phase. Diese Behandlung von Kunst, Religion und Krankheit macht sie zu gliedernden inhaltlichen Schwerpunkten der Erzählung Büchners, denn er setzte sie offensichtlich gegen seine historische Quelle selbständig fest. Damit gibt er, so ist anzunehmen, Hinweise auf eine von ihm konstruierte Entwicklung, die es nachzuvollziehen gilt.
Die Konstruktion von Schwerpunkten über die Quelle hinaus macht die von Büchner intendierte Darstellung eines eigenen Handlungs- bzw. Entwicklungsablaufs wahrscheinlich. Für den weiteren Verlauf der Analyse wird es die Aufgabe sein, die Verbindung zwischen diesen thematischen Bereichen aufzudecken und so die angenommene zeitliche und inhaltliche Kontinuität der Erzählung im Detail nachzuweisen. An die Untersuchung der drei thematisch auffallenden Schwerpunkte soll sich ein Interpretationsansatz anschließen, der den Gehalt der Erzählung freilegt. Zunächst jedoch werden die drei Schwerpunkte voneinander getrennt untersucht.

2.2. Das Kunstgespräch

Das Kunstgespräch besteht aus einigen theoretischen Äußerungen zur idealistischen und nicht-idealistischen Kunst und im größeren Teil aus Beschreibungen von Bildern, an denen Lenz seine Auffassung verdeutlichen will. Wichtig ist, daß es offensichtlich nicht um die adäquate Darstellung zweier verschiedener Theorien geht, sondern daß Lenz charakterisiert wird, indem er sich von einer idealistischen Position abgrenzt. Abutile [2] bemerkt, daß Kaufmann historisch kein Vertreter einer idealistischen ästhetischen Position gewesen sei. Hierin ist ein Hinweis zu sehen, daß Büchner ihn zu einem Idealisten macht zum Zweck der Handlungsentwicklung. Seine Äußerungen zur Kunst, zu ihrem Gegenstand und ihrer Funktion tragen nur den Charakter von Anmerkungen, die mehr über die Person Lenzens aussagen, als daß sie eine geschlossene Theorie darstellten.[3] Dieser Hinweis scheint mir notwendig, da in der Sekundärliteratur das Kunstgespräch häufig als Äußerung im Sinne einer Kunsttheorie Büchners interpretiert und damit überbewertet wird, weil hierbei der Zusammenhang mit der Erzählung verlorengeht. Ganz abgesehen davon, daß im allgemeinen an dieser Stelle Büchner und Lenz identifiziert

(2) Abutile, M. C.: Angst und Zynismus bei G. Büchner, Bern 1969, S. 105.
(3) Die Schwierigkeiten der Sekundärliteratur bei der Interpretation des Kunstgesprächs zeigen sich besonders an den Arbeiten von G. Baumann (Georg Büchners ‚Lenz'. Seine Struktur und der Reflex des Dramatischen, In: Euphorion 52, 1958), B. v. Wiese (Georg Büchners ‚Lenz', In: ders.: Die dt. Novelle von Goethe bis Kafka, Düsseldorf 1965) und H. Fellmann (Georg Büchners ‚Lenz', In: Jahrbuch der Wittheit zu Bremen 7, 1963). Einen der Hauptmängel der Interpretation des Kunstgesprächs sehe ich darin, daß bei fast allen Arbeiten das Problem des Zusammenhangs des Kunstgesprächs zum Ganzen der Erzählung sehr vernachlässigt wird. Es wird identisch gesetzt mit Büchners Kunsttheorie, um dann daran Bemerkungen über sie anzuknüpfen.

werden in einer Weise, die, wenn sie nicht begründet wird, Gefahren ideologischer Interpretation enthält. Das drückt sich dann etwa so aus, daß man Lenzens Perspektivelosigkeit und seinen Fatalismus auch zu Ansichten Büchners stilisiert, oder, daß man dessen religiöse Probleme auch zu Büchners religiösen Problemen macht.

Mir geht es im wesentlichen darum zu zeigen, wie anhand der einschlägigen Äußerungen über die Kunst Lenz in einer Art und Weise charakterisiert wird, die für den Verlauf der Erzählung entscheidend ist.

Versucht man, das Kunstgespräch unter dem *Gesichtspunkt des Zusammenhangs* mit dem Kontext zu interpretieren, so scheint es gerechtfertigt, es in vier Forderungen Lenzens zusammenzufassen, ohne damit der ästhetischen Problematik einer realistischen Kunstauffassung, die Gegenstand des Gesprächs ist, auch nur annähernd gerecht zu werden.

Lenz wirft dem Idealismus vor, er verkläre die Wirklichkeit und sei unfähig, sie so, wie sie ist, darzustellen. Aus seinem Vorwurf kann man, positiv formuliert, die Forderung ablesen:

1. Kunst soll die Wirklichkeit nicht verklären. Diese Absicht ist von der Intention her kritisch.
2. Aus den negativen Konsequenzen idealistischer Kunst, die es zu vermeiden gilt, schließt Lenz, man solle nichts besser machen wollen, sondern solle die Wirklichkeit so wiedergeben, wie sie ist, unabhängig von ästhetischen Normen. Diese Foderung faßt er in dem Satz zusammen: „Der liebe Gott hat die Welt wohl gemacht wie sie seyn soll [. . .] unser einziges Bestreben soll seyn, ihm ein wenig nachzuschaffen.“ (S. 449) Hier beschränkt Lenz die Kunst auf eine Reproduktion der Wirklichkeit.
3. Gegenüber einer derartigen reinen Beschränkung der Kunst auf Gegenstände der Wirklichkeit fordert Lenz dann im folgenden Satz „Ich verlange in Allem — Leben, Möglichkeit des Daseins [. . .]“ (S. 449) Ersichtlich geht dieser generelle Anspruch in Bereiche hinein, die den ästhetischen Bereich übersteigen. Er ist von so grundsätzlichem Charakter, daß er viel über Lenz aussagt, ohne deswegen seiner Aussage über Kunst verlustig zu gehen. Er beschreibt nicht etwa den Gegenstand der Kunst, sondern deutet an, welche Funktion die Kunst für Lenz hat bzw. haben soll. Im Gegensatz zur Beschränkung der Kunst auf die reine Wiedergabe dessen, was ist, wie es in der zweiten Forderung anklang, wird hier im Begriff der Möglichkeit der Kunst eine Aufgabe zugewiesen, die über das bloß Faktische hinausgeht. Der Selbstzweck der Darstellung, so wie man ihn aus der zweiten Forderung hätte herauslesen können, wird aufgehoben zugunsten einer bestimmten Funktion der Kunst. Nicht jeder Gegenstand, der zur Wirklichkeit gehört, ist deshalb auch schon Gegenstand der Kunst, nur weil man ihn künstlerisch darstellen kann. Die Forderung nach Möglichkeit des Daseins engt die Weite der zweiten Forderung ein.
4. Die vierte Forderung bezieht sich auf die Wirkung, welche die Kunst haben soll. Lenz sagt: „Der Dichter und Bildende ist mir der Liebste, der mir die Natur am Wirklichsten giebt, so daß ich über seinem Gebild fühle [. . .]“ (S. 451) Kunst soll durch ihre Gestaltung Mitgefühl hervorrufen, man soll

„in das eigenthümliche Wesen jedes" eindringen (S. 451), um es zu verstehen.

Betrachtet man die Äußerungen von Lenz zur Kunst, so stehen im Vordergrund nicht eigentlich ästhetische Probleme, sondern das *Verhältnis der Kunst zur Wirklichkeit.* Aus den vier Forderungen, in denen ich die Auffassung Lenzens zusammengefaßt habe, ergeben sich jedoch gewisse Unstimmigkeiten. Die Forderung, die Wirklichkeit nicht zu verklären, trägt grundsätzlich *erkenntniskritischen Charakter* und wird sich auch im weiteren als Lenzens charakteristisches Merkmal erweisen. Die Forderung nach der Möglichkeit des Daseins legt einen *praktisch-kritischen Maßstab* an die Kunst, indem gefragt wird, ob die dargestellte Wirklichkeit so ist, daß man in ihr leben kann. Die Forderung nach Einfühlung in das Wesen der künstlerisch gestalteten, aber wirklichen Gegenstände kann fließend überführt werden in Mitleid als Teilnahme am Leid der anderen, wie es die Haltung von Lenz ganz allgemein charakterisiert. Alle künstlerischen Kriterien, die er nennt, sind Kriterien, die einen unmittelbaren Bezug zur Wirklichkeit aufweisen, der für Lenzens Einstellung innerhalb der Erzählung typisch ist (Illusionslosigkeit, Möglichkeit eines Lebens ohne Leid, Mitleid).
Ob die Funktion der Kunst als Reproduktion der Wirklichkeit mit den anderen von Lenz formulierten Aspekten in Kollision gerät, das wäre der Maßstab, um zu entscheiden, ob die Kunst die ihr zugedachte Funktion erfüllt oder nicht. Lenz formulierte grundsätzlich „Ich verlange in *Allem* — Leben, Möglichkeit des Daseins" (S. 449), und die Erzählung zeigt, daß diese Forderung von ihm wirklich nicht nur auf die Kunst bezogen bleibt, sondern daß sie für ihn allgemeine Gültigkeit hat. Wäre der Widerspruch der Reproduktionsfunktion mit der praktisch-kritischen Funktion der Kunst unaufhebbar, so wäre erklärlich, warum die Kunst nur als *eine* Form der Auseinandersetzung mit der Wirklichkeit, als *ein* Weg der Veränderung gilt und als Teil von Lenzens Vergangenheit dargestellt würde. Eine solche Interpretation wäre allerdings nur wirklich schlüssig, wenn der Forderung „Ich verlange in Allem — Leben, Möglichkeit des Daseins" (S. 449) grundsätzlicher Charakter zukäme. Die Kunst wäre dann nur *ein* Mittel der Auseinandersetzung mit der Wirklichkeit, geleitet vom Interesse an deren praktischer Veränderung. Religion wäre ein anderes Mittel, ein Mittel, dessen Tauglichkeit noch zu untersuchen ist.

2.3. Religiöse Entwicklung in der Darstellung der Erzählung

Betrachtet man nun den zweiten thematischen Schwerpunkt, die Entwicklung von Lenzens Verhältnis zur Religion, wie es Büchner zur Charakterisierung seiner Person anführt, so ist auch hier festzustellen, daß er seine Schilderung im wesentlichen an Bemerkungen der Vorlage festmacht, die er ausbaut. Eine religiöse Entwicklung wird gleich in der ersten Phase angelegt. Der schon kranke Lenz kommt nach Waldbach. Sein Verhältnis zur Wirklichkeit ist gestört. Er kann, im wahrsten Sinne des Wortes, die Wirklichkeit so, wie sie ist, nicht ertragen. In Waldbach trifft er auf Oberlin, den Pfarrer, begleitet ihn bei einem Ritt durch die Gemeinde und ist beeindruckt durch den Kontakt, den Oberlin zur Bevölkerung hat, und die Hilfe, die er den Menschen seiner Gemeinde zuteil werden läßt. Oberlins Verhältnis zur Wirklichkeit scheint in keiner Weise gestört zu sein. Lenz schöpft aus seiner Nähe Ruhe und setzt Hoffnung auf die Bibel. Oberlin bezieht Lenz in seine praktische Arbeit ein, was gleichfalls eine beruhigende Wirkung auf diesen hat. So faßt Lenz selbst auch den Entschluß, einmal zu predigen, und bittet Oberlin um Erlaubnis. Der fragt ihn, ob er Theologe sei, Lenz bejaht die Frage und erhält ohne weiteres die Erlaubnis. Dadurch erfahren wir, daß Lenz Theologe ist. Mehr wird über sein Verhältnis zur Religion nicht gesagt. Nichts deutet auf eine besondere Religiosität hin. Während der Zeit, in der Lenz seine Predigt vorbereitet, werden seine Nächte ruhiger, was besonders bemerkenswert ist, da die Krankheitsanfälle zunächst immer während der Nacht auftraten. Über die Art seines Verhältnisses zur Religion gibt dann seine Predigt nähere Auskunft. War es die Erfahrung, daß Oberlin mit seiner Arbeit den Menschen seiner Gemeinde helfen konnte, die Lenz Hoffnungen auf einen für ihn erreichbaren Ruhestand gaben, so wird diese Absicht in der Predigt noch deutlicher. Er will mit dem Mittel der Religion „über einige müdgeweinte Augen Schlaf, und gequälten Herzen Ruhe bringen, wenn er über dieses von materiellen Bedürfnißen gequälte Seyn, diese dumpfen Leiden gen Himmel leiten konnte“ (S. 445). Er ist nicht im eigentlichen Sinn religiös, sondern setzt auf die Religion die Hoffnung, daß sie die Leiden „gen Himmel leiten“ könnte, d. h. sie entweder beseitige oder zumindest sie vergessen ließe. Im auf die Predigt folgenden Lied wird jedoch dieser *instrumentellen Auffassung* von Religion eine völlig entgegengesetzte Auffassung zum Ausdruck gebracht. Nicht Leiden soll abgeschafft oder vergessen werden, sondern die Gemeinde singt „Leiden sey all mein Gewinnst, / Leiden sey mein Gottesdienst“ (S. 445). Damit ist Lenzens Absicht, Leiden zu beseitigen oder zu erleichtern, ins völlige Gegenteil verkehrt. Die, denen er helfen wollte, bejahen das Leiden, wie das Lied zeigt. Sein Versuch ist gescheitert; er fühlt sich in seinem Versuch, Leiden nicht passiv zu ertragen, isoliert und versinkt in ein Gefühl von Schmerz und Wollust (S. 447). Er bemitleidet sich selbst. An dieser Stelle ist das positive Verhältnis von Lenz zur Religion, die Hoffnung, die er auf sie setzte, schon erschüttert.

Die religiöse Entwicklung wird erst in der zweiten Phase der Erzählung, nach Oberlins Abreise, weitergeführt. Nachdem Lenz Oberlin ein Stück weit begleitet hat, verirrt er sich auf dem Rückweg und muß in einer Hütte im Walde übernachten. Büchner beschreibt hier ein Klima von Religiosität, das jedoch schon deutlich negative Züge trägt. Die alte Frau liest „schnarrend“ aus dem Gebetbuch, das Mädchen ist krank, und allein die Gebete des alten Mannes, des ‘Heiligen’, sollen ihr helfen. Man kann nicht mehr deutlich unterscheiden, wer hier eigentlich krank ist und wer religiös. Krankheit und Religiosität vermischen sich. Lenz bleibt die Nacht über, sieht den „Ausdruck unbeschreiblichen Leidens“ (S.457) im Gesicht des Mädchens und sieht, daß ihr nicht geholfen wird. Er stellt fest, daß abermals das Leiden als ein notwendiger Bestandteil des Lebens akzeptiert wird. „Leute kamen zur Hütte herein, sie warfen sich schweigend nieder. Das Mädchen lag in Zuckungen, die Alte schnarrte ihr Lied [...]" (S. 457). Büchner beschreibt Lenzens Gefühle beim Abschied: „es war ihm jetzt unheimlich mit dem gewaltigen Menschen, von dem es ihm manchmal war, als rede er in entsetzlichen Tönen" (S. 457). Im weiteren wird gesagt, daß die Nacht einen „gewaltigen Eindruck" (S. 457) auf ihn gemacht habe, und es wird beschrieben, wie seine Krankheit wieder einsetzt, die unmittelbar übergeht in religiöse Quälereien (S. 459).

Der Höhepunkt dieser Quälereien, die als Folge der Verarbeitung der Erlebnisse in der Hütte geschildert werden, ist der Versuch, das tote Kind in Fouday zu wecken. Erneut zeigt sich deutlich die gleiche Konstellation wie in der oben berichteten Szene. Lenz wird mit dem Leiden anderer konfrontiert, erfährt es unmittelbar und versucht, etwas dagegen zu unternehmen. Die Szene wirkt wie eine Wiederholung der Hüttenszene, nur greift er hier in die Ereignisse, die er in der Hütte noch passiv ertrug, aktiv ein. Als Mittel bleibt ihm allein die Religion. Da inzwischen aus der Erfahrung seiner Ohnmacht dem erlebten Leiden gegenüber sein Krankheitsprozeß weiter fortgeschritten ist, stellt dieser Versuch eine Mischung aus kultischer Handlung, Gotteslästerung und rationaler Empörung dar. Die Vorbereitungen, die er trifft, Fasten, Beten etc. dienen einzig und allein dazu, durch intensive religiöse Betätigung den Erfolg seines Versuchs sicherzustellen. Nachdem Lenz ein weiteres Mal an dem Versuch scheiterte, mittels der Religion Leiden zu beseitigen, verzweifelt er daran, erkennt die Nutzlosigkeit seines Unterfangens und verfällt in einen ohnmächtigen Protest gegen Gott. Das Resultat ist das Gefühl, hilflos auf sich selbst gestellt zu sein. Mit seinem wütenden Ausbruch gegen Gott rebelliert er gegen Verhältnisse, die stärker sind als er. Damit ist die religiöse Entwicklung von Lenz beendet. In der dritten Phase faßt er seine Erfahrungen noch einmal zusammen: „aber ich, wär' ich allmächtig, [...] ich könnte das Leiden nicht ertragen, ich würde retten, retten [...]" (S. 473).

2.3.1. Zum spezifischen Verhältnis von Religion und Wirklichkeit in der Erzählung: instrumentelle Religiosität als Religionskritik

Versucht man die religiöse Entwicklung, wie sie bis jetzt beschrieben wurde, daraufhin zu untersuchen, was sie über die Gestalt des Lenz aussagt, so kann man an allen Szenen einen gemeinsamen Zug feststellen. Durchweg erlebt Lenz die Realität als eine leidvolle, erfährt ein Gefühl der Ohnmacht und versucht, in die Verhältnisse einzugreifen. Die Darstellung Lenzens durch Büchner zeigt nicht primär einen religiösen Menschen, sondern zeigt an Lenz das Verhältnis der Religion zur Wirklichkeit.

Steht die Beziehung der *Religion zur Wirklichkeit* im Mittelpunkt der dargestellten religiösen Entwicklung von Lenz, so ist zunächst festzustellen, daß er den Blick für die Realität nicht verloren hat. Ihm erscheint Leiden nicht als Gewinn, sondern als das, was es ist, d. h. er vollzieht die Verklärung, welche die religiöse Ideologie an der Wirklichkeit übt, indem sie sinnlosem Leiden noch einen Sinn verleiht, nicht nach. Er ist im Sinne des Kunstgesprächs Realist.

Weiter fällt auf, daß Lenz versucht, die Religion instrumentell zu gebrauchen als ein Mittel, das Leiden der Menschen zu erleichtern. Auch in bezug auf die

Religion gilt ihm, was er im Kunstgespräch gefordert hatte: „ich verlange in Allem — Leben, Möglichkeit des Daseins." (S. 449) In bezug auf diese seine Intention versagt die Religion eindeutig und wird deshalb für ihn sinnlos. Durch das instrumentelle Verständnis von Religion enthüllt sich deren idealistische Funktion einer Verklärung der wirklichen Zustände, indem sie die Menschen mit der schlechten Realität aussöhnen soll. Gerade indem Büchner Lenz in der Erzählung von der Religion praktische Hilfe verlangen läßt, wird die an ihm dargestellte religiöse Entwicklung zu einer Art *anschaulicher Religionskritik.*

Ausschlaggebend für das Religionsverständnis von Lenz wie auch für seine Religionskritik ist der Faktor des Mitleids bzw. des Erlebens von Leiden. Als die Religion Leiden jedoch nicht aufhebt, wird eben diese Tatsache des Leidens auch zum Grund, sich von der Religion wieder abzuwenden. Er erfährt die Leiden der anderen als eigene Leiden, Mitleid im wörtlichen Sinne. Die Allmacht der Verhältnisse, die ihn daran hindert, sein Mitleid als Hilfe praktisch werden zu lassen, verwandelt die Form seines Mitleids, nimmt ihm den aktiven Charakter, wie er sich an seinem spezifischen Verständnis von Religion äußerte, und läßt es zunehmend zu ohnmächtigem Leiden mit den anderen werden wie auch zu einer Form von Selbstmitleid. Mitleid ist sowohl Grund der religiösen Entwicklung von Lenz wie seiner Krankheitsentwicklung. Beide stellen nur verschiedene Formen von Mitleid dar. Betrachtet man die religiöse Entwicklung, wie Büchner sie an Lenz beschreibt, und vergleicht man sie mit den Äußerungen des Kunstgesprächs, so zeigt sich der grundsätzliche Charakter der dort gemachten Bemerkungen. Die dort aufgestellten Forderungen sind demnach nicht allein auf den Bezug der Kunst zur Wirklichkeit beschränkt, sondern auch für Lenzens Verständnis des Verhältnisses von Religion und Wirklichkeit charakteristisch.

Religion wird als ein Mittel der Auseinandersetzung mit der Wirklichkeit verstanden und in ihrer praktischen Wirkungslosigkeit dargestellt. Sie verklärt die Verhältnisse, macht sie besser als sie sind, eröffnet jedoch für das religiöse Individuum in keiner Weise „Möglichkeit des Daseins". Die Darstellung der religiösen Entwicklung hat eine besondere Bedeutung innerhalb der Erzählung, weil an ihr der Begriff der „Möglichkeit des Daseins" präzisiert wird. Aus dem Handlungsablauf wird deutlich, daß er die Möglichkeit eines Daseins ohne Leiden meint.

Indem gezeigt wird, wie die Religion als Mittel der Auseinandersetzung mit der Wirklichkeit versagt, verschiebt Büchner das Schwergewicht von einer religiösen Problematik auf eine religionskritische Problematik, ein Gesichtspunkt, der bisher zu wenig beachtet worden ist.[4]

---

(4) Trotz aller Offensichtlichkeit wurde bisher in der Sekundärliteratur in ‚Lenz' das Moment der Religionskritik fast gänzlich übersehen. Allein J. J. Parker (Some reflections on Georg Büchner's ‚Lenz' and its principal source, the Oberlin Record, In: German Life and Letters 21, 1967/68) hat darauf hingewiesen. Dagegen finden sich eine Anzahl von Arbeiten, die ein religiöses Verständnis der Erzählung nahe legen, vor allem Baumann (s. Anm. 3) und Wiese (s. Anm. 3).

H. Oppel (Die tragische Dichtung Georg Büchners, Stuttgart 1951) geht noch einen Schritt weiter. Er verwandelt Büchners Erzählung in ein Lehrstück über die Folgen

2.3.2. *Funktion der Religionskritik*

Ich will im folgenden versuchen, die Funktion der Religion wie der Religionskritik bei Büchner darzustellen in Anlehnung an Überlegungen von Marx zu demselben Komplex bei Feuerbach, wie er sie in der Einleitung ‚Zur Kritik der Hegelschen Rechtsphilosophie‘ [5] formuliert hat. Parallelen wie Unterschiede sollen erörtert werden, wobei der Unterschied theoretischer Religionskritik im Rahmen einer philosophischen Abhandlung im Gegensatz zur anschaulichen Religionskritik im Rahmen der Entwicklung eines Kunstwerkes bewußt bleibt.

Marx bezeichnet in dem erwähnten Text die Religionskritik als die „Voraussetzung aller Kritik“ [6]. Im folgenden erklärt er das näher, indem er die Feuerbachsche Position umreißt. Feuerbach hatte die Religion als Projektion des Menschen, ideale Aufhebung der menschlichen Schwäche im göttlichen Wesen, analysiert. Marx selbst will einen Schritt weiter gehen als Feuerbach und erklären, warum die Menschen diese Projektion in der Form der Religion brauchen, wie die materiellen Grundlagen ihrer Existenz beschaffen sind. Er kommt zu dem Schluß: „Dieser Staat, diese Sozietät produzieren die Religion, ein verkehrtes Weltbewußtsein, weil sie eine verkehrte Welt sind.“ [7] In der späteren Ausarbeitung des dialektischen Materialismus wird die zunächst Behauptung bleibende Bemerkung durch den Charakter seiner Theorie als einer materialistischen Ideologiekritik weiter ausgeführt, so z. B. in der ‚Deutschen Ideologie‘ oder im Fetischkapitel des ‚Kapitals‘. Der dialektische Materialismus macht die Reflexion auf das Verhältnis von Denken und Sein zu einem seiner zentralen Gegenstände. In der Funktionsbestimmung der Religion analysiert Marx deren doppelten Charakter. Er beschreibt die Religion zum einen als „Protestation gegen das wirkliche Elend“ [8], eine kritische Funktion, zum anderen als „Opium des Volkes“ [9], als „moralische Sanktion“ [10] der bestehenden Verhältnisse, kurz, er faßt die affirmative Funktion von Religion als verkehrtes Weltbewußtsein. Die Religion ist zugleich *Kritik und Affirmation.* War hiermit subjektive Intention und objektive Funktion der Religion beschrieben, so schreibt Marx zur Funktion der Religionskritik:

> „Die Aufhebung der Religion als des illusorischen Glücks des Volkes ist die Forderung seines wirklichen Glücks. Die Forderung, die Illusionen über seinen Zustand aufzugeben, ist die Forderung, einen Zustand aufzugeben, der der Illusionen bedarf. Die Kritik der Religion ist also im Keim die Kritik des Jammertales, dessen Heiligenschein die Religion ist.“ [11]

---

der Areligiosität. Auch Fellmann (s. Anm. 3) sieht Lenz' Schwierigkeiten als Resultat eines Mangels an religiösem Vertrauen.

(5) Marx, Karl: Zur Kritik der Hegelschen Rechtsphilosophie. Einleitung. MEW Bd. 1, S. 378.

(6) Anm. 5, S. 378.

(7) Anm. 5.

(8) Anm. 5.

(9) Anm. 5.

(10) Anm. 5.

(11) Anm. 5, S. 379.

Damit ist präzisiert, wieso Marx die Religionskritik als Voraussetzung aller Kritik bezeichnet hatte. Im weiteren heißt es:

„Die Kritik der Religion enttäuscht den Menschen, damit er denke, handle, seine Wirklichkeit gestalte, wie ein enttäuschter, zu Verstand gekommener Mensch [...] Die Kritik des Himmels verwandelt sich damit in die Kritik der Erde, die Kritik der Religion [...] in die Kritik der Politik." [12]

Es war bis hierhin nötig, in einem Exkurs die Marxsche Funktionsbestimmung der Religion wie der Religionskritik aufzuzeigen, um jetzt Parallelen und Unterschiede herauszustellen. Betont Marx den Doppelcharakter der Religion, Protestation und Affirmation in einem zu sein, so folgert er in bezug auf die Religionskritik, daß der desillusionierte Mensch freigesetzt wird, aktiv, politisch handelnd auf seine Umwelt einzuwirken.
Büchner geht es nicht um die prinzipielle theoretische Klärung des Zusammenhangs von Religion und Wirklichkeit. Er beschreibt den von Marx theoretisch gefaßten Zusammenhang in der Darstellung der Entwicklung von Lenz. Auch er übt Ideologiekritik, indem er die Beziehung der Religion zur Wirklichkeit in den Vordergrund seiner Darstellung stellt, und zeigt in der Darstellung — ob mit Absicht sei dahingestellt — die Verkehrtheit dieses Bezuges zur Wirklichkeit auf. Dabei stellt er gleichfalls einen Doppelcharakter der Religion dar. Lenzens instrumentelles Verhältnis zur Religion wird deutlich. Sein Bekenntnis zur Religion ist im Marxschen Sinne „Protestation gegen das wirkliche Elend", seine Erfahrung aber läßt deutlich den affirmativen Charakter der Religion hervortreten, z. B. in der Predigtszene oder im Erweckungsversuch. Mit beiden Szenen werden subjektive Intention und objektive Funktion deutlich verschieden dargestellt. Gerade indem Büchner so unterscheidet, ist es ihm möglich, in der Darstellung zu verhindern, daß einzelne religiöse Menschen kritisiert werden, und er kann so seine Kritik allein auf die Untauglichkeit des Mittels Religion konzentrieren. Bis hierhin deckt sich Büchners Auffassung mit der von Marx. Auch in der Funktionsbestimmung der Religionskritik bestehen noch Parallelen. Gemäß dem im Kunstgespräch geäußerten Grundsatz lehnt Lenz in bezug auf die Religion ebenso jede Verklärung der Wirklichkeit ab. Im Atheismusbekenntnis läßt Büchner Lenz eigentlich nichts anderes tun als diesen Grundsatz radikal durchzuhalten. Im Sinne von Marx gibt Lenz in dieser Szene „einen Zustand auf, der der Illusion bedarf", und entscheidet sich für die Wirklichkeit bzw. gegen sie. Lenzens Kritik an der Religion ist eine Kritik des Jammertals, die auf der Erkenntnis der Wirklichkeit basiert. Sie ist eine Entscheidung für die Wirklichkeit bzw. deren Veränderung und gegen die verklärende Ideologie, indem auch Lenz in seiner Religionskritik mit der Zerstörung des „illusorischen Glücks" zugleich die Forderung des „wirklichen Glücks" verbindet (besonders deutlich S. 473). War bei Marx gefolgert worden, daß der durch die Religionskritik desillusionierte Mensch von der Religionskritik fortschreite und handelnd zur Kritik der Politik gelangt, so ist zu untersuchen, inwieweit diese Folgerung auch in Büchners Darstellung gezogen wird.

(12) Anm. 5.

Offensichtlich ist zunächst ein Unterschied zu der bei Marx gezogenen Folgerung. Der in der Religionskritik der Erweckungsszene enttäuschte Lenz ist so absolut enttäuscht, daß er im Wahnsinn endet. Er gelangt nicht mehr zu einem verändernden Handeln in der Absicht, seine Intention zu verwirklichen. Solches Handeln wäre revolutionär gewesen bzw. hätte revolutionär sein müssen. Betrachten wir jedoch den an der Oberfläche auftauchenden Unterschied genauer, indem wir den Prozeß der Desillusionierung, wie Büchner ihn an Lenz darstellt, verfolgen.

Es ergibt sich bei näherer Betrachtung ein verblüffendes Ergebnis. Indem Lenz einseitig an der subjektiven Funktion der Religion, Protestation gegen wirkliches Elend zu sein, festhält und sie gegen die objektive Funktion der Verklärung verteidigt, zeigt er paradox, daß die gleichen Gründe, die ihn zur Religion führten, es auch sind, die ihn wieder von ihr fortführen.

Die Desillusionierung, die sich in der Religionskritik zeigt, geht im Grunde genommen der religiösen Entscheidung bei Lenz voraus, d. h. bei ihm war es gerade durch sein spezifisch instrumentelles Verhältnis zur Religion eigentlich schon ein Akt der Desillusionierung, religiös handelnd auf die Umgebung einwirken zu wollen. Gerade weil er in der Religion ein Mittel sieht, Leiden zu beseitigen, ist seine Hinwendung zur Religion schon als Versuch einer „Kritik des Jammertales" zu verstehen. Über die Möglichkeiten einer solchen Form verändernden Handelns, die spezifisch historische Züge trägt, über seine Form der Desillusionierung muß Lenz desillusioniert werden. Genau diesen Prozeß stellt Büchner dar. Desillusionierung ist hier also einerseits Voraussetzung religiösen Handelns, weil Lenzens Wendung zur Religion schon auf der Einsicht beruht, daß die Verhältnisse verändert werden müssen. Andererseits ist sie in einem besonderen Sinn auch Folge der religiösen Entwicklung, als er Illusionen über das von ihm gewählte Medium verliert.

Daß Büchner Lenz nach der Religionskritik nicht im Marxschen Sinne desillusioniert zeigt, hat historische Gründe. Der desillusionierte Mensch, wie er sich für Büchner dargestellt haben muß, war derjenige, der einsehen mußte — und Büchner selbst hat diese Einsicht gehabt —, daß die Zeit für die Erfüllung von Lenzens Absicht, die Aufhebung menschlichen Leidens, noch nicht reif war, da eine derartige Absicht historisch revolutionären Charakter besaß und erst in den 48er Unruhen sich materialisierte. Es genügt eben nicht, wie Marx sagte und Büchner beschrieb: „daß der Gedanke zur Verwirklichung drängt, die Wirklichkeit muß sich selbst zum Gedanken drängen" [13]. So ist es denn auch bezeichnend, daß Büchner Lenz die Einsicht in den verfrüht revolutionären Gedanken nicht erkenntnismäßig vollziehen, sondern nur in der Verzweiflung des Wahnsinns gleichsam erleben läßt.

Gerade die Darstellung der Desillusionierung über die Möglichkeit, radikal verändernd in die Wirklichkeit einzugreifen, wie Büchner sie in der Religionskritik zeigt, trägt historische Züge. Indem Büchner Lenz vorstellt, wie er aufgrund des Scheiterns seiner religiösen Entwicklung zum Kranken wird, belegt er, daß historisch das desillusionierte Individuum, welches festhält an der Notwendigkeit der Veränderung, isoliert bleibt in seinem Wunsch.

---

 (13) Anm. 5, F. 386.

Bei der Behandlung der Darstellung der Krankheit durch Büchner ist zu untersuchen, inwieweit auch bei ihm die von Marx beschriebene Konsequenz, aus der Religionskritik zur Kritik der Politik zu gelangen, gezogen wird, inwieweit seine Erzählung Lenz subjektiv zu diesen Konsequenzen gelangen läßt oder sie objektiv für den Leser impliziert.

2.4. Zur Darstellung des Krankheitsverlaufs in der Erzählung

Nachdem die religiöse Entwicklung in der Erzählung Büchners dargestellt worden ist, wird nun versucht, den dritten thematischen Schwerpunkt seiner Erzählung, die Krankheit, in ihrem Verlauf zu verfolgen. Wenn auch ein direkter Übergang von der religiösen Entwicklung in die Krankheitsentwicklung offensichtlich ist, so muß an dieser Stelle der Analyse zunächst noch einmal in der chronologischen Entwicklung der Erzählung zurückgegangen und die Krankheitsentwicklung von Anfang an betrachtet werden. Das ist notwendig, um die Krankheit nicht monokausal, d. h. mit falscher Eindeutigkeit aus der religiösen Entwicklung allein abzuleiten. Der Verlauf der Krankheit in den drei Phasen stellt sich folgendermaßen dar:

I. Phase:
Büchner führt Lenz schon in der Eingangsszene — auf dem Weg nach Waldbach — deutlich als krank vor. Sein Verhältnis zur Natur gibt Aufschluß über seinen gestörten Realitätsbezug. Erst in der Zeit der Aufnahme bei der Familie Oberlin, in Gesellschaft anderer Personen, wird er ruhiger gezeigt. Seine Beteiligung am Leben der Familie und an der Arbeit Oberlins geben ihm kurzfristig einen gewissen Halt. Je mehr er eine Arbeit findet, mit der er seine Hoffnungen verknüpfen kann, desto mehr beruhigt er sich. Lenzens Ruhe kontrastiert mit der Unruhe, die Büchner vordem an ihm dargestellt hatte. Sie wird als Resultat praktischer Arbeit beschrieben. Lenz kann praktisch handelnd auf seine Umwelt einwirken, kann versuchen zu helfen, wie er es an Oberlin bewundert. Sein Verhältnis zur Wirklichkeit in diesem Zeitraum scheint durch seine Teilnahme am praktischen Leben so ungestört, wie sonst an keiner späteren Stelle der Erzählung mehr. Für die erste Phase sind bei Büchner vier deutliche Krankheitsdarstellungen zu finden (Weg nach Waldbach, Brunnenszene, nach dem Ritt durch die Gemeinde, nach der Predigt). Zumindest zwei Schilderungen sind von Büchner unmittelbar mit authentischen Erlebnissen motiviert worden, die Oberlin registriert hat. Ein gestörtes Verhältnis zur Wirklichkeit ist für Büchners Erzählung in dieser Phase bereits charakteristisch.

II. Phase:
Betrachtet man den Zeitraum während Oberlins Abwesenheit in bezug auf das, was er über die Krankheit von Lenz aussagt, so ist hier eine Steigerung der in der ersten Phase angelegten Entwicklung festzustellen. Im Zentrum steht der Krankheitsausbruch nach dem fehlgeschlagenen Erweckungsversuch des toten Kindes in Fouday. Lenz wird zum Zeitpunkt der Abfahrt

Oberlins schon in einem sehr verwirrten und verängstigten Zustand beschrieben. Er begleitet Oberlin ein Stück, verirrt sich auf dem Rückweg, muß in einer Hütte übernachten, wo er mit den Leiden jenes kranken Kindes konfrontiert wird. Nach Waldbach zurückgekehrt, bewegen ihn diese Eindrücke sehr. Er ist so sehr mit der Verarbeitung des Erlebten beschäftigt, daß er nicht mehr arbeiten kann und in Fieberträume verfällt. Sein Mitleid nimmt ihn völlig in Anspruch und steigert sich bis zur religiösen Quälerei. Nachdem er erfolglos versucht hat, das Kind in Fouday zu erwecken, geht die religiöse Entwicklung bruchlos in ein höheres Stadium der Krankheit über: „er stand nun am Abgrund“ (S. 461). Diese Phase zeigt eine permanente Steigerung seiner Unruhe. Sein Verhalten ist nunmehr geprägt von einem Mitleid, das sich in eigenes Leiden verwandelt. Büchner behandelt den zu registrierenden Umschlag sehr ausführlich, so daß er einen entscheidenden Stellenwert im inhaltlichen Entwicklungszusammenhang der Handlung erhält. Die Art der Darstellung läßt die krankhafte Störung im Verhältnis zur Wirklichkeit zum Charakteristikum für Lenz werden. Die Fieberträume etwa sind Folge der Verarbeitungsversuche von Erlebtem, und auch der Krankheitsausbruch, der mit dem Atheismusbekenntnis zusammenhängt, ist deutlich Resultat eines Erlebnisses. Aus dieser Darstellung kann man Rückschlüsse auf das Verständnis der Krankheitsursachen ziehen. So wird Lenz in der ganzen Erzählung als von der Absicht durchdrungen dargestellt, menschliches Leiden abzuschaffen. Dementsprechend erscheint seine Krankheit nicht so sehr als Krankheit im medizinischen Sinn, sondern als *psychische Reaktion auf eine Wirklichkeit*, die ihm keine Möglichkeit der Verwirklichung seiner Intention gibt. Der innere Zwang, unter dem Lenz steht, erweist sich als *verinnerlichter äußerer Zwang*.

III. Phase:
Hier wird Lenz ausschließlich von der Krankheit beherrscht. Hinzu kommt das Motiv der Langeweile als ein Moment der Krankheit, ein neues Stadium seiner inneren Verfassung. Eine Wirklichkeit, die einem gegenübersteht, ohne daß man an ihr teilhaben kann, in die man nicht handelnd eingreifen kann, ist für Lenz langweilig. Daß man nicht in sie eingreifen kann, hatte die Darstellung bis dahin schon deutlich gemacht. Die Selbstmordversuche sind Ausdruck dieser ins extrem gesteigerten Krankheitsentwicklung.

2.4.1. Zu den Symptomen und Ursachen der Krankheit [14]

Daß die Krankheit in einem engen Verhältnis zur Wirklichkeit steht, daß sie eine Form der Auseinandersetzung mit der Wirklichkeit darstellt, dürfte klar geworden sein. Über die spezifische Art der Auseinandersetzung soll im fol-

(14) Durchgängig findet sich bei allen Autoren als eine Ursache der Krankheit ein Wirklichkeitsverlust. Die Anwendung dieses Begriffs suggeriert, Lenz' Krankheit habe nichts mehr mit der Wirklichkeit zu tun. Der dieser Krankheit eigentümliche Bezug zur Wirklichkeit wird damit verdeckt. Der Verlust der Wirklichkeit beruht nicht zuletzt auf überintensiver Erfahrung der Wirklichkeit. Beispiele besonders krassen Versagens bei der Frage nach den Ursachen der Krankheit finden sich bei Baumann (S. 170), Fellmann (S. 25 f.) und Abutile (S. 119).

genden mehr ausgesagt werden, weil wir dadurch auch mehr über die Ursachen erfahren.

Zunächst fällt eines an der Darstellung von Lenz auf: In seinem gesamten Handeln zeigt dieser deutlich zwanghafte Züge. Er handelt nicht frei, sondern fühlt sich von einer fremden Macht getrieben. Er ist nicht im eigentlichen Sinne Subjekt der Handlung, sondern Objekt. So zeigt sich das Zwanghafte seines Handelns einerseits als innerer Zwang, wie die Stellen zeigen, wo von einem Drängen in ihm die Rede ist („es drängte in ihm" (S. 437) — „Das Drängen in ihm [...] erschütterte ihn" (S. 447) — „er spürte an sich ein Regen und Wimmeln nach einem Abgrund, zu dem ihn eine unerbittliche Gewalt hinriß" (S. 457) — „ein gewaltsames Drängen" (S. 457)). Lenz fühlt sich offenbar in der Gewalt einer fremden Macht, die er jedoch nicht bewußt zu bezeichnen vermag. Sie ist einerseits innerer Zwang, andererseits Gewalt, die von außen auf ihn einwirkt. Zwischen beiden besteht ein enger Zusammenhang, zumal die Darstellung des Krankheitsverlaufs ja schon verdeutlicht hat, daß die Wirklichkeit um ihn herum einen großen Einfluß auf seine innere Verfassung ausübt. Festzuhalten ist also, daß Lenz sich einem inneren Zwang und äußerer Gewalt ausgesetzt sieht, die sein Handeln beeinflussen.

An zwei Stellen formuliert Lenz selbst das Bewußtsein jener Zwänge. Zum einen in der Szene, die dem Erweckungsversuch folgt (S. 461), zum anderen in einem Gespräch mit Oberlin (S. 473), das in enger Verbindung mit der ersten Stelle zu sehen ist. An beiden Stellen handelt es sich um einen Vorwurf gegen Gott. Lenz äußert eine Allmachtsphantasie: „es war ihm, als könnte er eine ungeheuere Faust hinauf in den Himmel ballen und Gott herbei reißen und zwischen seinen Wolken schleifen; als könnte er die Welt mit den Zähnen zermalmen und sie dem Schöpfer ins Gesicht speien." (S. 461) Für einen Augenblick verkehrt sich ihm das Verhältnis von Gott und Mensch. Der Mensch ist allmächtig, Gott ist ohnmächtig. Die andere Stelle behandelt den gleichen Zusammenhang von Allmacht und Ohnmacht. Büchner läßt Lenz dort sagen: „aber ich, wär' ich allmächtig, sehen Sie [...], ich könnte das Leiden nicht ertragen, ich würde retten, retten [...]" (S. 473). Beide Stellen sagen insofern etwas über den Zwang aus, als Lenz dort zum Ausdruck bringt, daß er nicht länger nur Objekt einer anderen Macht, hier Gott, sein will, sondern Anspruch auf die gleiche Macht erhebt. Er will Subjekt der Geschichte werden und die eigene Ohnmacht nicht länger ertragen. Zugleich gibt er zu verstehen, wozu er jene Macht gebrauchen will. Er will Leiden abschaffen. Daß es noch Leiden gibt, macht er Gott zum Vorwurf. Nebenbei sagt diese Stelle indirekt jedoch auch etwas über die Macht aus, der Lenz sich ausgesetzt fühlt, einer Macht, die darin besteht, daß sie Leiden aufrecht erhält. Zieht man beide Stellen zusammen, so zeigt sich, daß Lenz sich einer größeren Macht ausgeliefert fühlt, daß er Anspruch auf diese Macht erhebt mit der Absicht, die leidvollen Verhältnisse zu verändern. Er kann seine Absicht jedoch nur im Konjunktiv aussprechen: „wenn ich allmächtig wäre". Genau an dieser Stelle läßt Büchner seinen Lenz die Konsequenz aus der Desillusionierung über die Funktion der Religion ziehen. Von der Kritik des Himmels gelangt er hier zur Kritik der Erde. Nur ist die Form seiner Kritik bezeichnend, er kann sie bloß als Wunsch ohne Aussicht auf Erfüllung aussprechen. Gerade hierdurch wird der Text historisch, ohne freilich seine Geschichtlichkeit zu reflektieren. Lenz will den Menschen zum Subjekt der Geschichte werden lassen, muß jedoch anerkennen, daß er noch einer fremden Macht gegenübersteht, die eine solche Machtergreifung verhindert. Das Faktum der Ohnmacht wird erkannt und abgelehnt, aber die Ursache der Ohnmacht wird gerade da, wo sie religionskritisch in Gott gesehen wird, verkannt. In seiner Kritik verbleibt Lenz selbst im Rahmen religiöser Ideologie.

Von Gott sich abzuwenden, weil er die Verhältnisse schlecht gestaltet hat, heißt nämlich immer noch, die wahren Ursachen der schlechten Verhältnisse zu verkennen, auch wenn man Kritik daran übt. Die Ideologiekritik an der Religion verbleibt selbst im Rahmen der Ideologie, weil die Allmacht, gegen die Lenz sich auflehnt, und dementsprechend die eigene Ohnmacht, noch immer nichts anderes sind als Resultate einer noch unbegriffenen Realität. Aber: Die Allmacht, unter der Lenz steht, wird zwar in der Religionskritik als göttliche angesprochen, aber als Allmacht der Verhältnisse schon dargestellt. Denn den wirklichen Verhältnissen steht Lenz ohnmächtig gegenüber, wie sie ihm allmächtig gegenüberstehen. Ideologiekritik ist seine Religionskritik insofern, als sie die Widersprüche der religiösen Ideologie aufdeckt. Ideologisch bleibt sie, wo sie die Ursachen der Widersprüche noch immanent im Rahmen religiöser Anschauungen sucht. Dieser immanente Widerspruch wird aufgehoben in der Darstellung, die schon kritischer ist als die in ihr enthaltenen Erklärungen. In der Darstellung erscheint die Allmacht, unter der Lenz leidet, als die der wirklichen Verhältnisse. Mit der Wirklichkeit wird seine Krankheit erklärt, und eine solche Art der Darstellung hebt den ideologischen Rest der Argumentation auf, indem sie ihn korrigiert.

Ein weiterer Ausdruck von Lenzens Krankheit besteht in seiner Angst. Doch auch hier ist es wiederum typisch, daß es sich um eine „namenlose Angst" (S. 439), „unnennbare" (S. 441), „sonderbare" (S. 443), „unbeschreibliche" (S. 469) Angst handelt, d. h. eine Angst, deren Ausmaß wie Ursache von Lenz nicht beschrieben werden können. Angst erscheint nur in einem undefinierten Zusammenhang mit dem Gefühl der Bedrohung: „ein dunkler Instinkt trieb ihn, sich zu retten" (S. 441), wobei interessanterweise unter Rettung nichts im Sinne einer Vorbeugung von Krankheit gemeint ist, sondern das Herbeiführen von Krankheit. Die Krankheit selbst enthält mithin einen Aspekt der Flucht. Die Ursachen der Bedrohung werden nicht genannt, sie lassen sich nur schwer entschlüsseln, in keinem Fall jedoch konkret benennen. Für Lenz liegt eben das „All [. . .] in Wunden" (S. 447).

Seine Bedrohung macht sich nicht an einem Faktum der Realität fest, sondern betrifft die ganze Realität, die ihm unerträglich ist. Gerade in der Abstraktheit seiner Angst und der Abstraktheit seiner Kritik liegen die Gründe, die die Erzählung so schwer verständlich machen.

Korrespondierend zu den Angst- und Bedrohungsgefühlen, findet sich besonders in der ersten Phase der Erzählung eine ebenso abstrakte motivhafte Aussage über die Wünsche von Lenz. So ist es zum Beispiel seine Absicht, mit der Predigt: „Ruhe [. . .] über dieses von materiellen Bedürfnissen gequälte Seyn" (S. 445) zu bringen. Der Begriff der Ruhe drückt, wie gesagt, einen von Lenz

gewünschten Idealzustand aus, dem eine Realität der Unruhe entspricht. Im Motiv der Ruhe werden seine abstrakten Wünsche zusammengefaßt.[15]
Lenzens Versuch, einen Zustand der Ruhe zu erlangen, steht aber scheinbar unter der gleichen Forderung, wie er sie im Kunstgespräch geäußert hatte. Ruhe darf nicht Folge von Illusionen über die Wirklichkeit sein, sie muß sich mit realistischer Einsicht in die Wirklichkeit vereinbaren lassen. So zeigt sich in der Erzählung, daß die Ruhe zwar angestrebtes Ideal ist, aber nicht mit dem Realitätsbewußtsein der Titelgestalt zu verbinden ist, was zu einem entscheidenden Widerspruch führt.
Betrachtet man Lenzens Krankheitsanfälle, die ja immer Inbegriff innerer Unruhe sind, so ist ein Zug an ihnen auffallend: Lenz hängt in einem geradezu *masochistischen Sinn* an seiner Krankheit. Er liebt scheinbar Zustände der inneren Unruhe, obwohl sein ausgesprochenes Ideal ein Zustand der Ruhe ist. Wie kann man nun diesen Widerspruch bei ihm erklären?
Betrachtet man die von Lenz im Kunstgespräch postulierten Forderungen als Charakteristika seiner Einstellung zur Wirklichkeit, so läßt sich sein Masochismus auf erster Stufe immanent lösen. Zunächst soll aber der masochistische Charakter an seinem Verhältnis zur Krankheit beschrieben werden. Die Zahl der Stellen, die masochistische Züge ausdrücken, ist sehr groß.[16] Nur auf einige kann hier eingegangen werden, um den Widerspruch zwischen dem Wunsch nach Ruhe und der Bejahung von Unruhe stärker hervorzuheben. Exemplarisch kann man diesen Widerspruch, der die ganze Erzählung kennzeichnet, vielleicht an der Predigtszene und an der Erweckungsszene aufzeigen.
In der Predigtszene ist es so, daß Lenz den Wunsch, Ruhe über die „gequälten Herzen" zu bringen, anspricht. Nachdem dieser Versuch jedoch an der

---

(15) So ist beispielsweise die Predigt Ausdruck des Wunsches nach Ruhe (S. 455). Die Vision des Todes der Mutter steht als Beispiel für den Gedanken, Ruhe durch eine Identität von Mensch und Natur zu erhalten (S. 447). Lenz versucht außerdem, den Begriff der Ruhe negativ abzugrenzen, indem er ausdrücklich zwei Bereiche anspricht, von denen er sie nicht erwartet. Die Reintegration in ein bürgerliches Leben als Rückkehr zu den Eltern und die Aufnahme eines bürgerlichen Berufes werden von Oberlin und Kaufmann als Quellen möglicher Ruhe empfohlen, von Lenz jedoch als Qual, „Darben" (S. 453) entschieden abgelehnt. (Vgl. auch S. 463.) Bürgerliches Leben wird zum Gegenbild ruhiger Lebensweise, wie Lenz sie versteht. Ein 'normales Leben' hat keine Attraktivität für Lenz, diesem Leben zieht er seine Krankheit vor.
(16) Die Zahl der Stellen, die masochistische Gefühle ausdrücken, ist sehr groß:
„es war eine Lust, die ihm wehe that [...]" (S. 437)
„er riß sich mit den Nägeln [...]" (S. 441)
„auch hatte er eine geheime Hoffnung auf eine Krankheit [...]" (S. 443)
„je sterbender er sich innerlich fühlte, desto mehr drängte es ihn, eine Gluth in sich zu wecken, es kamen ihm Erinnerungen an die Zeiten, wo alles in ihm sich drängte, wo er unter all' seinen Empfindungen keuchte; und jetzt so todt." (S. 459)
„er stand nun am Abgrund, wo eine wahnsinnige Lust ihn trieb, immer wieder hineinzuschauen und sich diese Qual zu wiederholen." (S. 461)
„Er reichte Oberlin die Gerten mit dem Begehren, er sollte ihn damit schlagen." (S. 463/65)
„es war [...] ein Versuch, sich zu sich selbst zu bringen durch physischen Schmerz [...] Oft schlug er sich den Kopf an die Wand, oder versetzte sich sonst einen heftigen physischen Schmerz." (S. 473)

religiösen Haltung der Gemeinde gescheitert ist, schildert Büchner als Reaktion darauf einen Krankheitsanfall: „er fühlte tiefen unnennbaren Schmerz" (S. 447). Lenz gerät in einen Zustand höchster innerer Unruhe, der zugleich als Ekstase beschrieben wird. Büchner schreibt: „es war ihm als müsse er sich auflösen, er konnte kein Ende finden der Wollust." (S. 447) Schmerz und Wollust fallen zusammen. Der Zustand höchster Unruhe wird als ein zugleich glücklicher und unglücklicher Zustand beschrieben. Obwohl er das Gegenteil dessen ist, was Lenz als Wunsch vor der Predigt benannt hatte, bejaht er seinen Zustand. Er scheint sein Leiden als einzige adäquate Reaktion auf seinen gescheiterten Versuch zu begreifen. Leiden wird ihm zum Ausdruck menschlicher Reaktion. Seine Gefühle beantworten die Realität in angemessener Weise. Genau im Sinne des Kunstgesprächs ist Lenz mit seinen Gefühlen hier Realist. Er bringt die Situation, die er erlebt hat, gefühlsmäßig zum Ausdruck und verklärt sie dadurch nicht. In die Krankheit zu verfallen, wird ihm zum Symptom, gesund zu sein, weil er den Kontakt zur Wirklichkeit nicht verloren hat, sondern sie so erlebt, wie sie ist. Ruhe oder gelassenes Ertragen wären ihm nur Anzeichen für einen verloren gegangenen Realitätsbezug, für Krankheit, wie die Analyse der Erweckungsszene zeigen wird: Empfindungslosigkeit wird für ihn zum Anzeichen von Unmenschlichkeit.

Nach dem fehlgeschlagenen Erweckungsversuch ebenso wie im Versuch, den Besuch in der Hütte des kranken Mädchens zu verarbeiten, fühlt Lenz sich leer und hohl. Sein Gefühl ist überfordert, angemessen auf die miterlebten Leiden zu reagieren. Konsequent zeigt sich dort denn auch die Lust, sich selbst Leiden auszusetzen: „er stand nun am Abgrund, wo eine wahnsinnige Lust ihn trieb, immer wieder hineinzuschauen, und sich diese Qual zu wiederholen" (S. 461). Die Reaktion wahnsinnigen Protestes, die Büchner damit beschreibt, scheint Lenz selbst als Reaktion auf Leiden noch unangemessen, er fühlt sich „leer und hohl" (S. 461). So wie er es im Versuch, das Hüttenerlebnis zu verarbeiten, beschrieben hatte:

> „Je leerer, je kälter, je sterbender er sich innerlich fühlte, desto mehr drängte es ihn, eine Gluth in sich zu wecken, es kamen ihm Erinnerungen an die Zeiten, wo Alles in ihm sich drängte, wo er unter all' seinen Empfindungen keuchte; und jetzt so todt." (S. 459)

Genau hier zeigt sich die oben angedeutete Verkehrung. Lenz formuliert selbst den eigenen inneren Widerspruch. Er kann seiner Forderung, Leiden anderer Menschen mit Mitleid zu beantworten, nicht mehr nachkommen. Die von ihm erhobene Forderung, auch gefühlsmäßig der Realität adäquaten Ausdruck zu geben, ist für ihn nicht einlösbar. Er erinnert sich an bessere Zeiten, in denen er noch mehr leiden konnte, und erblickt darin Zeiten, in denen er noch lebte, in denen er dem eigenen Selbstverständnis nach menschlicher war. Deutlich wird hier sein positives Verhältnis zum Wahnsinn erkennbar, der nichts anderes ist als gefühlsmäßiger Realismus.

Die Lenzsche Forderung, realitätsgerecht zu reagieren, kollidiert, wie festgestellt, mit seinem Wunsch, ruhig zu leben. Die Realität läßt keinen Platz für seine Wünsche. So ergeben sich für ihn folgende Alternativen: ruhig die Wirklichkeit zu ertragen, wie sie ist, und damit unmenschlich zu werden, weil man die herrschende Unerträglichkeit in der Ruhe verdeckt, oder extrem unruhig (in der Form des Wahnsinns) auf die Wirklichkeit zu reagieren, d. h. in seinem Verstande, die Realität als eine, die noch menschliches Leiden enthält, auszudrücken und sie in Form des Wahnsinns konsequent zu negieren. Menschlich wäre das, insofern man Leiden als das, was es ist, erfährt und damit zumindest abstrakt negiert.

Der Masochismus von Lenz ist nur Konsequenz seiner Forderungen: Reproduktion der Wirklichkeit ohne Verklärung und Möglichkeit des Daseins. Die Verwirklichung dieses Wunsches in dieser Wirklichkeit ist ihm unmöglich. Der Widerspruch ist nur innerer Ausdruck des äußeren Widerspruchs, daß Lenz nicht ruhig sein und zugleich in Einklang mit der Wirklichkeit leben kann, sondern daß der Wunsch nach einem ruhigen Leben allein in einer geänderten Wirklichkeit erfüllbar wäre. Wenn Lenz sich zwingt zu leiden, zwingt er sich, seiner Art von Realismus Genüge zu tun. Damit wäre eine Dimension seines Masochismus als notwendiger Widerspruch bestimmt.[17]

Im weiteren wird nicht mehr auf den Krankheitsverlauf eingegangen; vielmehr sollen die Absichten der Krankheit und ihre inneren Widersprüche, wie Büchner sie darstellt, betrachtet werden.

2.4.2. Intentionen der Krankheit

Anhand von Lenzens Verhältnis zur Wirklichkeit und der Änderungen in diesem Verhältnis kann man noch einmal deutlicher die Intention der Krankheit aufzeigen und damit die immanente Entwicklung der Erzählung zusammenfassen. Ausgegangen wird dabei von den vier Forderungen, wie sie aus dem Kunstgespräch herausgelöst wurden.

In der ersten Phase ist Lenz bemüht, aktiv auf die ihn umgebende Umwelt einzuwirken, indem er mit Oberlin zusammenzuarbeiten versucht. In der zweiten Phase versucht er selbst, auf dem Wege der Religion seiner Grundintention, der Änderung leidvoller Verhältnisse, nachzukommen. Sein Verhältnis zur Religion ist vom gleichen anti-idealistischen Bewußtsein geprägt, wie er es im Kunstgespräch vertrat. Es unterscheidet sich wesentlich von Oberlins Verständnis von Religion. Aus diesem Grund, weil er nicht, wie Oberlin und die Gemeinde es tun, Leiden als Gottesdienst ansehen kann, sondern praktische Hilfe intendiert, scheitert er. Die Gemeinde versteht seine Absicht nicht, Oberlin bezeichnet sie als „Profanation" (S. 473). Nachdem die Versuche, aktiv in die Umwelt einzugreifen, gescheitert sind, ist die Krankheit die aufgezwungene Konsequenz seines anti-idealistischen Bewußtseins. Insofern Lenz seine Ruhe nicht aufgrund von Illusionen zu erlangen sucht, ist seine Unruhe *illusionslose Betrachtung der Wirklichkeit*, sein Masochismus

(17) Zum Zusammenhang von Krankheit und gesellschaftlicher Unterdrückung finden sich wichtige Erklärungen in F. Fanons Buch ‚Die Verdammten dieser Erde', Frankfurt/Main 1968, bzw. in Sartres Einleitung dazu. Fanon beschäftigt sich dort mit der Psychopathologie von Menschen, die unterdrückt werden und sich wehren wollen, ohne schon bewußte Revolutionäre geworden zu sein, d. h. die den sozialen und politischen Aspekten ihrer Unterdrückung zunächst einmal hilflos gegenüberstehen. Er enthüllt den politischen Charakter unpolitischer Abwehrmechanismen in Anmerkungen zur Funktion der Religion, der Kultur und der Krankheit (siehe dazu besonders die Seiten 14—18 der Einleitung von Sartre).

Erfüllung des von ihm vertretenen Begriffes von Realitätsbewußtsein, Ablehnung einer falschen Versöhnung mit der Wirklichkeit, indem die leidvolle Realität leidend auf den Begriff gebracht wird: Mitleid im wahrsten Sinne des Wortes. Mitleid, das, da es sich in seiner Übersteigerung nur noch auf das eigene Leiden beziehen kann, sich selbst aufhebt. Sein Wahnsinn ist *sinnlicher Ausdruck des wirklichen Leidens,* damit zugleich Ausdruck der Wirklichkeit und Kritik an der Wirklichkeit.

2.4.3. Widersprüche der Krankheit

Entschloß sich Lenz, den Wahnsinn als menschlichere Form der Reaktion auf die Wirklichkeit anzusehen, weil er die Wirklichkeit nicht besser machen wollte, als sie ist, weil er sie als leidvolle festhalten will, so gleicht er doch den Menschen, die ihm selbst unmenschlich erschienen, weil sie leiden, ohne einen Versuch des Widerstands zu machen. Auch er negiert in seiner Form des Wahnsinns das Leiden nur abstrakt. Seine Negation des Leidens besteht in einer Verdoppelung des Leidens und ändert am unerträglichen Zustand nichts, weil es ihn nur wiederholt. Seine Reaktion ist konsequent, moralisch, aber unpraktisch. Seiner eigenen Intention, Leiden aufzuheben, kann er nicht nachkommen. War seine Krankheit zugleich Ausdruck und Rebellion gegen Ohnmacht, mit der er die Gewalt der Verhältnisse ertragen muß, war sie zugleich Affirmation und Kritik, so bleibt sie doch in ihrer Kritik ohnmächtig. Die Krankheit als Form von Menschlichkeit ist selbst noch in der Unmenschlichkeit, gegen die sie sich wehren will, befangen, da der Mensch in dieser Form immer noch nicht zum Subjekt der Geschichte geworden ist, zum Träger verändernden Handelns, sondern sich selbst als Objekt einer fremden Macht akzeptiert. Krankheit als Kritik an der Wirklichkeit mißlingt.
Büchner stellt den beschriebenen Widerspruch in der Krankheit besonders heraus, indem er am Schluß das integrative Moment des Wahnsinns zeigt. Der wahnsinnige Lenz, der menschlicher sein will als die 'normalen' Menschen in der Erzählung, wird diesen angeglichen. „Ich verlange in Allem — Leben, Möglichkeit des Daseins“, lautete die Forderung des Kunstgesprächs, an die sich der kranke Lenz jedoch nicht mehr erinnern kann. Er erreicht seinen Idealzustand der Ruhe und wird gleichgültig. Er verliert den Bezug zur Wirklichkeit, indem er sie nicht mehr erkennt. Im Schlußabsatz der Erzählung kann Büchner schreiben: „Er saß mit kalter Resignation im Wagen [...]“ (S. 481) — „Lenz starrte ruhig hinaus, keine Ahnung, kein Drang [...]“ (S. 483) — „Er schien ganz vernünftig, sprach mit den Leuten; er that Alles wie es die Andern thaten, es war aber eine entsetzliche Leere in ihm; er fühlte keine Angst mehr, kein Verlangen; sein Dasein war ihm eine nothwendige Last. — So lebte er hin.“ (S. 483) Lenz hat zwar den angestrebten Zustand der Ruhe erreicht, aber sie ist nichts anderes mehr als die krankhafte Ruhe der Normalen, der Gemeinde und Oberlins. Lenz hat sich seinen Wunsch nach Ruhe falsch erfüllt. Auch er wird nur ruhig, weil er die Wirklichkeit nicht mehr sieht, sie verklärt beim Versuch, sie nicht zu verklären. Mit seinem Wunsch eines Lebens ohne Leiden hat dieser Zustand nichts mehr zu tun.

2.4.4. *Zum Verhältnis von Krankheit und Normalität*

Wahnsinn und Krankheit als Realitätsbewußtsein, wie sie an Lenz zur Darstellung kommen, sind aber nicht Ausdruck von Realität, sondern zugleich Ausdruck der Zerstörung des Bewußtseins vom Bezug zur Realität. Gerade mit diesem Aspekt wird der Kranke dem Gesunden, von dem er sich unterscheiden will, gleich. Indem Lenzens Unfähigkeit, die Wirklichkeit zu ertragen, wie sie ist, als Form der Menschlichkeit dargestellt wird, werden die normalen Menschen der Erzählung nachträglich zu Kranken, denn eigentlich sind es ja sie, die den Bezug zur Realität verloren haben, weil sie Leiden nicht mehr als Leiden erfahren. Deutlich gemacht wird eine solche Tendenz in der Erzählung etwa durch die Gemeinde, den 'Heiligen' oder durch Oberlin in der dritten Phase. Lenz drückt seine Meinung über diese Art normaler Menschen aus, wenn er von Oberlin — aber nicht nur in bezug auf ihn — sagt:

„Ja wenn ich so glücklich wäre, wie Sie, einen so behaglichen Zeitvertreib aufzufinden, ja man könnte sich die Zeit schon so ausfüllen. Alles aus Müßiggang. Denn die Meisten beten aus Langeweile [. . .]" (S. 465)

Eigentlich tragen alle diese normalen Menschen masochistische Züge, weil sie dem sinnlosen Leiden noch einen illusorischen Sinn abgewinnen. Gerade ihnen fehlt in Lenzens 'normalem' Verständnis der Realitätsbezug. Obwohl eine solche Tendenz der Verkehrung von Normalität und Krankheit in der Erzählung angelegt ist, kann man wohl nicht eindeutig Partei ergreifen für den kranken Lenz oder gegen die normalen Menschen. Es geht nicht darum, für eine Person oder gegen sie Stellung zu beziehen, sondern das Grundproblem liegt in der Frage, wie man in einer leidvollen Realität leben kann, ohne sie zu verklären. Büchner stellt am Beispiel von Lenz den Versuch der Bewältigung dieses Problems dar, ohne zu einer Lösung zu kommen. In der Art der Darstellung wird Lenzens Versuch der Lösung in seinem Scheitern gezeigt und damit kritisiert, ebenso wie die falsche Gesundheit der Normalen. Beide Haltungen ändern nichts am Faktum des Leidens. Man kann hier das Verhältnis von Krankheit und Normalität vielleicht mit einer Bemerkung Adornos zusammenfassen:

„Trostlos der Gedanke, daß der Krankheit des Normalen nicht die Gesundheit des Kranken ohne weiteres gegenübersteht, sondern daß diese meist nur das Schema des gleichen Unheils auf andere Weise darstellt."

Die Widersprüche beider Positionen dürften deutlich geworden sein. Ihr Scheitern wurde im Bezugsrahmen der Forderungen des Kunstgesprächs erhellt. Eine Lösungsmöglichkeit des Problems wird nicht innerhalb der Erzählung mitgeliefert und kann auch nicht gegeben werden. Nicht durch die Lösung des Problems zeichnet sich die Erzählung aus, sondern durch die Darstellung der Widersprüche beim Versuch der Lösung. Die revolutionäre Aufgabe der Aufhebung menschlichen Leidens durch ein Individuum konnte damals nicht gelöst werden. Dazu war weder die Erzählung als Kunstwerk fähig, noch war historisch für Büchner ein Zeitpunkt erreicht, wo er die Lösung einer derartigen Aufgabe anders als in Widersprüchen hätte darstellen können.

2.4.5. Zu einem besonderen Aspekt des Masochismus

Ein wichtiger Aspekt des Masochismus soll noch erörtert werden, der eine historische Dimension eröffnet, welche die Probleme der Erzählung einsichtig macht, aus dem ideologischen Rahmen überzeitlicher Allgemeingültigkeit heraushilft und zur historischen Analyse der in der Erzählung dargestellten Probleme überleitet.

Masochismus ist eine bestimmte Art der Reaktion auf äußere Gewalt: „Es ist Gewalt, der man sich fügen muß, wenn man nicht stark genug ist, ihr zu widerstreben." Masochismus ist eine Art der Verinnerlichung äußerer Gewalt, Selbstbestrafung mit dem Ziel, dadurch der Bestrafung durch äußere Gewalt zuvorzukommen. Auch bei Lenz läßt sich ein derartiger Aspekt der Selbstbestrafung feststellen. In bezug auf die Erzählung bedeutet das, daß die Krankheit neben ihrer Funktion als kritisches Realitätsbewußtsein oder genauer, in dieser Funktion noch eine zweite erfüllt, nämlich die Folgerungen aus dieser Art von kritischem Realitätsbewußtsein zu verhindern. Indem der Masochismus Lenz zwingt, die Gewalt der Verhältnisse zu verinnerlichen, d. h. gesellschaftliche Leiden an sich selbst im individuellen Leiden nachzuvollziehen, um nicht das Gefühl zu haben, er sei gefühllos, erträgt er die Wirklichkeit eben nicht gefühllos, sondern gefühlvoll. Das Resultat ist, daß seine Intention, Leiden zu bekämpfen, indem man es aufzeigt und nicht verklärt, nur erfüllt wird, insofern er selbst leidet. Jedoch gerade deshalb kann Leiden von ihm auch nicht mehr bekämpft werden. Indem Lenz sich aus Mitleid dem Bemitleideten gleich macht, nimmt er sich die Möglichkeit praktischer Hilfe, d. h. er fesselt sich selbst, weil seine Art von Realitätsbewußtsein Handeln nicht mehr erlaubt. Gebannt blickt er auf die Opfer der Gewalt materieller Verhältnisse, darf aber die Ursachen nicht sehen, um den Blick nicht mitleidlos von den Opfern zu wenden. Lenzens eigene Haltung erzielt also die gleiche Wirkung, die er bekämpfen will. Indem er nur die Oberfläche des Leidens mitleidend betrachtet und die Ursachen nicht erkennen kann, vollzieht er das Tabu nach, das über der revolutionären Tätigkeit liegt. Er wendet die äußere Gewalt gegen sich selbst, anstatt sich gegen die äußere Gewalt zu wenden. Er beschneidet sich selbst die Handlungsfähigkeit gerade da, wo er zu ihr gelangen möchte. Er bestraft sich, indem er sich zwingt, die Wirklichkeit so zu ertragen, wie sie ist.

2.5. Funktion und Aussage der Erzählung

Alle Probleme der ‚Lenz'-Erzählung resultieren aus dem unentwickelten Realismusbegriff, wie Lenz ihn im Kunstgespräch formuliert. Die Maximen, die er dort aufstellt, sind derart, daß sie unmöglich alle gleichzeitig erfüllt werden können. Die Reproduktionsfunktion, resultierend aus der Forderung, die Wirklichkeit nicht zu verklären, gerät in einen unaufhebbaren Widerspruch mit der Notwendigkeit der Veränderung der Wirklichkeit. „Möglichkeit des Daseins", die Lenz „in Allem" fordert, wird gerade in dieser Erzählung nicht gezeigt, eher Unmöglichkeit des Daseins. „Möglichkeit des Daseins" eröffnet sich im Text nur negativ, d. h. außerhalb davon. Sie kann nicht in der künstlerischen Darstellung gezeigt werden, da sie keine ästhetische Kategorie ist. Sie weist über die künstlerische Gestaltung hinaus. Die Lösung des in der Erzählung vorgeführten Problems liegt nicht mehr innerhalb der Erzählung, sondern außerhalb von ihr in der Erkenntnis des Scheiterns der beschriebenen Verhaltensweisen. So ist die Forderung nach „Möglichkeit des Daseins" nichts anderes als die Aufforderung zur Auseinandersetzung mit der Wirklichkeit in der Absicht, Leiden auf andere Weise zu bekämpfen, als es in der Erzählung gezeigt wird. Ihr Resultat wäre:

a) daß die Realität nicht so bleiben darf, wie sie ist, wenn es in ihr noch Leiden gibt,
b) daß die Wirklichkeit nicht in den Formen bewältigt werden kann, die die Erzählung zeigt,
c) daß die künstlerische Darstellung zu dem Schluß führt, Leiden könne nur in der Auseinandersetzung mit der jeweiligen Wirklichkeit praktisch handelnd beseitigt werden. Insofern verweist die Erzählung auf eine Dimension, die außerhalb der künstlerischen liegt, nämlich auf die des aktiv verändernden Handelns der Menschen, die an der Wirklichkeit leiden.

Die Überzeitlichkeit, mit der diese Folgerungen sich aus Büchners Erzählung herleiten lassen, wäre historisch zu konkretisieren, wenn man als Rezipient die Absicht des Autors nicht einfach übergehen will. Aufgabe der weiteren Analyse ist es darum, die Darstellung Büchners auf ihren historischen Gehalt hin zu befragen.

2.5.1. Probleme der Geschichtlichkeit der Erzählung

An der Darstellung der Erzählung verblüfft deren offensichtlich ungeschichtlicher Charakter. Das Problem der Geschichtlichkeit stellt sich nur vermittelt.[18] Es ergab sich primär als Frage bei der Untersuchung des Textes, ohne daß die Darstellung von selbst ihre Geschichtlichkeit gezeigt hätte. Im Gegenteil, zum Problem wurde sie erst an den Fragen: Wieso stellt Büchner an Lenz die Frage von Allmacht und Ohnmacht in einer religiösen Problematik dar? Zu welchen Entwicklungen führt die Desillusionierung der Religionskritik? Wieso läßt Büchner Lenz im Wahnsinn enden und woher resultiert der masochistische Zug eines solchen Wahnsinns?

Der Untersuchung der Geschichtlichkeit der Erzählung steht deren ungeschichtlicher Charakter entgegen:

---

(18) Die Arbeiten von G. Honigmann (Die sozialen und politischen Ideen im Weltbild Georg Büchners, Diss. Gießen 1929), H. Mayer (Georg Büchner und seine Zeit, Frankfurt/Main 1972) und K. Viëtor (Georg Büchner als Politiker, Bern/Leipzig 1939; ders.: Georg Büchner. Politik, Dichtung, Wissenschaft, Bern 1949) behandeln alle die Zeit des Vormärz und ihre Einflüsse auf Büchner. Keine von ihnen beschäftigt sich jedoch unmittelbar mit der Frage, wie die beschriebene geschichtliche Situation sich in Büchners Werken niederschlug. Sie dehnen ihre Untersuchungen nicht auf die Geschichtlichkeit der Werke aus und können deshalb nur dazu beitragen, ein Hintergrundwissen zum Verständnis Büchners zu liefern; da, wo sich die Autoren mit einzelnen Werken beschäftigen, wie Viëtor und vor allem Mayer es tun, ist ihre Verfahrensweise ungeschichtlich. Das gilt auch für den Marxisten Hans Mayer, dessen Arbeit sich von den anderen Arbeiten eigentlich nur durch eine andere Einschätzung der Geschichte des Vormärz unterscheidet, in den Einzelanalysen — besonders auffallend bei ‚Lenz' — aber alle Klischees der Sekundärliteratur wiederholt.

1. Büchner demonstriert an Lenz die Probleme eines *Individuums,* ohne eine konkrete geschichtliche Situation zu vermitteln. Indem er sich auf die Darstellung der Entwicklung eines Individuums konzentriert, ergibt sich ein scheinbar ungeschichtliches Bild. Die Erzählung nimmt den Charakter einer psychologischen Studie an. In diesem Sinn ist sie bisher auch hauptsächlich interpretiert worden.
2. Das Problem des dargestellten Individuums, die Abschaffung menschlichen Leidens, ist seltsam *abstrakt.* Zwar wird es an konkreten Erlebnissen von Lenz dargestellt, aber in der Religionskritik ins Überzeitliche verallgemeinert. In dieser Verallgemeinerung erscheint es als Problem der Allmacht und Ohnmacht des Menschen, ist weder historisch auf eine bestimmte Situation eingeengt, noch klassenspezifisch auf die Aufhebung des Leidens bestimmter Menschen bezogen. Auch hieran hat die Sekundärliteratur unhistorisch und klassenunspezifisch angesetzt. Eine Einengung der Forderungen von Lenz ergibt sich nur insofern, als sie allein von ihm erhoben werden, so daß sie ihn von seiner Umgebung isoliert zeigen.
3. Das Problem der Erzählung, wie man einer leidvollen Realität gegenüber sich verhalten kann, ohne den Bezug zu ihr zu verlieren, wird nicht gelöst. In bezug auf diese Aufgabe endet die Erzählung *ohne Perspektive.*

Die sich daraus ergebende Ungeschichtlichkeit geschichtlich zu erklären, ist Aufgabe der weiteren Analyse. Als Ausgangspunkt kann festgehalten werden, daß die Erzählung die Bewußtseinsentwicklung eines Individuums in bezug zu der von ihm erlebten Wirklichkeit darstellt, daß sie Basis-Überbau-Analyse im Bereich des Überbaus selbst ist.

2.5.2. Historische Elemente in der Erzählung

Die politische Grundabsicht Büchners lag im Kampf gegen die sozialen Mißstände. Gerade mit dieser Forderung der Änderung der sozialen Mißstände unterschied er sich von den liberalen bürgerlichen Oppositionellen, die für die Gleichstellung der bürgerlichen Klasse mit der feudalen durch das Mittel der Repräsentation im Staat kämpften. Tatsächlich beschränkte Büchner die Forderung der Gleichheit nicht auf die politischen Rechte, sondern zielte auf die Aufhebung der Klassenunterschiede selbst und nicht nur auf eine Verschiebung der Klassenvorrechte.[19] Er machte mit der bürgerlichen Forderung der Gleichheit ernst, indem er sie gegen die Bürger selbst wandte.
Die Zielsetzung, soziale Mißstände zu beseitigen, die Büchners politische Arbeit kennzeichnet, wird ihm auch zum Gegenstand seiner Erzählung; dort jedoch in der abstrakten Forderung der Abschaffung menschlichen Leidens. Gerade die Abstraktheit dieser Forderung und die aus ihr entwickelte Religionskritik tragen Züge der geschichtlichen Situation, in der Büchner stand. Er konnte die Forderung noch nicht als Aufhebung der kapitalistischen Ausbeutung proletarisierter Schichten stellen, obwohl sie das objektiv bedeutete, da es eine kapitalistische Entwicklung im Deutschland seiner Zeit nur in Ansätzen gab. Das Proletariat konnte bei Büchner noch nicht konkret als Prole-

 (19) Viëtor, K.: Georg Büchner als Politiker, Anm. 18, S. 90.

tariat dargestellt werden, da es geschichtlich noch nicht konkret geworden war. Konkret war ein Proletarisierungsprozeß auf dem Lande als Folge der Umwandlung der Bauern in freie Lohnarbeiter, welcher die Bauern zunächst einmal nur als „leidenden Stand“ erscheinen ließ.

So kann sich seine revolutionäre Grundabsicht in der Erzählung in Identität mit der Forderung seiner Hauptperson als Abschaffung menschlichen Leidens ausdrücken. Daß Büchner als Intellektueller seine Forderung an Lenz vorstellt, ohne daß dieser selbst zu der proletarisierten Klasse gehört, sondern sich ihr nur eng verbunden fühlt, daß er Lenz als mitleidendes Individuum zugleich in absoluter Isolierung von den Bemitleideten zeigen muß, findet sich historisch erklärt in der Stellung der bürgerlich-unbürgerlichen Revolutionäre seiner Zeit, die die Notwendigkeit der Revolution erkannt hatten, bevor eine revolutionäre Situation entstanden war.[20]

Daß Büchner dieses Problem in den Mittelpunkt einer Erzählung stellt, die unmittelbar nach seiner politischen Emigration aus Hessen geschrieben wird, verrät nur, daß er als Künstler die Identität seiner Person wahrt und noch von den gleichen Problemen bewegt wird, die auch sein revolutionäres Handeln bestimmten. Büchner stellt sich das Problem, an dem er in der Zeit seines revolutionären Handelns gescheitert war, neu in der künstlerischen Form der Erzählung. Das Grundproblem seines Handelns bleibt weiter bestehen, auch nachdem sein Versuch, es politisch zu lösen, gescheitert war, oder gerade weil der Versuch gescheitert war. Stimmt die Erzählung in ihrem Grundzug mit dem bestimmenden Motiv von Büchners revolutionärem Handeln zusammen, so trägt sie jedoch auch noch andere Züge. In der Analyse des auf den ersten Blick ungeschichtlichen Charakters der Erzählung läßt sich dieser selbst als geschichtlicher auflösen und wird damit verständlich.

Die Erzählung handelt, wie wir gesehen haben, vom Versuch eines isolierten Individuums, die Unerträglichkeit der Leiden, die es erlebt, abzuschaffen, eine Welt, zu der konstituierend menschliches Leid gehört, nicht ohnmächtig zu ertragen. Lenz versucht, wie die Interpretation zeigen wollte, auf mehreren Ebenen eine Auseinandersetzung mit der Wirklichkeit und scheitert. Es wurde schon gesagt, daß seine Intention auch die des Revolutionärs Büchner war; doch wird bei näherer Betrachtung deutlich, daß Lenz in seiner Grundabsicht zwar gleichfalls revolutionäre Veränderung der Wirklichkeit fordert, jedoch scheitert, weil die Wirklichkeit nicht vom isolierten Subjekt allein geändert werden kann. Revolutionär ist seine Forderung, wenn man sie geschichtlich versteht, insofern, als die abstrakte Forderung der Beseitigung menschlichen Leidens konkret nichts anderes bedeutet als die Aufhebung der Klassenunterschiede. Diese Forderung ist die dichterische Transformation der

---

(20) Vgl. Engels, F.: Die Entwicklung des Sozialismus von der Utopie zur Wissenschaft, MEW Bd. 19, S. 193:
„Waren also um 1800 die der neuen Gesellschaftsordnung entspringenden Konflikte erst im Werden begriffen, so gilt dies noch weit mehr von den Mitteln ihrer Lösung [. . .] Daß sich aus diesen besitzlosen Massen eben erst als Stamm einer neuen Klasse absondernde Proletariat, noch ganz unfähig zu selbständiger politischer Aktion, stellte sich dar als unterdrückter leidender Stand, dem in seiner Unfähigkeit sich selbst zu helfen höchstens von außen her, von oben herab Hülfe zu bringen war.“

revolutionären Absichten Büchners. Unerfüllt bleiben muß sie indes, weil Lenz isoliertes Individuum bleibt, das seine Ohnmacht nicht überwinden kann. Hatte die Interpretation die Auflehnung von Lenz zugleich als Anspruch verstanden, die Menschen zum Subjekt ihrer Geschichte werden zu lassen, so ist Lenzens Scheitern wiederum genau Wiedergabe der historischen Situation, in der die leidenden Menschen noch nicht Subjekt der geschichtlichen Bewegung werden konnten. „Waren die Konflikte erst im Werden begriffen, so gilt dies noch weit mehr von den Mitteln ihrer Lösung." [21]
Das revolutionäre Individuum war zu Büchners Zeit noch nicht Repräsentant einer revolutionären Klasse, die einen erfolgreichen Kampf hätte führen können, sondern isoliertes Individuum, wie das an der Person des Lenz ja gerade vorgeführt wird. — Das Scheitern der Lenzschen Rebellion gegen nur ohnmächtig zu ertragendes soziales Leid führt in der Erzählung zum Wahnsinn als einzigem Ausweg. Auch hier ist es möglich, einen autobiographischen Bezug der Erzählung zu sehen, der spezifisch das Problem eines isolierten Revolutionärs zeigt.
So findet sich unter Büchners Briefen einer, der für den Zusammenhang von Krankheit und politischen Verhältnissen besonders aufschlußreich ist. Im Brief vom November 1833 an die Braut beschreibt Büchner zuerst seine Eindrücke über das Studium der Geschichte der Revolution. Büchner spricht von dem „gräßlichen Fatalismus" der Geschichte als dem Resultat einer „unabwendbaren Gewalt". Er beschreibt genau das ohnmächtige Gefühl, der Geschichte passiv, nur leidend, gegenüberzustehen, wie es Lenz quält, und läßt nach diesen Eindrücken über die Geschichte einen Absatz über seinen inneren Zustand folgen, der unmittelbar an Passagen aus ‚Lenz' erinnert, ja geradezu kennzeichnende Momente der Person des Lenz enthält, indem er einen Zustand der inneren Unruhe beschreibt in enger Verbindung mit Verzweiflung über die politischen Verhältnisse. Vor allem der unmittelbar hier auftauchende Zusammenhang von objektiven Verhältnissen und subjektivem Befinden zeigt, daß Büchner die in ‚Lenz' dargestellten Probleme zumindest nicht fremd gewesen sind. Noch an zwei anderen Stellen wird ein Zusammenhang von politischer Situation und individueller Verfassung, Krankheit, angedeutet.

„Die politischen Verhältnisse könnten mich rasend machen." [22] „Ich war im Äußeren ruhig, doch war ich in tiefe Schwermut verfallen; dabei engten mich die politischen Verhältnisse ein, ich schämte mich, ein Knecht mit Knechten zu sein." [23]

Stellen, an denen sich Parallelen zu den Lenzschen Krankheitssymptomen aus den Briefen belegen ließen, wären noch in größerer Zahl zitierbar. Aber im wesentlichen geht es mir nicht darum zu zeigen, daß Büchner ähnliche Krankheitssymptome gehabt habe wie Lenz, sondern darum, den Zusammenhang von Krankheit und Geschichte da, wo er deutlich angesprochen wird und bisher hartnäckig übersehen wurde, festzuhalten und damit ein weiteres Merk-

(21) Vgl. Anm. 20.
(22) Vgl. Brief an A. Stöber, Darmstadt, den 9. Dezember 1833, S. 422.
(23) Vgl. Brief an die Familie, Straßburg, im April 1834, S. 429.

mal zum Verständnis der Erzählung heranzuziehen und den gehegten mystischen Schleier, der über den Krankheitsursachen liegt, zu zerreißen. Die Krankheit soll deutlich werden als das, was sie ist, als Resultat leidvoller Verhältnisse, die nicht nur in der Erzählung gewissermaßen literarisch leidvolle gewesen sind. Auf dem Hintergrund dieser Stellen lassen sich nähere Aufschlüsse über die Funktion gewinnen, welche die Erzählung für Büchner gehabt hat.

Ist mit dem bisher Gesagten angedeutet worden, daß ein Zusammenhang von Krankheit und politisch-geschichtlichen Verhältnissen bei Büchner besteht, so kann man, betrachtet man den Schluß der Erzählung, die bisher festgestellte Geschichtlichkeit gerade auch dort in der scheinbar individuellsten Reaktion noch finden. Die Erzählung zeigt das Scheitern des der Krankheit unterliegenden Lenz, seine Resignation in bezug auf seine Grundintention des Handelns, und kritisiert gerade diesen Verfall in der Art der Darstellung. Sie läßt die Hauptperson in ihrer revolutionären Intention scheitern und endet hinsichtlich der Hauptforderung perspektivelos. Die Perspektivelosigkeit, der scheinbar ungeschichtliche Untergang des revolutionären Individuums, ist aber nichts anderes als die Transformation der geschichtlichen Perspektivelosigkeit des revolutionären Büchner. Sie ist nichts anderes als unentwickeltes Resultat unentwickelter Verhältnisse. Ein paar Jahrzehnte später schon wird der ausschlaggebende Widerspruch von Lohnarbeit und Kapital unübersehbar sein und auch Klarheit über die Aufgaben revolutionärer Politik und deren Erfolgschancen bestehen. Indem Büchner seine eigene Perspektivelosigkeit in Lenz ausdrückt, zeigt er eine radikale historische Ehrlichkeit, die auf die Propagierung revolutionärer Hoffnungen und Illusionen verzichtet und damit die politische Aufgabe politisch und nicht verbal-radikal stellt. Indem er Lenzens Scheitern an der revolutionären Aufgabe der Aufhebung allen Leidens dokumentiert, hält er an der Notwendigkeit der Lösung der Aufgabe fest. Die ungelöste Aufgabe ist die noch zu lösende.

Büchner stellt im ‚Lenz'-Fragment das künstlerisch dar, was er in bezug auf die revolutionäre Aufgabe, wie er sie sah, in einem Brief an die Familie so faßte:

> „Alles Bewegen und Schreien der einzelnen ist vergebliches Torenwerk. Sie schreiben — man liest sie nicht; sie schreien — man hört sie nicht; sie handeln — man hilft ihnen nicht [...] Ich werde [...] immer meinen Grundsätzen gemäß handeln, habe aber in neuerer Zeit gelernt, daß nur das notwendige Bedürfnis der großen Masse Umänderungen herbeiführen kann." [24]

Stellt man unter diesen Überlegungen die Frage nach der Funktion der Erzählung für Büchner neu, so scheint es fast, als setze der Revolutionär sich zu einer Zeit, in der er hinsichtlich des von ihm als notwendig erkannten politischen Handelns zum Stillhalten gezwungen war, mit der Möglichkeit der Durchsetzung seiner Grundabsicht auf anderem Wege auseinander. Es entsteht der Eindruck, er verarbeite zunächst die Einsicht der Realität des Scheiterns seines eigenen revolutionären Ansatzes und die daraus resultierenden individuellen Reaktionen. Die Erzählung ist in der Darstellung Kritik an

(24) Vgl. Brief an die Familie, Straßburg, im Juni 1833, S. 418.

dem notwendig nur so Darzustellenden, Kritik an der Unmöglichkeit anderer Darstellung.

Neben der so registrierten historischen Ehrlichkeit, mit der Büchner seine politischen Probleme künstlerisch transponiert, scheint mir noch ein anderes Moment eine Rolle zu spielen. Sieht es nicht so aus, als wolle Büchner sich selbst vor diesem Scheitern bewahren, indem er sich in der Darstellung daran erinnert?

In diesem Sinn kann die Erzählung für ihn die *Funktion einer Selbstbesinnung auf die Aufgaben revolutionären Handelns* gehabt haben. Die Interpretation hat aufgezeigt, daß Büchner kein Dichter der Revolution [25] ist, es nicht sein konnte, daß er aber nichtsdestoweniger ein revolutionärer Dichter gewesen ist, dessen Realismus auch heute noch kritisch ist in dem Sinn, in dem Marx eine realistische Wiedergabe für kritisch gehalten hat:

„Es handelt sich darum, den Deutschen keinen Augenblick der Selbsttäuschung und Resignation zu gönnen. Man muß den wirklichen Druck noch drückender machen, indem man ihm das Bewußtsein des Drucks hinzufügt, die Schmach noch schmachvoller, indem man sie publiziert [...], man muß diese versteinerten Verhältnisse dadurch zum Tanzen zwingen, daß man ihnen ihre eigne Melodie vorsingt! Man muß das Volk vor sich selbst erschrecken lehren, um ihm Courage zu machen.“ [26]

In seinem ganzen Werk und besonders im ‚Lenz‘ bewegt sich Büchner in dem für ihn typischen Widerspruch, die Notwendigkeit der revolutionären Veränderung darzustellen, ohne sie historisch konkret darstellen zu können. Gerade hier hat die Abstraktheit der Problemstellung im ‚Lenz‘ ihre Ursache. Die Größe Büchners liegt darin, daß er diesen Widerspruch als Widerspruch festhielt und ihn in seinen Werken nicht falsch schlichtete in der naiven Hoffnung auf eine bessere Zukunft. Ohne Wissen um eine geschichtliche Entwicklungstendenz beharrte Büchner auf der Notwendigkeit dieser Entwicklung. Auf seinen Materialismus trifft zu, was Marx über Feuerbachs Materialismus aussagte: „Soweit Feuerbach Materialist ist, kommt die Geschichte bei ihm nicht vor, soweit er die Geschichte in Betracht zieht, ist er kein Materialist.“ [27] Büchners Materialismus war noch nicht zur Erkenntnis der Bewegungsgesetze der kapitalistischen Gesellschaft vorgedrungen. Er war Materialist in der Darstellung des Zusammenhangs der Menschen mit ihren Verhältnissen, wie es sich ja deutlich an ‚Lenz‘ zeigen läßt, wo die Tendenz der von ihm vorgenommenen Änderungen darauf abzielt, die Krankheit von Lenz aus den materiellen Verhältnissen abzuleiten. Aber er gelangte noch nicht zu einem „historischen Materialismus“, was sich wiederum an ‚Lenz‘ in der Perspektivelosigkeit des Endes zeigt. So kann Büchner in seinem Werk, indem er sich beschränkt, die Wirklichkeit wiederzugeben, wie er sie sah, nur die Erscheinungsform der sich bildenden kapitalistischen Gesellschaft ausmachen, ohne deren Ursachen historisch richtig zu erkennen, ja ohne zu wissen, daß er beginnt, den Kapitalismus zu kritisieren.

---

(25) H. Mayer, Anm. 18, S. 15.
(26) K. Marx, Anm. 5, S. 381.
(27) Marx, K. / Engels, F.: Deutsche Ideologie, MEW Bd. 3, S. 45.

3. ‚Leonce und Lena': Überlegungen zum Zusammenhang von ästhetischer Tradition und Moderne

„Das moderne ancien régime ist nur mehr der Komödiant einer Weltordnung, deren wirkliche Helden gestorben sind. Die Geschichte ist gründlich und macht viele Phasen durch, wenn sie eine alte Gestalt zu Grabe trägt. Die letzte Phase einer weltgeschichtlichen Gestalt ist ihre Komödie [. . .] Warum dieser Gang der Geschichte? Damit die Menschheit heiter von ihrer Vergangenheit scheide." [1]

3.1. Zur Aufgabenstellung

Bisher hat meine Arbeit negativ ihre Themen von Grundpositionen der Sekundärliteratur her bezogen, indem sie versuchte, diese zu kritisieren. So war es beispielsweise bei ‚Dantons Tod' das Klischee vom Widerspruch zwischen dem Künstler und Revolutionär Büchner sowie, daraus folgend, die Ansicht des Dramas als Parabel von der Unmöglichkeit der Revolution, denen meine Kritik galt.

Durch diese Zielsetzung kam zwangsläufig eine Überbetonung des inhaltlichen Moments zustande. Materialistische Analyse von literarischen Produkten hat jedoch nicht vor allem deren Inhalte zum Gegenstand, denn das ist gerade der unspezifische Teil an den künstlerischen Produkten, den sie mit allen Erscheinungen aus anderen Bereichen des Überbaus gemeinsam haben. Vielmehr hat sie die künstlerische Form selber als einen Ausdruck der Geschichtlichkeit zu entschlüsseln. Meine weitere Arbeit wird versuchen, dieser spezifischen Forderung nachzukommen.

Auch im Fall der Analyse von ‚Leonce und Lena' nimmt das eigene Verfahren seinen Ausgangspunkt an der vorherrschenden Position der Sekundärliteratur, in diesem Fall von der These, ‚Leonce und Lena' sei ein epigonales Lustspiel der Romantik und nehme als solches eine Außenseiterstelle im Gesamtwerk Büchners ein. Vorwiegend ist die Wertung des Stückes entsprechend negativ gewesen. Von Gutzkow über Gundolf bis hin zu Hans Mayer findet sich immer wieder stereotyp ein Vorwurf: „Leonce und Lena [. . .] ist ein Rückfall in die bloße Literaturkomödie der Romantik", „das Ganze kommt aus der literarischen Nachahmung Brentanos, Tiecks, Shakespeares [. . .]", „es ist ein literarischer Abweg in die verlassene Romantik" [2]. In vielfältiger Variation hat diese Ansicht Gundolfs sich in der Literatur der folgenden Jahrzehnte gehalten, und sie wurde erneut festgeschrieben durch Hans Mayer. Auch er ist der Meinung, Büchner habe sein Werk aus romantischen Vorbil-

---

(1) Marx, K.: Zur Kritik der Hegelschen Rechtsphilosophie. Einleitung, MEW Bd. 1, S. 382.
(2) Gundolf, F.: Romantiker, In: W. Martens (Hrsg.): Georg Büchner, Darmstadt 1965, S. 93 f.

dern kompiliert. Sein Urteil lautet, wie das der überwiegenden Mehrzahl der Autoren, alles sei „schon dagewesen" [3].

Die wichtigste Arbeit, welche den Einfluß der Romantik auf Büchner untersuchte, auf die die oben zitierten Autoren sich berufen, ist die Studie von A. Renker [4] aus dem Jahre 1924. Zwar hat gerade diese Arbeit den Zusammenhang zur romantischen Lustspieltradition zu belegen versucht, stellt also in gewisser Weise tatsächlich ein Fundament für die oben genannten Thesen dar, ist zugleich aber — im Gegensatz zu den oben genannten Autoren — ein ganz vereinzelter Ausdruck einer mir wichtig erscheinenden Erkenntnis, die in der Büchner-Literatur nicht genügend berücksichtigt wurde und wird. Renkers Arbeit formuliert ihr Ergebnis nämlich *widersprüchlich:*

„Die Endfolgerung dieser Studie ist eine Paradoxie: Büchner, der in stärkstem Maße Einflüssen der Romantik gefolgt ist, hat im Grunde nichts mit ihr gemein." [5]

Gerade diese Paradoxie wurde von der Sekundärliteratur nicht beachtet, man sah nur Bezüge zur Romantik, kaum Trennendes. In neuerer Zeit erst ist J. Schröder [6] zu einer ähnlichen Feststellung gekommen wie Renker, allerdings eher beiläufig, nicht etwa im Sinne einer Korrektur der Büchner-Forschung.

Im Rückgang auf die Position von Renker die von ihm festgestellte Paradoxie aufzugreifen, an ‚Leonce und Lena' das Zerbrechen der traditionellen Form des Lustspiels als Modernität dieses Stückes zu deuten, statt Epigonentum zu behaupten, scheint mir ein wichtiger Beitrag zu einer adäquaten Interpretation des Stückes. Programmatisch ist für mich dabei eine Bemerkung Adornos:

Nichts ist „der theoretischen Erkenntnis moderner Kunst so schädlich wie ihre Reduktion auf Ähnlichkeiten mit älterer. Durchs Schema 'Alles schon dagewesen' schlüpft ihr Spezifisches; sie wird auf eben das undialektische, sprunglose Kontinuum geruhiger Entwicklung nivelliert, das sie aufsprengt [...] Am Verhältnis der modernen Kunstwerke zu älteren, die ihnen ähneln, wäre die Differenz herauszuarbeiten. Versenkung in die geschichtliche Dimension müßte aufdecken, was einst ungelöst blieb [...] Die gängige geistes-wissenschaftliche Haltung dagegen möchte virtuell Neues überhaupt aus der Welt beweisen." [7]

Ziel meiner Analyse ist also der Beleg des genauen Gegenteils von literarischem Epigonentum. Mir wird es darum gehen,

1. in einem Vergleich mit dem romantischen Lustspiel ‚Ponce de Leon', das allgemein als Vorbild gilt, den Zusammenhang von Tradition und Moderne im einzelnen zu belegen, und zwar am Aufbrechen der traditionellen literarischen Form;

2. zu zeigen, daß dieser ästhetische Avantgardismus in engem Zusammenhang steht zum politischen Avantgardismus Büchners.

---

(3) Mayer, H.: Georg Büchner und seine Zeit, Frankfurt/Main 1972, S. 317.

(4) Renker, A.: Georg Büchner und das Lustspiel der Romantik. Eine Studie über ‚Leonce und Lena', Berlin 1924.

(5) Anm. 4, S. 76 .

(6) Schröder, J.: Georg Büchners ‚Leonce und Lena'. Eine verkehrte Komödie, München 1966.

(7) Adorno, Th. W.: Ästhetische Theorie, Frankfurt/Main 1970, S. 36.

Meine Analyse zielt also darauf, die Einheit von künstlerischer Produktion und revolutionärer Intention an einem weiteren Werk Büchners zu belegen, und zwar diesmal unter dem besonderen Aspekt des Zusammenhanges von revolutionärer Tendenz und literarischer Qualität. Es soll versucht werden, eine Grundansicht W. Benjamins zu belegen:

„Zeigen möchte ich [...], daß die Tendenz einer Dichtung politisch nur stimmen kann, wenn sie auch literarisch stimmt. D. h., daß die politisch richtige Tendenz eine literarische Tendenz einschließt. Und um das gleich hinzuzufügen: die literarische Tendenz, die implizit oder explizit in jeder richtigen politischen Tendenz enthalten ist — die und nichts anderes —, macht die Qualität des Werkes.“ [8]

Im Falle von ‚Leonce und Lena‘ kommt es mithin darauf an, den behaupteten Formwandel als Ausdruck einer richtigen politischen Tendenz zu verstehen, die mit Notwendigkeit zum Zerbrechen der traditionellen Form führt. Gerade in diesem Zerbrechen aber manifestiert sich die neue Qualität des Werkes, die als sein ästhetischer Avantgardismus gelten kann.

3.2. Brentanos Lustspiel ‚Ponce de Leon‘

Brentanos Lustspiel ist, darin einem typischen Zug der Zeit folgend, eine *Intrigenkomödie.*[9] Die Form wird bestimmt von der zentralen Funktion, die die Intrige in ihr einnimmt. Deshalb wird es nötig sein, speziell diesen Formbestandteil genauer zu betrachten und zu verstehen, bevor er an Brentanos Werk in seiner konkreten Gestaltung verfolgt wird.

3.2.1. Intrige

Die Intrige ist die Form, welche die Einheit des Dramas herstellt. Sie ist insbesondere das die Konstruktion bestimmende Prinzip des Lustspiels. Als solches hat es selber eine Besonderheit: Intrige als „Konstruktion ist die Form der Werke, die ihnen nicht länger fertig auferlegt ist, die aber auch nicht aus ihnen aufsteigt, sondern die ihrer Reflexion durch *subjektive Vernunft* entspringt“ [10], d. h. in der Intrige ist der dramatischen Form, dem dramatischen Konflikt, weitgehende Freiheit schon eingeräumt. Die Freiheit ist die der subjektiven Vernunft des Autors, repräsentiert durch den Intriganten im Stück zu tun, bzw. tun zu lassen, was ihm nützlich erscheint. Intrige ist als

---

(8) Benjamin, W.: Der Author als Produzent, In: F. J. Raddatz: Marxismus und Literatur, Bd. 2, Hamburg 1969, S. 264.
(9) Zur Komödie vgl.:
Guthke, K. S.: Geschichte und Poetik der deutschen Tragikomödie, Göttingen 1961;
Wicke, G.: Die Struktur des deutschen Lustspiels der Aufklärung, Bonn 1965;
Arntzen, H.: Die ernste Komödie, Das deutsche Lustspiel von Lessing bis Kleist, München 1968; Grimm, R. / Berghahn, K. L. (Hrsg.): Wesen und Formen des Komischen im Drama, Darmstadt 1975.
(10) Der Begriff der 'subjektiven Vernunft' wird bei M. Horkheimer zentral entwickelt in seiner Schrift ‚Zur Kritik der instrumentellen Vernunft‘ (Frankfurt/Main 1974). Vgl. besonders das 1. Kapitel „Mittel und Zwecke“.

Konstruktionsprinzip demnach Ausdruck subjektiver Freiheit, einer Freiheit, die in der Gattung der Komödie extrem ausgeprägt ist. Zugleich ist diese subjektive Freiheit aber noch nicht wirkliche Freiheit, sondern Freiheit im engen Rahmen einer Gattung, hier der Intrigenkomödie, zu tun, was getan werden soll. Die Reflexion der Intrige ist also subjektive Freiheit im Rahmen objektiver Unfreiheit — sowohl was Inhalt wie Form angeht —, der Gattungsrahmen definiert genau die Reichweite dieser Freiheit. Wesentlich an der Intrige aber bleibt trotz solcher Schranken die besondere Betonung der Möglichkeiten des Subjektes. Die Objektivation der Form wird nicht länger durch hypostasierte Formkategorien und — durch Tradition garantierte — Momente des Inhalts vorgegeben, sondern gerade ein Nachlassen der determinierenden Kraft metaphysischer Ordnungen und ihres formalen Niederschlags in normativen Ästhetiken zeigt sich im Aufkommen der Intrige vom Einzelfall bis hin zum gattungsbestimmenden Formelement wie im romantischen Lustspiel. Die verlorengegangene „Objektivität der Universalien" muß ersetzt werden. Objektivation wird funktionalisiert:

„Gedanke wie Kunst werden dynamisiert. Kaum verallgemeinert es unbillig, daß nominalistische Kunst einzig im immanenten Werden, im Prozeßcharakter eines jeglichen Werkes, die Chance von Objektivation wahrnehme. Die dynamische Objektivation indessen, die Bestimmung des Kunstwerkes zum Sein in sich selbst, involviert ein statisches Moment. In der Konstruktion schlägt Dynamik vollends in Statik um, das konstruierte Gebilde steht. [...] Literarisch war der Prototyp der Dynamisierung die Intrige." [11]

Die Intrige wird verstanden als Ausdruck eines wachsenden Selbstbewußtseins geschichtlicher Subjektivität. Sie ist Niederschlag dieser Subjektivität als Dynamisierung des Kunstwerkes. Das bedeutet, daß nicht mehr länger Inhalt wie Form vorgegeben sind, sondern daß das Verhältnis von Form und Inhalt sich selber wandelt, daß der Inhalt die Form sich anpaßt und umgekehrt. Die Intrige drückt diesen Prozeß sehr gut sichtbar aus, weil sie den Verlauf der Form scheinhaft spielerisch völlig in die Hand des Intriganten legt. Die Intrigenkomödie lebt mehr als jede andere Form vom Prozeßcharakter des Werkes, so sehr, daß sogar die den Prozeß abschließende Lösung der Intrige tendenziell uninteressant wird. Nicht sie ist wichtig, sondern der Weg, der zur Lösung führt, die Verwechslung ist nicht Funktion auf die Lösung hin, sondern die Lösung ist konventionelle Form des Abschlusses.

Die Dynamik, die so in die Form der Werke einzieht, als geschichtlicher Niederschlag angewachsener Kraft der Subjekte, schlägt aber nach Adornos Aussage in Statik um. Auch diesen Prozeß kann man sehr gut an der Intrigenkomödie ablesen. Die Freiheit wird eben nur scheinhaft in die Hand des Intriganten gelegt. Er dynamisiert den Ablauf des Werkes nur in den Grenzen der Gattung. Statik drückt sich in der Gattung aus als gesellschaftliche Konvention, als Ständeklausel vor allem, aber auch in der Figurenkonstellation und den spielbaren Konfliktstoffen. Lange nicht alle Konflikte waren Konflikte, über die gelacht werden durfte. Die Gattung kopiert als Formgrenze

(11) Th. W. Adorno, Anm. 7, S. 330.

die geschichtliche Macht der Herrschaft, Kommunikation und ihren Verlauf diktieren zu können.
Ist so die Form der Intrigenkomödie selber als Ausdruck angewachsener wie gezügelter Subjektivität reflektiert worden, so ist nun noch ein weiterer Aspekt an ihr zu verdeutlichen. Auffällig ist die schon oben einmal erwähnte Verselbständigung der Intrigendurchführung gegenüber ihrer Lösung, d. h. die Trennung der logischen Einheit von Prozeß und Resultat. Die materialistische Analyse hätte diese formale Besonderheit selber wieder zu verstehen als Segment des geschichtlichen Prozesses. Adorno schreibt dazu:

„Intrige, Durchführung sind nicht nur subjektive Fähigkeit, zeitliches Werden für sich. Nicht länger repräsentieren sie in den Werken entstandenes, blindes, und sich verzehrendes Leben. Gegen es sind die Kunstwerke nicht länger ein Bollwerk. Jede Intrige im wörtlichen und übertragenen Verstande sagt: so geht es zu, so ist es draußen. In der Darstellung von solchem 'Comment c'est' werden die ahnungslosen Kunstwerke von ihrem Anderen durchdrungen, ihr Eigenes, die Bewegung zur Objektivation von jenem Heterogenen motiviert." [12]

Sieht Adorno somit in der Intrige vor allem die subjektive Fähigkeit, so behauptet er doch schon eine geschichtliche Bedingtheit, die gerade an dieser Fähigkeit haften soll. Wenig weiter im Verlauf seiner Argumentation präzisiert er die Art der Verbindung von Subjektivität und Objektivität. Die Intrige im Kunstwerk kopiert die Stellung der Arbeit und deren Borniertheit in der gesellschaftlichen Realität. Die Intrige halte gerade in der Trennung von Prozeß und Resultat, in der Verselbständigung der Durchführung vor ihrer Lösung, der gesellschaftlichen Arbeit, die sie im Kunstwerk vertrete, „ihre potentielle Überflüssigkeit" [13] vor. Die Intrige kopiere einen Prozeß der Warenproduktion der „Manufakturperiode" [14]. Mir scheinen diese Ausführungen Adornos genau ins Zentrum des Verständnisses der Form der Intrige und des Dramas zu führen, auch wenn sie nur andeutende Züge aufweisen. Daß die Intrige als Form, in der ein bürgerliches Drama gearbeitet wird, selber einen Teil des Arbeitsprozesses kopiert, in dem sie historisch entstand, scheint mir evident. Den Charakter der Evidenz verstärkt die Beobachtung der Trennung von Produkt und Resultat. Die Zweck-Mittel-Relation, die hier in der Form zerbrochen gespiegelt wird, deutet auf die zerbrochene Zweck-Mittel-Relation im gesellschaftlichen Arbeitsprozeß, wo die kapitalistische Organisierung der Arbeit zur Tauschwert-Dominanz geführt hat, so daß der Prozeß mit seinen Resultaten sich von den Arbeitenden getrennt hat.
Diese spezifische Art der Darstellung dominiert nicht von ungefähr im Lustspiel. Die Intrigen als „ihrer selbst unkundige tableaux économiques" [15] kopieren die Sinnlosigkeit der Anarchie der Warenproduktion.

„Das ist der geschichtsphilosophische Ursprung des neueren Humors. Wohl wird durchs Getriebe draußen das Leben reproduziert. Es ist Mittel zum Zweck. Aber es

(12) Anm. 7, S. 331.
(13) Anm. 7.
(14) Anm. 7.
(15) Anm. 7, S. 332.

unterjocht alle Zwecke bis es sich selbst zum Zweck wird, wahrhaft absurd. In der Kunst wiederholt sich das darin, daß die Intrigen, Durchführungen, Handlungen [. . .] alles Interesse absorbieren. Die Lösungen dagegen, auf die sie zielen, sinken zur Schablone herab. So widerspricht das reale Getriebe, der eigenen Bestimmung nach nur ein Für etwas, jener Bestimmung, wird albern an sich und fürs ästhetische Ingenium lächerlich." [16]

Die Besonderheit der Ausprägung dieser Eigenschaft neueren Humors bei Brentano und Büchner ist noch auszuführen. Ihre feudal-bürgerliche Mischform bei Brentano und ihre bürgerlich-kritische Form bei Büchner werden dabei zu differenzieren sein.

Zusammenfassend kann man folgende Punkte festhalten, die zum Verständnis der Intrige als Form wesentlich sind:

1. Die Intrige ist Ausdruck angewachsenen Selbstbewußtseins und zugleich noch gezügeltes Selbstbewußtsein.
2. Die Intrige führt zu einer Dynamisierung des Dramas, d. h., sie durchdringt die dramatische Form bis in alle Einzelheiten und funktionalisiert alle Teile auf das von ihr bestimmte Ziel. Sie beschneidet die Freiheit der immanenten Entfaltung von Personen und Handlungen.
3. Die Intrige ist in ihrer subjektiven Freiheit jedoch zugleich geschichtlichen Grenzen ausgesetzt. Dynamisierung schlägt in Statik um, zeugt von der Macht geschichtlicher Herrschaft im Werk.
4. Die Intrige hat eine enge Verbindung zum Humor und spezifischer zum schwarzen Humor, zum Absurden.

Im einzelnen wird nun zu verfolgen sein, wie die Form des Lustspiels bei Brentano und Büchner bestimmt wird, um den angesprochenen Formwandel des Lustspiels sichtbar zu machen.

3.2.2. Intrige bei Brentano

Das Lustspiel Brentanos ist eine Intrigenkomödie mit Verwechslungskomik par excellence. Es verkörpert alle beschriebenen Eigenschaften bis zum Exzeß. Bei Brentano ist es der inkognito heimgekehrte Edelmann Sarmiento, der die Fäden der Intrige in der Hand hält, der also die Intrige inszeniert. Nachdem Sarmiento die Lage sofort nach seinem Eintreffen überschaut, beginnt er gleich mit seiner Arbeit. Neben einer Vielfalt von Einzelproblemen überträgt ihm der Autor mehrere Hauptaufgaben, deren Lösung sich unendlich lang durch das Stück hinzieht.

Ponce de Leon, die Hauptfigur, ist ein junger Adliger mit lockerem Liebesleben. Er hat gerade ein Verhältnis mit einer Nicht-Adligen, der Schneiderstochter Valeria. Ponce soll zur standesgemäßen Haltung eines jungen Edelmannes umerzogen werden. Er soll lernen, nicht außerhalb der Standesschranken zu lieben, und er soll lernen, daß man nur *eine* Frau lieben kann. Das Konfliktpotential einer *Mesalliance*, Edelmann-Schneiderstochter, wie das der sexuellen Zügellosigkeit soll beseitigt werden.

Felix, der Sohn Sarmientos, der eine unritterliche Haltung zeigt — er ist zurückhaltend in Liebeswerbungen und außerdem mutlos —, soll ebenfalls

(16) Anm. 7.

nach dem Standesbild eines jungen Adligen umerzogen werden. Er soll selbstbewußt werden und wissen, daß es eine Ehre ist, wenn eine Frau von einem Adligen geliebt wird. Er soll seinem Selbstbewußtsein männlich Ausdruck verleihen, indem er mutig seine Geliebte entführt.
Valeria, die Tochter des Schneiders dagegen, respektiert ihrerseits die Standesschranken nicht, indem sie Ponce liebt, in der Hoffnung, seine Frau werden zu können. Ihre Liebe ist anmaßend, sie soll statt ihrem Gefühl ihrer Vernunft folgen lernen, d. h. hier Porporino heiraten, der sie schon lange liebt. Sie soll zur bürgerlichen Bescheidenheit der herrschenden Klasse gegenüber umerzogen werden. Schuster bleib bei deinem Leisten! — das Klischee im Hintergrund.
So weit der Katalog der Hauptaufgaben, die vom Intriganten zu lösen sind. Sie werden umrahmt von einer Fülle anderer Verwicklungen, die sich auf dem Wege der Intrige ergeben, die ich aber außer acht lassen möchte, weil an den drei Komplexen die Grundtendenz des Lustspiels hinreichend und exemplarisch aufgewiesen werden kann, und weil die Verwicklungen in diesem Stück derart ausufern, daß eine genaue Beschreibung zur völligen Unübersichtlichkeit führen würde. Ein Hinweis mag genügen: Am Ende des Stückes, nach fünf Akten mit insgesamt 121 Auftritten, haben sich fünf Paare gefunden.
Die Grundtendenz des Stückes kann man folgendermaßen beschreiben. In den drei Hauptaufgaben, die vom Intriganten gelöst werden sollen, ist die adlige Welt in ihrer Ordnung gefährdet. Die Intrige, die der Adlige einfädelt, besteht darin, durch die Unordnung der Verwechslungen und Verwicklungen hindurch die feudale Ordnung wieder herzustellen. Die Intrige ist ein Beweis der ordnenden Kraft des Adligen, der genau weiß, wer zu wem gehört, und der alles wieder so fügt, wie es sein soll. Unordnung, die den Ausgangspunkt des Stückes darstellt, ist nur gespielte Unordnung. Sie hat keinen kritischen Aspekt, reproduziert nicht die Auflösungserscheinungen, in denen die reale Feudalstruktur der Zeit sich befand, sondern dient allein der ordnenden Kraft des Intriganten als Vehikel. Zwar geht reale Auflösung der feudalen Struktur in das Lustspiel ein — erst seit Lessings ‚Minna von Barnhelm' war es gewagt worden, adlige Personen in einer Komödie auftreten zu lassen, und auch hier ist das Faktum der nicht länger strikt befolgten Ständeklausel Zeichen sinkenden Respekts vor der herrschenden Feudalklasse —, aber die Auflösungserscheinung selber wird vom Autor durch das Handlungsgefüge permanent dementiert. Sie ist zwar de facto vollzogen, aber der Autor scheint in jedem Satz des Lustspiels zu beteuern: so sei es nicht gemeint (siehe das Vorwort Brentanos). Unordnung hat keinen antifeudalen Aspekt, sondern dient im Gegenteil der herrschenden Klasse als Genuß. Komik ist nicht mehr als harmlose Unterhaltung. An die Prinzipien der feudalen Ordnung rührt sie gewiß nicht.
So erweist sich denn die Intrige durch alle Verwandlungen hindurch, durch alle Unordnung, die sie stiftet, als durchaus ordnungsbesessen. Die spielerischen Komponenten, welche in den sich vollziehenden Verwechslungen liegen, sind durchaus nicht so spielerisch, wie sie scheinen, sondern eng mit einer *Didaktik der Anpassung* verbunden. Alles Standesschranken verletztende Wollen der dramatischen Personen wird umerzogen. Sie müssen sich verän-

dern, damit alles beim alten bleibt. Die Dynamik der Entwicklung, von der das Stück lebt, ist nichts als die Entwicklung hin zur Statik der feudalen Ordnung, die am Ende als Lösung angeboten wird. Vorwärts geht es in diesem Stück nur zurück. Die das Stück einleitende Situation einer sich anbahnenden Mesalliance und die nachfolgenden vielfältigen Verwechslungen sind politisch restaurativ, dienen der Wiederherstellung der alten Ordnung, deren Zerbrechen sie spielerisch zum Ausgangspunkt machen.

Besonders gut ist die feudal-bürgerliche Mischform am Faktum der Mesalliance ablesbar. War historisch gerade dieser Stoff dramatisch benutzt worden, um Klassenschranken zu denunzieren, so wird hier die Andeutung der Mesalliance als Nervenkitzel zu Beginn benutzt, im folgenden aber werden dann die Personen derart umerzogen, daß sie innerhalb ihrer Klasse lieben und leben wollen. Ist die angestrebte Bekehrung, die ja vor allem für den bürgerlichen Teil, hier Valeria, Opfer bedeutet, vollzogen, bleibt die angemessene Belohnung nicht aus. Valeria etwa bekommt den zu ihr passenden bürgerlichen Mann. Doch ist da noch eine Pointe: Porporino stellt sich nachträglich als Sohn des adligen Intriganten heraus — ehelich oder unehelich, man erfährt es nicht genau —, und so ist auch Valeria belohnt für ihre Anpassungsleistung; sie hat als Bürgerin einen Adligen geheiratet. Auf solche Weise respektiert und bricht Brentano die Standesschranken in einem.

Die Komik des Stückes ist durch und durch problematisch. In der Verwechslung, die der Autor den Intriganten inszenieren läßt, wird gespielt: Ordnung könne umgestürzt werden, wenn auch nur im Teilbereich der privaten Lebensordnung, außerhalb der realen Produktionsstrukturen der Feudalordnung. Das Lachen, das Brentano so erzeugt, ist ein Lachen über die komische reale Möglichkeit einer strukturellen Veränderung. Derartiges Lachen ist restaurativ und versteckt sich, Unterhaltung produzierend, unter Harmlosigkeit.

Die Ständeklausel hat also in Brentanos Lustspiel auf der einen Seite einen liberalisierten Ausdruck erhalten (adlige Figuren tauchen in der unstandesgemäßen Gattung Komödie auf); sie wird aber andererseits zugleich strikt eingehalten in der Funktion, welche der adlige Intrigant im Stück einnimmt, sowie in der restaurativen Art der Lösung des Konfliktes.

3.2.3. Dialog bei Brentano

Wir haben bis jetzt gesehen, wie die Intrige mit vorgefaßten Aufgaben, die zu lösen sie beabsichtigt, das ganze Stück durchdringt. Sie bestimmt also in gewissem Sinn das Maß der Freiheit der im Stück handelnden Personen. Doch greift sie nicht diktatorisch in den Handlungsbereich der zu lenkenden Personen ein, sondern stellt eine *Form der vermittelten Lenkung* dar, d. h., sie vollzieht sich über den frei-unfreien Willen der gelenkten Personen. Anders ausgedrückt: Die Intrige führt eine Person gegen deren Willen und Bewußtsein, aber durch eigenes Handeln, zu einem fremden Ziel. Darin ähnelt sie dem klassischen Muster der Tragödie, wie es zum Beispiel Ödipus exemplarisch zeigt: Durch freien Entschluß und Willen gelangt er an ein vorherbestimmtes Ziel, er wird schuldlos schuldig. Nur ist in der Art der Vorherbestimmung, in der Art der Lenkung ein entscheidender Wandel eingetreten: Das Schicksal des Ödipus wird vom Mythos vorherbestimmt, aus dem es kein Entrinnen gibt; das Schicksal der durch Intrige gelenkten Personen aber wird durch eine Person inszeniert, ist im strengen Sinne des Wortes kein Schicksal mehr. Die lenkende Macht hat sich von unpersönlicher mythischer Macht zur persönlichen Macht gewandelt. Ein derartiger Wandel decouvriert die Intrige als Schicksalsersatz [17], als entmythologisiertes, von Menschen bereitetes Schicksal, und gibt so etwas von der angewachsenen Kraft des historischen Subjekts zu erkennen.

Die Lenkungsfunktion wird mithin auf eine Weise vermittelt, daß den Personen der Anschein freier Handlungsfähigkeit erhalten bleibt. Sie müssen ihre dramatische Entwicklung in der Kommunikation mit den anderen dramatischen Personen vollziehen können, also primär im Dialog. Dieser wird als traditionelles Medium der freien Artikulation der handelnden Subjekte auch in der Intrigenform beibehalten, wandelt indes seine Struktur entscheidend. Er bekommt die *Vermittlungsfunktion der Intrige* übertragen und wird insofern zweifach beeinflußt. Weil die Intrige die Handlung bis in die Details vorherbestimmt, Stück für Stück zusammenfügt, wird der Dialog als Ausdruck des freien Willens der Subjekte des Dramas entwertet. Die Intrige setzt sich gegen die Äußerungen und Absichten der Personen durch. Der Dialog wird gebrochen, ist nicht mehr eindeutig Träger der Handlungsentwicklung.

Ungeachtet solcher Entwertung bleibt indes der Dialog bestehen auf Grund der nur vermittelten Lenkungsfunktion der Intrige; in gewissem Sinn kann man sogar davon sprechen, daß seine Bedeutung zunimmt. Aus der für den Zuschauer sichtbaren Distanz von geäußerter Absicht und dem realen Vollzug der fremden Intrigenabsicht entspringt die spezifische Komik. Das bedeutet freilich einen entscheidenden Wandel des Dialogs. Wichtig ist er nicht länger als bewußte Aussage von Personen, sondern als durch das Bewußtsein der Personen hindurch vollzogene Täuschung. Er ist zum Ausdruck *falsch funktionierender Kommunikation* geworden, bewirkt nicht Verständnis, sondern Mißverständnis; er trägt nicht länger unmittelbar den Handlungsprozeß. Vielmehr vollzieht sich die Handlung ihm zum Trotz oder gar gegen ihn.

Deutlich kann man den so skizzierten Wandel an Brentanos Lustspiel sehen. Die Freiheit der dramatischen Personen ist dort aufgehoben; Handlung vermittelt sich zwar noch durch den Dialog, doch wirkt dieser leer. Die „Überkultur der stilgebenden Mittel“ [18], von der Renker spricht, hat einen ihrer wesentlichen Gründe gerade in der beschriebenen Vermittlung durch die Intrige. Brentanos Absicht, zu beweisen, daß in deutscher Sprache auch Wortspiele möglich seien, und seine Wahl der konventionellen Intrigenkomödie bedingen die augenfällige Entwertung des Dialogs. So ist bei ihm eine völlige

---

(17) Rommel, O.: Komik und Lustspieltheorie, In: Grimm/Berghahn, Anm. 9, S. 44 f. Bei Rommel finden sich einige Bemerkungen zur Funktion der Intrige als Schicksalsersatz und zum Wandel der zugrundeliegenden Schicksalsauffassung.

(18) A. Renker, Anm. 4, S. 24.

(19) H. Arntzen, Anm. 9, S. 166. — Zum Wortspiel bei Brentano schreibt Arntzen:

Verselbständigung des Wortspiels[19] festzustellen; die Form hat sich völlig von ihrem Inhalt getrennt; der Dialog versucht, da er keine Funktion mehr für den Handlungsverlauf hat, sich selbst als Form in den Vordergrund zu schieben. Das Wortspiel als Stilmittel des entwerteten Dialogs ist deutliches Indiz einer kompensierenden Bewegung gegen die Entwertung. Im Wortspiel ersetzt der Autor den Personen die durch die Intrige geraubte Freiheit als Freiheit des Spiels mit der Sprache.

3.2.4. Lösung der Intrige: Happy-End

Konnte bis jetzt gezeigt werden, wie die Intrige die Handlungsführung sowie den Dialog beeinflußte, so ist noch ein letzter Wirkungszusammenhang festzustellen. Die Intrige als Versuch, ein vorher vom Intriganten gesetztes Ziel zu erreichen, bedarf der Probe aufs Exempel. Das Ziel muß erreicht werden. Intrige als Form bedingt nicht nur die Durchführung des Stückes in allen Teilen, sondern vor allem auch die *Form des Schlusses.*

Allerdings ist hier ebenso eine spezifische Besonderheit des Abschließens zu bemerken. Die Intrige als Fremdbestimmung der Personen macht gleichermaßen den Schluß fremdbestimmt. Er spiegelt die Fremdbestimmtheit durch den Intriganten als Willkür wider. Denn ein Intrigenschluß ergibt sich nur, wenn der Intrigant ein Ende will; es ist das Zutagetreten des Deus ex machina, versöhnender Abschluß, organisiert durch den Inszenator. Der Schluß ist somit die Feier des Intriganten im doppelten Sinn: Feier seiner Person und seiner helfenden Macht, wie auch Feier, welche der Intrigant den Personen bereitet, die er gelenkt hat, gemachte Versöhnung — in diesem Fall eine fünffache Heirat.

Dem Intrigenschluß haftet bei alledem etwas von der konstitutiven Form der Intrige selber an, nämlich Willkür. Im Werk macht sich das als unvermitteltes Abbrechen bemerkbar, als unorganischer Schluß. Die Intrige hat im eigentlichen Sinn keinen Schluß mehr, sondern sie wird abgeschlossen. Zum Schluß bekennt sich das ganze Werk als Konstruktion des Autors und seines Stellvertreters im Stück, des Intriganten. Dem Publikum wird ein aufgesetztes Happy-End serviert.

3.2.5. Komödientyp: dramatische Form und Gesellschaft

Betrachten wir nach diesen Beobachtungen zur konkreten Gestalt des Lustspiels bei Brentano noch einmal verallgemeinernd die Komödienform, wie sie im ‚Ponce de Leon' zutage tritt. Man kann festhalten, daß im Gegensatz zur ernsten dramatischen Form, in welcher der Konflikt als notwendig vorgegeben ist, damit sich die dramatischen Subjekte in seiner Bewältigung bewähren, die Konflikte der Komödie, gleich welcher Unterform sie angehört, anderer Natur sind, nämlich gemacht.

„Zum Wortspiel freilich eignen zwei Möglichkeiten: die objektive des Spiels der Sprache selbst und die subjektive des Spiels mit der Sprache. So gut es auf die eine Art entdeckend sein kann, so gut auf die andere verdeckend. Indem Brentano der Sprache aller Figuren das Wortspiel zugrunde legt, ist es nicht mehr sprachlicher Reflex bestimmter Figuren und Konstellationen [. . .], sondern Spiel des Autors mit der Sprache."

In vielen Fällen sind die Konflikte keine; sie dienen allein einer das Publikum unterhaltenden komischen Verwicklung, oder sie verfolgen — wie etwa in der französischen Klassik — komisch-didaktische Zwecke. Zeichnet sich die Tradition der Lustspiele durch eine gesteigerte Freiheit der Subjekte aus (Konstruktion von Konflikten durch den Autor), so kann man als einen der wesentlichsten Züge der Komödienform ausmachen, daß sie ein grundsätzlich *un-mimetisches Verhalten* im Ausdruck der Wirklichkeit erkennen läßt. In der Komödie erweist sich ein Kunstwerk offen als Konstrukt. Gerade in ihr wird schon sehr früh ein konstitutiver Zug künstlerischer Produktion deutlich: Das Kunstwerk ist nicht einfach Abbild der Realität, spiegelt sie nicht einfach wider, sondern es ist konstruiertes Bild der Realität, hat Scheincharakter. Das Verhältnis des Kunstwerkes zur Realität ist allemal gebrochen. Kunst hat einen „Doppelcharakter", sie ist „autonom" und „fait social" [20], d. h. sie hat gerade in ihrer Distanz zur Realität, ihrer Autonomie, ihre Beziehung zur Realität.

„Noch das sublimste Kunstwerk bezieht bestimmte Stellung zur empirischen Realität, indem es aus deren Bann heraustritt, nicht ein für allemal, sondern stets wieder konkret, bewußtlos polemisch, gegen dessen Stand zur geschichtlichen Stunde." [21]

Gerade diese Form des Doppelcharakters wird an der Komödie besonders einsichtig. Das Zusammentreffen des autonomen Momentes und des Momentes der geschichtlichen Befangenheit soll noch einmal an Brentanos Lustspiel gezeigt werden, diesmal an der Reflexion des Autors selbst, wie sie sich in der Widmung des Stückes und in der „Vorerinnerung" zeigen.

Wir haben die Komödienform als Ausdruck anwachsender Subjektivität verstanden. Brentanos Vorbemerkungen verdeutlichen den Rahmen der geschichtlichen Grenzen, in denen sich derartige Subjektivität entwickelte. So ist zu dem Zeitpunkt, zu dem er schreibt, die starre Einhaltung der Ständeklausel — das gesellschaftliche Ordnungsprinzip in den Gattungen — schon in einem Auflösungsprozeß befindlich. Aber dieser Auflösungsprozeß vollzieht sich sehr langsam. Brentano widmet das Lustspiel „Seiner Durchlaucht dem Herzog von Aremberg". Die Widmung zeigt schon, daß er den antifeudalen Aspekt der Komödienform nicht wahrnimmt. Seine Absicht umschreibt er im Geiste absoluter Untergebenheit: er wolle die herzogliche Meinung widerlegen, „daß den Teutschen Gewandtheit der Sprache und des Wortspieles abgehe" [22]. Ein wahrhaft harmloses Unterfangen. Im weiteren schreibt er:

„Ich unterstehe mich daher nur, Sie durch diese Zeilen versichern zu wollen, daß Ihr gütiges Interesse an mir immer einer der rührendsten Gewinne meines Lebens sein wird und daß ich jene unter meinen künftigen Arbeiten vorzüglich lieben werde, die würdig sein dürfte ein angenehmer Gegenstand Ihrer stillen Betrachtung zu werden." [23]

---

(20) Th. W. Adorno, Anm. 7, S. 16.
(21) Anm. 7, S. 15.
(22) Brentano, C. v.: Ponce de Leon, In: Werke Bd. 4, hrsg. v. F. Kemp, Darmstadt 1966, S. 129.
(23) Anm. 22, S. 130.

So beschreibt der Autor seine Absichten als die denkbar loyalsten, ja er definiert den Rang seines Werkes geradezu durch den Grad des Gefallens, den es beim Herzog zu erregen vermag.

Gleichwohl muß Brentano zu seinen überschwenglichen Untergebenheitsbekundungen erst dadurch bewegt worden sein, daß ein Hauch von Rebellion an seinem Unterfangen haftete. In der „Vorerinnerung" verdichtet sich diese Vermutung dann konkret. Dort wird angedeutet, daß die Verbindung der Gattung Komödie mit adligen Personen, also die Aufhebung der traditionellen Ständeklausel, Kern seiner Besorgnis ist. Er fürchtet, sie könne provokativ verstanden werden, und schreibt deswegen, ängstlich jede kritische Absicht des Nicht-Respektierens der Ständeklausel verleugnend:

„Ich strebte damals, das Komische und Edlere hauptsächlich in dem Mutwill unabhängiger fröhlicher Menschen zu vereinigen und um diesen Mutwill als Element in ihnen vorauszusetzen, habe ich ihre Sprache durchaus frei und mit sich selbst in jeder Hinsicht spielend gehalten." [24]

Diese Aussage kommt einer Beruhigung des Herzogs gleich. Deutlicher wird das noch, wenn er wenig später, um den Hauch des Beleidigenden am Komischen für den adligen Adressaten auszuschalten, eine Trennung zwischen Komischem und Lustigem einführt.

„Da es, wie gesagt meine Absicht bei diesem Lustspiele war, das Lustige in dem Mutwill schöner Menschen [i. e. Adlige, der Verf.] zu schildern, ich dies [...] so zu zeichnen gesucht, und das für den Leser so anzügliche Komische ganz unterlassen habe, so wird er das ganze, wenngleich etwas fremdartig, doch nicht für seinen Geschmack beleidigend finden."[25]

Brentano „fürchtet beinahe", gezeigt zu haben, daß „unsere edle Zeit das Komische selbst sei" [26], und hofft, eine derartige Befürchtung des Lesers, die ja ihren Grund im virtuell-antifeudalen Moment hätte, durch die Trennung von Komischem und Lustigem getilgt zu haben. Der Unterschied zu Büchners Absicht liegt auf der Hand. Diesem ging es gerade darum, das zu zeigen, was Brentano verdecken will, daß „unsere edle Zeit das Komische selbst sei".

Brentanos Stück ist Ausdruck angewachsener Freiheit und zugleich Ausdruck der Angst, diese Freiheit könne als Anmaßung von der herrschenden Klasse erkannt und bestraft werden. Sein Stück ist restlos „entschärfte Rebellion" [27].

(24) Anm. 22, S. 131.
(25) Anm. 22, S. 133.
(26) Anm. 22, S. 132.
(27) Th. W. Adorno, Anm. 7, S. 301.

3.3. Formwandel bei Büchner: Schicksal statt Intrige, gewandelte Funktion der Verwechslung

Konnte bisher gezeigt werden, wie die Illusion der autonomen Subjektivität als formende Grundlage der Intrige wirkt und wie anwachsendes bürgerliches Selbstbewußtsein sich in idealistischen Grundannahmen der Form spiegelt und zugleich bricht, so ist es gerade diese idealistische Erkenntnisgrundlage, die sich bei Büchner gewandelt hat. Sein Lustspiel basiert nicht länger auf der Intrige, weil er die eine solche Form bedingende subjektive Freiheit als Voraussetzung nicht gegeben sieht. Die ihm eigene materialistische Erkenntnishaltung, wie sie in seinen Briefen und vor allem im ‚Hessischen Landboten' deutlich wird, durchdringt auch die künstlerische Position und macht ihn zum Kritiker des Idealismus. Seine Kritik wirkt auf Anhieb recht grob und unausgeführt, aber nichtsdestoweniger unerbittlich. ‚Leonce und Lena' ist keine Intrigenkomödie, weil die Basis des ungebrochenen Idealismus nicht mehr besteht.

An die Stelle der Handlungsvermittlung durch die Intrige und den Intriganten ist die *Handlungsvermittlung durch Schicksal* getreten. Die Kraft eines lenkenden Individuums, wie sie die Intrigenkomödie voraussetzt, ist gebrochen. Zwar besteht eine lenkende Kraft auch bei ihm fort, aber sie ist unpersönlich geworden, kann nicht als dramatische Person die Bühne betreten. Hierin scheint mir der wesentliche Unterschied zwischen Brentanos ‚Ponce de Leon' und Büchners ‚Leonce und Lena' zu bestehen. Die weitgehenden formalen Konsequenzen sollen in einem parallel angelegten Untersuchungsgang gezeigt werden.

Die Freiheit der Personen bei Büchner ist aufgehoben, sie handeln unfrei, aber nicht unfrei durch die Willkür des Intriganten, sondern unfrei durch die Willkür unpersönlicher Mächte. Ihre Unfreiheit unterbricht nicht als Episode eine grundsätzliche Autonomie, wie noch bei Brentano. Der Verfasser von ‚Leonce und Lena' begreift diese Relation radikaler. Mit Unfreiheit wird bei ihm nicht länger gespielt; sie ist nicht Unfreiheit zum guten Ziel, sozusagen sinnvolle Unfreiheit, sondern sie ist Ausgeliefertsein an fremde Mächte, ohne die Garantie, daß diese Mächte auch für den Sinn der Entwicklung der Personen sorgen, wie es noch der Intrigant tat. Von der sinnvollen Unfreiheit, Fremdbestimmung durch die helfende Leitung des Intriganten, ist lediglich die sinnlose Fremdbestimmung übriggeblieben. Der Ausgangspunkt beider Lustspiele ist, so kann man sagen, formal und inhaltlich diametral verschieden.

3.3.1. Gewandelte Verwechslungskomik

War in der Intrigenkomödie die Verwechslung bedingendes wie bedingtes Moment der Intrige, so ist klar, daß sie unter den angedeuteten Bedingungen ganz andere Formen annehmen muß. Verwechslung ist auch in Büchners Lustspiel noch zu finden. Jedoch fungiert sie nicht mehr als bestätigender Ausdruck des intrigierenden Subjektes, das die eigene Freiheit ja nur dadurch beweist, daß es auch die gröbsten Verwechslungen noch auflöst; vielmehr fungiert sie als Ausdruck der fremden Macht 'Schicksal'. Verwechslung gewinnt deshalb eine andere, viel radikalere Bedeutung. Sie ist — als Überbleibsel, das seinen traditionellen Platz in der Intrigenkomödie hat — hier, gleichsam zerbrochen, beibehalten und zeigt so genau die Nahtstelle von Lustspieltradition und gewandeltem Lustspiel an.

Am komischen Effekt, den die Verwechslung bewirkt, kann man dies sehr gut ablesen. Die Verwechslung ist radikaler geworden. Leonce und Lena, die adligen Protagonisten von Büchners Stück, fliehen aus ihrer adligen Welt voreinander, weil sie keine Vernunftheirat wollen, und sie laufen sich, voreinander fliehend, in die Arme. Sie lieben sich als nicht-adlige Personen und sind doch zugleich die Adligen, die sie zu Anfang des Stückes waren. Die Verwechslung als Versuch des gesellschaftlichen Rollenwandels, wie sie bei Büchner eingesetzt wird, gelingt nicht. Die Flucht aus der einengenden Hülle adliger Konventionen scheitert. Aus dem Adligen Leonce und seiner Braut Lena können keine freien Bürger, einfache Menschen, werden. Ihr Adelsstand haftet an ihnen als Fluch, der ihre Freiheit sabotiert. Daß Leonce und Lena sich wie einfache Bürger lieben könnten, ist ihre Illusion. Sie sind die Parasiten, denen die Flucht aus ihrer eigenen Klasse mißlingt.

Verwechslung bei Büchner ist also gerade nicht mehr das Spiel, in dem sich die Kraft des Subjektes bewährt, sondern es ist die Parodie der Freiheit der adligen Personen. Eine solche Verwechslung ist das genaue Gegenstück zur Brentanoschen. Lacht man dort darüber, daß Nicht-Adlige Adlige spielen oder Adlige mal — putzig für adlige Zuschauer anzusehen — unadlige Personen spielen, so ist die Verwechslung bei Büchner klassenkämpferisch auf den Kopf gestellt. Nicht mehr länger wird der Topos des Dieners als Herrn variiert und im Mißlingen die alte Ordnung bestätigt. Stattdessen unternehmen Adlige den vergeblichen Versuch, ihrem Leben zu entfliehen. Ihr privilegiertes Leben wird ihnen zum goldenen Käfig. Wollten in der traditionellen Komödie komischerweise die Knechte zu Herren werden, so wollen bei Büchner die Herren nicht länger Herren sein. Auch in diesem Motivwandel bricht Büchner alle Schranken, in denen Brentano sich befangen bewegt.

3.3.2. Gewandelter Dialog

Daß an die Stelle der freien Verfügung der Intrige das Schicksal getreten ist, bestimmt Büchners Drama weitgehend. Der Dialog trägt folgerichtig nicht einmal mehr die Funktion, Mißverständnisse zu vermitteln, um sie schlußendlich doch aufzulösen, sondern wird vollends *kommunikationslos*. Er vermittelt keine Handlung mehr; diese wird in ein paar Sätzen nebenbei skizziert.

J. Schröders Arbeit hat die Verwandlung des dramatischen Grundelements Dialog bisher am gründlichsten untersucht. Seine Ergebnisse sollen kurz referiert werden, um an ihnen den Formwandel des Dialogs zu erläutern, auch wenn sie von ihm im Rahmen einer affirmativen ‚Leonce und Lena'-Deutung vorgetragen werden.

Schröder geht von der Erfahrung der gerade angesprochenen Kommunikationslosigkeit der Sprache Büchners in ‚Leonce und Lena' aus. Sie ist für ihn ein Element des Formwandels der dramatischen Sprache. Er schreibt:

„die irritierende Erfahrung an der Sprache Büchners, daß man sie nicht mehr beim Wort nehmen kann, wird vor dem Lustspiel, das diese Eigenschaft zur Spielweise ausweitet, zum typischen Erlebnis.“ [28] Das „Merkmal des dramatischen Gespräches, daß es sich erstreckt in ein Nacheinander verschiedener Aussagen, durch die sich mehrere Personen auf etwas hin bewegen, sei dies um eine allgemeine Verständigung oder Entzweiung [... zu vermitteln, der Verf.] dieses natürliche Nacheinander und die dadurch bedingte Spannung des Gespräches findet sich am Beginn von ‚Leonce und Lena‘ aufgelöst.“ [29]

Aus dem Nacheinander der Vermittlung einer Entwicklung, aus dem Prozeßcharakter der dramatischen Sprache und besonders der Sprache in einer Intrigenkomödie sei die Zeit zu einem „ewigen Einerlei“ [30], zu einem Stillstand aufgelöst.

„Mit der Zeitkoordinate ist seinem [des Dramas, der Verf.] Gefüge [...] ein fundamentaler Halt entzogen. Vertraute Begriffe wie dramatischer Ablauf, Handlung, Konfiguration, Charakterentwicklung und schließlich auch Szene und Akt dürfen zumindest nicht mehr die übliche Anwendung finden [...] Dialog und Monolog [...] haben sich in verschiedene Scheinformen aufgelöst.“ [31]

Die Auflösung der dramatischen Zeit, vermittelt durch die Auflösung des dramatischen Dialogs und Monologs, reduziert die Sprache zum „verfügbaren Material [...] Sie liefert Bausteine für ein heiter sinnloses Spiel“ [32]. Der Charakter der Komik, die Büchner so aufbaue, sei gerade durch die von ihm vorgenommene Verzerrung nicht länger der reiner unterhaltender Komik, sondern der der „Groteske“ [33]. Schröder stellt also in seiner Analyse der Sprache von ‚Leonce und Lena‘ eine Dialektik von Tradition und Moderne fest. „Ein Werk [...] welches scheinbar das konventionellste und abgelebteste ist, [enthüllt, der Verf.] seine Modernität“ [34] auf dem Hintergrund des grotesken und absurden Theaters von Ionesco, Adamo, Beckett, Genet etc. Diese Autoren erst, so meint Schröder, ließen Büchners Formzertrümmerung, wie sie in ‚Leonce und Lena‘ vorliegt, als Vorformen modernen Theaters erkennen.
Wichtig an den hier knapp referierten Ergebnissen Schröders scheint mir der von ihm im einzelnen aufgewiesene Wandel des dramatischen Dialogs zu sein. Schröder spricht vom „monologischen Scheingespräch“ [35] oder vom „dialogischen Monolog“ [36]. Seine Einsicht, daß Büchner durch die Art der Darstellung Sprache in die völlige Freiheit des Autors lege, sie zum reinen Material werden lasse, mit der Konsequenz, mit solcher Technik zum Vorläufer der Moderne zu werden, liefert wertvolle Erkenntnisse für die Analyse des Stückes. Im Gegensatz zu der von ihm erkannten avantgardistischen Formbehandlung steht allerdings, daß er meint, diese avantgardistische Technik diene noch

(28) J. Schröder, Anm. 6, S. 23.
(29) Anm. 6, S. 16.
(30) Anm. 6, S. 17.
(31) Anm. 6, S. 44.
(32) Anm. 6, S. 26.
(33) Anm. 6, S. 21.
(34) Anm. 6, S. 14.
(35) Anm. 6, S. 16.
(36) Anm. 6.

immer konventionellen Inhalten. So sieht er als Gehalt des Dramas eine „Erlösung durch Liebe“ [37] und schreckt damit vor der Konsequenz seiner eigenen, sachgerechten Analyse zurück.

Wir sahen, der Dialog und mit ihm die ganze Form des Lustspiels wird strukturell gewandelt. Die Wandlung, welche in der dramatischen Form vorgeht, ist selber Ausdruck geschichtlichen Inhalts, gerade diesen Zusammenhang übersieht Schröder, ja er fragt nicht einmal danach. Seine Formanalyse bedarf der materialistischen Erklärung, der Vermittlung zum dramatischen und geschichtlichen Inhalt. Das Zerbrechen der traditionellen Formen beruht gerade auf der aufgezeigten Ersetzung der Intrige durch Schicksal, auf der materialistischen Idealismuskritik, die sich in diesem Formwandel ausdrückt.

Der zerbrochene Dialog dient dazu, einen Stillstand der Zeit zu konstruieren. Er ist nicht einfach formale Technik, sondern hängt eng zusammen mit dem zentralen Motiv der Langeweile. Stillstand der Zeit in der dramatischen Form erweist sich als die formale Entsprechung des inhaltlichen Moments der Langeweile.

Das „monologische Scheingespräch“ bzw. der „dialogische Monolog“ drückt lediglich aus, was er nicht begreift, stellt nur das Hauptmotiv der Langeweile in der Form dar, ohne die bedingenden Momente der Langeweile selber dramatisch zeigen zu können. Langeweile als persönliches Charakteristikum der adligen Personen vermittelt sich durch die neue dramatische Behandlung. Als überindividuelles Phänomen eines geschichtlichen Inhalts jedoch kann es nicht gezeigt werden. Die dramatische Form reagiert im Zerbrechen auf die undramatische gesellschaftliche Realität des Adels, die eben als dramatische Aktion nicht länger gezeigt werden kann. Stillstand der Zeit, in der dramatischen Form konstruiert, kopiert den erfahrenen, aber unverstandenen Stillstand der Restaurationszeit.

3.3.3. Lösung des Konflikts: Parodie auf das Happy-End

Entschieden komplexer als bei Brentano ist der dramatische Schluß in Büchners Lustspiel. Hier ist nämlich das Schicksal an die Stelle der Intrige getreten, die Fremdbestimmung einer anonymen Macht. Nicht mehr länger gibt es die zielgerichtete Entwicklung des Stückes auf sein Ende hin. Dramatische Dynamik, wie sie in der Intrigenkomödie Brentanos noch zentral war und schon da, durch die geschichtliche Grenze der Ständeklausel, in dramatische Statik umschlug, ist vollends im Statischen aufgehoben. Die Entwicklung, die Büchner ausstellt, ist eine im Stillstand der Zeit. Alles bewegt sich in seinem Stück konsequent auf ein vorherbestimmtes Ziel hin, und tatsächlich bewegt sich nichts. Die ganze Veränderung selbst ist gespielte Bewegung, die Adligen, die voreinander fliehen, lieben sich als einfache Menschen, um zu entdecken, daß sie noch immer die alten Adligen geblieben sind. Die Entwicklung ist eine Entwicklung im Kreis, Parodie der Entwicklung. So auch der Schluß.

Oberflächlich gesehen, scheint das Stück im Happy-End auszugehen, wie es zur Lustspieltradition gehört. Bei näherem Hinsehen bemerkt man indes den zentralen Satz des Leonce am Ende, der alles Glück zerstört: „denn morgen

(37) Anm. 6, S. 61.

fangen wir in aller Ruhe und Gemüthlichkeit den Spaß noch einmal von vorn an" (S. 133). Sogar am Schluß kann man bei Büchner das Spiel mit der dramatischen Konvention beobachten: Er behält den traditionellen Happy-End-Modus bei — allerdings, um ihn auf den Kopf zu stellen.

Da das Stück keine durch Intrige geleitete Entwicklung auf eine Lösung hin kennt, sondern nur einen fremdbestimmten Verlauf, dessen Richtung keiner kennt, ergibt sich für Büchner nicht einmal mehr die Möglichkeit eines willkürlichen Schlusses. Indem er in sein Drama den geschichtlichen Prozeß, als Schicksal verkleidet, bestimmend aufnimmt, kann das Drama ebenso wenig einer Lösung zugeführt werden wie der geschichtliche Prozeß, den es nachspielt. In der Form der Wiederholung wird konsequent am Moment der dramatischen Entwicklung festgehalten; in der Entwicklung als Wiederholung wird aber auch konsequent Entwicklung sabotiert.[38] Bewegung wird — das ist offensichtlich die dramatische Grundfigur — als Stillstand erkennbar. Es hat sich etwas geändert, und es hat sich nichts geändert. Die vollzogene Entwicklung selber gibt sich so als *Scheinentwicklung* zu erkennen. *Im Fortschreiten ohne Veränderung* führt Büchner sein Lustspiel in einer Kreisform der Wiederholung an die konstitutive Grenze aller Kunstwerke heran. Die in ihnen vollzogenen Bewegungen und Entwicklungen sind scheinhaft: Fortschritt ohne Fortschritt. Im Aufzeigen eben dieses Sachverhalts in der künstlerischen Produktion spiegelt sich Büchners Geschichtsverständnis formal wider. *Geschichte ist ihm Fortschritt ohne Fortschritt.* Die Werke verleugnen seine Kritik an aller bisherigen Geschichte nicht. Lieber sabotieren sie Fortschritt, als daß sie den notwendigen Fortschritt an die gespielte Form verrieten. Stillstand der Zeit, als Nicht-Enden-Können der Werke, ist das Negativ des Fortschritts. Allein über die zerbrochene Illusion kann realer Fortschritt vollzogen werden.

Der Schluß bei Büchner ist ein Schluß, der nicht gelingt. Die Wiederholung, von der Leonce spricht, ist das Spiel mit der Konvention Happy-End. Die Heirat am Ende ist das Schicksal, vor dem die Personen am Anfang geflohen sind. Büchner läßt seine Personen in ihrem Happy-End scheitern. Er bereitet ihnen ihren Untergang als Happy-End.

3.3.4. Neuer Komödientyp: die zerbrochene Ständeklausel

Bei Büchner ist historisch ein Erstarken der Subjektivität zu beobachten. Er geht — und dies unterscheidet ihn von aller Lustspieltradition vor ihm — souverän über die Klassenschranken hinaus und emanzipiert die Grundformen der künstlerischen Subjektivität aus den zu eng gewordenen Schranken der Gattung. Die zentralen Kategorien der Gattung, so meine ich gezeigt zu haben, zerbrechen bei ihm. Subjektivität entwickelt sich zu freiem Selbst-

---

(38) Mosler, P.: Georg Büchners ‚Leonce und Lena'. Langeweile und gesellschaftliche Bewußtseinsform, Bonn 1974. Er schreibt zum Zusammenhang des Stillstandes dramatischer Entwicklung: „Der Stillstand historischer Zeit erscheint bei ‚Leonce und Lena' im Stillstand dramatischer Zeit. So wenig wie im Herzogtum Hessen-Darmstadt passiert im Königreich Popo etwas, das man nicht immer schon wüßte, daß eine Heirat stattfinden wird, wissen wir schon seit der zweiten Szene und in der letzten erfahren wir, daß der Spaß morgen noch einmal von vorne beginnt.

bewußtsein außerhalb jeder Gattungsschranken. Die Gattungsschranke enthüllt sich als das Übergangsstadium, das sie war, als Entwicklungsraum, in dem künstlerische Subjektivität anwachsen konnte, bis zu dem historischen Zeitpunkt, wo das ästhetische Subjekt ohne die Krücken der Gattung gehen gelernt hatte. Bei Büchner ist historisch diese Grenze erreicht. Er stellt den Wendepunkt von ästhetischer Tradition zum ästhetischen Avantgardismus dar, ist Vorläufer der Moderne. Gerade Büchners Komik ist über jede Gattungsschranke hinaus radikalisiert. Die Ständeklausel wird von ihm auf den Kopf gestellt. Nicht länger sind die Ausgebeuteten und Unterdrückten Gegenstand des Spotts und der Unterhaltung adliger oder bürgerlicher Zuschauer, sondern die feudalen Ausbeuter und Unterdrücker selber werden Gegenstand des Spotts. Die Liberalisierung der Ständeklausel, wie sie bei Brentano schon zu beobachten war, wird bei ihm radikalisiert und so antifeudal kritisch. Die Adligen sind nicht einmal mehr länger fähig, die Rolle des Intriganten zu übernehmen, der andere komisch werden läßt, sondern sie sind selber komisch geworden, historisch überfällig. Sie sollen verlacht werden. Erinnern wir uns: Büchner stellt das dar, wovor Brentano Angst hatte, „daß unsere edle Zeit selber das Komische sei“. Feudale Herrschaft wird durch seine Komik radikal angegriffen, und zwar schon zu einem Zeitpunkt, an dem sie historisch noch längst nicht zerbrochen war. Komik hat jeden harmlosen Aspekt bloßer Unterhaltung verloren, sie ist radikale Komik geworden. Ihre versöhnend-ausgleichende Kraft hat sich verbraucht. Aus der Komödie wird so die Groteske.[39]

Daß Szenen gestrichen werden mußten und daß das Stück der Vorzensur der Zeitgenossen zum Opfer fiel, lange Zeit weder gedruckt noch gespielt wurde, zeigt, wie gut man historisch den kritischen Kern solcher Darstellung begriffen hatte. Büchners Absichten erwiesen sich in der Ablehnung als verstanden. In seinem Lustspiel hat sich die ästhetische Subjektivität befreit. Das Schicksal, das der Autor seinen adligen Protagonisten bereitet, war nie historisches Schicksal. Die regierenden Fürsten haben noch lange nicht unter ihrer Herrschaft gelitten. Dieses Schicksal bereitete ihnen Büchner entgegen dem realen Lauf der Geschichte. Aus seiner revolutionären Überzeugung macht er kein Hehl: „Ich bete jeden Abend zum Hanf und zu den Laternen.“ [40] Dieses Bewußtsein von der fehlenden Freiheit ist voll in die ästhetische Konstruktion des Stückes eingegangen. Die Freiheit, die traditionellen Bahnen der drama-

---

(39) E. Catholy (Komische Figur und dramatische Wirklichkeit. Ein Versuch zur Typologie des Dramas, In: Wesen und Formen des Komischen im Drama, s. Anm. 9) hat den Wandel in der Hierarchie der Gattungen beschrieben, der sich durch das Zerbrechen der Ständeklausel ergab. Er zeigt, wie sich dadurch ein Trennungsmerkmal zwischen den Gattungen auflöste. Ein Lustspiel wie ‚Leonce und Lena‘ kann durchaus 'ernst' werden und Figuren ernster Formen, zum Beispiel in ‚Dantons Tod‘ und ‚Woyzeck‘, können 'komisch' werden. Er deutet den politischen Charakter dieses Formwandels an, wenn er schreibt: „Büchners ‚Leonce und Lena‘ zeigt nun in aller Deutlichkeit, daß die Kraft dieses dramatischen Gesetzes gebrochen ist. Die Ständeklausel wird hier nicht mehr anerkannt, so wenig wie die fortgeschritteneren Geister und unter ihnen vor allem Büchner selbst die allgemeine Verbindlichkeit von Standesunterschieden anerkannten.“ (S. 412)

 (40) Brief an A. Stöber, den 9. Dezember 1833, S. 423.

tischen Form zu zerbrechen, ist Ausdruck eines weiteren Schrittes auf der Entwicklungslinie des historischen Subjektes. Ästhetischer Avantgardismus ist bei Büchner Ausdruck revolutionärer Intention. Diese macht auch vor der künstlerischen Form nicht halt.[41]

Die vermeintliche Remythologisierung einer bürgerlichen Kategorie wie der subjektiven Freiheit, die Büchner durch Schicksal ersetzt, ist, entgegen dem Schein des Rückfalls hinter eine bürgerliche Freiheit, ebenso Fortschritt. Sie stellt jedenfalls keinen Akt mythologischer Unterwerfung unter das Schicksal dar, sondern ist selbst aus Interesse an der zu schaffenden Freiheit der Subjekte erfolgt. Die Einsicht in die Unfreiheit aller vermittelt Büchners Ahnung, daß der Feudalismus als Form persönlicher Herrschaft selbst im Verfall begriffen ist, im Wandel zur Form struktureller Herrschaft, zur kapitalistischen Produktion, die alle als getrennte Klassen einschließt. Der Rückzug hinter das Subjekt erfolgt aus Interesse an seiner Entfaltung.

Deutlich kann man das schon an der engen Verbindung sehen, die bei Büchner besteht zwischen der Darstellung schicksalhafter Unfreiheit (ausgedrückt in den Inhalten seiner Werke) und der selbstbewußten Freiheit in der ästhetischen Konstruktion neuer Formen. Der ästhetische Avantgardismus ist der Ausdruck radikalsten politischen Avantgardismus in der Form.

„Die Konventionen selbst locken — prix du progrès — als entmächtigte. Sie scheinen Nachbilder der Authentizität, an der Kunst verzweifelt, ohne doch diese zu verpflichten; daß sie nicht ernst genommen werden könen, wird zum Surrogat unerreichbarer Heiterkeit; in sie, die willentlich zitierte, flüchtet sich das ästhetisch niedergehende Moment des Spiels [...] Zitierte und verzerrte Konventionen sind ein Stück Aufklärung.“ [42] „Je mehr das Subjekt erstarkt und komplementär die gesellschaftlichen und die von diesen derivierten geistigen Ordnungskategorien an Verbindlichkeit einbüßen, desto weniger ist zwischen dem Subjekt und den Konventionen auszugleichen.“ [43]

Ich hoffe, gezeigt zu haben, wie sich dieser Prozeß bei Büchner vollzieht, wie generell gesprochen Tradition Moderne produziert.

3.3.5. Groteske: „Affenkomödie“ der Zeit als Komik der Komik

Noch einmal geht es mir im folgenden darum, den in Büchners Lustspiel enthaltenen Typus der Komik zu bestimmen und damit konkret nachzuweisen, daß in jeder richtigen politischen Tendenz die literarische Tendenz als Qualität des Werkes enthalten ist. Die politisch revolutionäre Kritik Büchners hat auch die Komik nicht unverwandelt gelassen. Der ästhetische Avantgardismus, der bisher am Zerbrechen der Formmerkmale des traditionellen Lustspiels aufgewiesen wurde, verändert nicht nur die Bestandteile des Lustspiels, sondern er verändert die Gattung selbst in ihrer Qualität. Die Komödie wird ernst.

In der Form der Komödie, die Büchner wählte, lag ein politisches Potential

---

(41) Vgl. Denkler, H.: Revolutionäre Dramaturgie und revolutionäres Drama in Vormärz und Märzrevolution, S. 312.
(42) Th. W. Adorno, Anm. 7, S. 302.
(43) Anm. 7, S. 303.

der Distanz zu den herrschenden Verhältnissen der Zeit, das er aufgriff. Aus Brentanos Angst, in der Komödienform zu zeigen, daß unsere edle Zeit selber das Komische sei, ist Büchners Absicht geworden. Seine Angst ist ihm Programm. Deutlich kann man den Briefen eine entsprechende Verwendung des Begriffs Komödie entnehmen, wenn er von den politischen Verhältnissen der Zeit redet:

„Für eine politische Abhandlung habe ich keine Zeit mehr, es wäre auch nicht der Mühe wert, das Ganze ist doch nur eine Komödie. Der König und die Kammern regieren und das Volk klatscht und bezahlt.“ [44]

Genau das un-mimetische Element der Komödienform, frei mit der Realität umspringen zu können, wie der Autor es will, kommt seiner antifeudalen Wut entgegen.

„Die politischen Verhältnisse könnten mich rasend machen, das Volk schleppt geduldig den Karren worauf die Fürsten und Liberalen ihre *Affenkomödie* spielen.“ [45]

Aus solchen Äußerungen Büchners erhellt sowohl der formale wie der inhaltliche Grund für die Wahl dieser literarischen Form. Die Komödie zeigt die Welt verkehrt und eignet sich deshalb gut zur Darstellung der verkehrten Welt. Es wäre dem Autor absurd vorgekommen, der verkehrten Welt zur seriösen Darstellung zu verhelfen durch die ernste Form des Dramas. Die Komödie bietet die Form für den Haß auf den „Aristokratismus [...] die schändlichste Verachtung des heiligen Geistes im Menschen“, sie öffnet als Form der Waffe der Denunziation den Weg: „Hochmut gegen Hochmut, Spott gegen Spott.“ [46]

Büchners Briefe enthalten in Andeutungen den Stoff einer weiteren aristokratischen Affenkomödie. Der Brief vom 15. März 1836 liefert in Anlehnung an historische Quellen, hier eine englische Zeitung, eine „sonderbare Geschichte“, die „in den deutschen Blättern nicht mitgeteilt werden durfte“:

„Der Direktor des Theaters zu Braunschweig ist der bekannte Komponist Methfessel. Er hat eine hübsche Frau, die dem Herzog gefällt und ein paar Augen, die er gern zudrückt und ein paar Hände, die er gern aufmacht. Der Herzog hat die sonderbare Manie, Madame Methfessel im Kostüm zu bewundern. Er befindet sich daher gewöhnlich vor Anfang des Schauspiels mit ihr allein auf der Bühne. Nun intrigiert Methfessel gegen einen bekannten Schauspieler, dessen Name mir entfallen ist. Der Schauspieler will sich rächen, er gewinnt den Maschinisten, der Maschinist zieht an einem schönen Abend den Vorhang eine Viertelstunde früher auf und der Herzog spielt mit Madame Methfessel die erste Szene. Er gerät außer sich, zieht den Degen und ersticht den Maschinisten“ [47]

— und die Komödie ist fertig. Es hätte dieser Briefstelle nicht bedurft. Die Ansicht der politischen Verhältnisse als Komödie ist eine offensichtliche Tatsache im Werk Büchners. Auch der ‚Hessische Landbote‘ beschreibt die herrschenden Feudalparasiten im Gestus des dramatischen Vokabulars.

---

(44) Brief an die Familie, Straßburg, im Dezember 1832, S. 415.
(45) Brief an A. Stöber, Darmstadt, den 9. Dezember 1833, S. 420.
(46) Brief an die Familie, Gießen, im Februar 1834, S. 423.
(47) Brief an die Familie, Straßburg, den 15. März 1836, S. 453 f.

Derartige Perspektiven bedingen aber zugleich den bei Büchner zu beobachtenden Formwandel der Komik. Wie gesagt, wird die Komödie ernst. Sie zeigt die Komik der Komik, wird Parodie und Groteske. Das traditionelle Lustspiel mit seiner verordneten Heiterkeit hat etwas vom Geist objektiver Verzweiflung, dort wird über Verhältnisse gelacht, die nicht zum Lachen sind. Das Heitere, Lustige, Komische am Lustspiel liegt nicht in seinem Gehalt, sondern in seinem Verhalten zur Realität allein. „Kunst, die anders als reflektiert gar nicht mehr möglich ist, muß von sich aus auf Heiterkeit verzichten.“ [48] Die Komik gerät in eine „historische Dynamik“ [49], die sie selbst zunehmend unmöglich werden läßt, wenn sie nicht zu Zynismus verkommen will. Komik geht in ihrer Vorform zum Absurden zunächst in die „polemische Parodie“ [50] über, findet dort eine „temporäre Zuflucht“ [51], um dann in der eigenen Kritik zu enden. Komik überlebt als Selbstkritik: Komik der Komik. Sie wird kunstvoll sinnlos und albern. Es zeichnet sich ein „Absterben der Alternative von Heiterkeit und Ernst, von Tragik und Komik“ [52] ab. Büchners Lustspiel ist auch hierin Vorläufer der Moderne. Viele Autoren haben das gemerkt, aber historisch verstanden haben sie es noch nie. Die literarische Qualität, wie sie sich auch im neuen Typus der Komik bei Büchner darstellt, ist Ausdruck der Identität von revolutionärer Kritik und künstlerischer Produktion.

3.4. Exkurs: Zum Motiv der Langeweile: Herrschaft entstellt

Neben dem Bezug zur Romantik bildet die Beschäftigung mit dem Motiv der Langeweile ein anderes zentrales Problem der Forschung.[53] Eine Analyse dieses Motivs hat den im Stück angelegten Zusammenhang zur herrschaftlichen Or-

(48) Adorno, Th. W.: Ist die Kunst heiter? In: ders.: Noten zur Literatur, Bd. IV., Frankfurt/Main 1974, S. 153.
(49) Th. W. Adorno, Anm. 7, S. 151.
(50) Anm. 7, S. 153.
(51) Anm. 7.
(52) Anm. 7, S. 156.
(53) Die Beschäftigung mit dem Motiv der Langeweile in ‚Leonce und Lena‘ ist ein anderes zentrales Problem der Forschung. Zwei Ansätze lassen sich deutlich unterscheiden. Zum einen der Versuch, dieses Phänomen deskriptiv aus den verschiedenen Werken Büchners herauszudestillieren und seine quantitative Auffälligkeit dann zur Charakteristik der Person Büchners bzw. seines Werkes zu benutzen. Die Beschränkung auf die Beschreibung klammert historische Überlegungen aus und verwandelt die Langeweile in eine anthropologische Konstante. Georg Beckers Buch (Georg Büchners ‚Leonce und Lena‘. Ein Lustspiel der Langeweile. Heidelberg 1961) ist ein Beispiel solcher Verfahrensweise. Neuere Arbeiten versuchen, von der reinen Beschreibung zur historischen Reflexion des Motivs der Langeweile zu kommen. So sehen G. Jancke, W. Rabe (Georg Büchners Lustspiel ‚Leonce und Lena‘. Eine Monographie, Diss. Potsdam 1967) und L. Wawrzyn (Büchners ‚Leonce und Lena‘ als subversive Kunst, In: G. Mattenklott / K. R. Scherpe (Hrsg.): Demokratisch-revolutionäre Literatur in Deutschland: Vormärz, Kronberg i. T. 1974) in der Langeweile eine Kritik an der „vergangenen Welt in ihrer unzeitgemäßen Wirklichkeit“ (Jancke, S. 253). P. Mosler hat mit seiner Arbeit den bisher weitestgehenden Ansatz zum Verständnis des Motivs geliefert. Er untersucht den Zusammenhang von Langeweile und historischer Form der entfremdeten Arbeit.

ganisation der Arbeit zu berücksichtigen. Der Adel repräsentiert — in den Personen von Leonce und König Peter — den zum „ausschließlichen Genuß privilegierten Stand“ [54]. In der Rivalität der Personen Leonce-Valerio treffen die Sphären der Nicht-Arbeit wie die der Arbeit aufeinander. Die herrschaftliche Organisation der Arbeit im Feudalismus bildet den gesellschaftlichen Hintergrund des Lustspiels. Die Trennung von Arbeit und Genuß ist hier noch eine zwischen den Klassen der Gesellschaft, die Trennung noch nicht eine innerhalb der Personen, wie in der bürgerlichen Gesellschaft, wo sie als Spaltung in Arbeitszeit und Freizeit das Leben jedes Einzelnen zerreißt. Der Adel kennt den Bereich der Arbeit nicht oder nur als Arbeit der anderen. Diesem geschichtlichen Faktum trägt Büchner Rechnung, wenn er die Nicht-Arbeit als Privileg an Leonce zeigt. Im Bild des Paares Leonce-Valerio steckt, sieht man den Bezug zur geschichtlichen Arbeitsteilung, viel mehr als die Rivalität zweier konkurrierender Bühnencharaktere. Leonce und sein Untergebener enthalten die Dialektik von Herrschaft und Knechtschaft in sich, wie sie Hegel in der Phänomenologie des Geistes formuliert hat. Hegel kommentierend, schreiben Horkheimer/Adorno in der ‚Dialektik der Aufklärung‘:

„Wie Vertretbarkeit das Maß von Herrschaft ist und jener der Mächtigste, der sich in den meisten Verrichtungen vertreten lassen kann, so ist Vertretbarkeit das Vehikel des Fortschrittes und zugleich der Regression.“ [55]

Fortschritt ist es, wenn es einigen wenigen gelungen ist, den Bereich der unmittelbaren Arbeit zu verlassen, nicht unter geschichtlich härtesten Bedingungen mehr arbeiten zu müssen. Doch steht diese Freiheit noch unter der Form der Herrschaft. Der Privilegierte ist nur frei von Arbeit, weil er sich die Arbeit anderer aneignet und von ihnen lebt. Derartiger Fortschritt zur Freiheit, weg vom Zwang zur Arbeit, ist zugleich als Privileg mit dem Makel des Parasitentums verbunden. Mehr noch hat ein solcher Fortschritt widersprüchlichen Charakter. Er kostet den Preis der Regression:

„Unter den gegebenen Verhältnissen bedeutet Ausgenommensein von Arbeit nicht bloß bei den Arbeitslosen, sondern selbst am sozialen Gegenpol auch Verstümmelung.“ [56]

Genau diesen Aspekt kann man im Verhältnis Leonce—Valerio am gelangweilten Prinzen sehen, dem jede Tätigkeit versagt ist, der sogar selbst — obwohl durch Ironie und Zynismus gebrochen — davon spricht, wie er darunter leidet, nicht zu arbeiten. Seine Langeweile ist geprägt von Arbeit, immer befindet er sich in einer Hektik von sinnlosen Beschäftigungen (zählen, spucken etc.). Ihm steht der an jedem materiellen Genuß interessierte, intellektuell schlagfertige Valerio gegenüber, der von der Freiheit der Arbeit träumt. Er kennt das Phänomen der Langeweile nicht. Büchner läßt ihn im Gegenteil an einigen scharf satirischen Stellen in die traditionelle Rolle des Narren schlüpfen — die der gesellschaftlich sanktionierten Abweichung — und den

(54) Marx, K.: Deutsche Ideologie, MEW Bd. 3, S. 403.
(55) Horkheimer, M. / Adorno, Th. W.: Dialektik der Aufklärung, Amsterdam 1947, S. 41.
(56) Anm. 55.

historisch materialistischen Grund der Langeweile benennen: herrschaftliche Arbeitsteilung. So beispielsweise in der Szene I, 1, wo Valerio, Leonces Leben reflektierend, neidisch feststellt:

„So wäre man doch etwas. Ein Narr! Ein Narr! Wer will mir seine gegen meine Vernunft verhandeln? — Ha, ich bin Alexander der Große! Wie mir die Sonne eine goldene Krone in die Haare scheint, wie meine Uniform blitzt! Herr Generalissimus Heupferd, lassen Sie die Truppen anrücken! Herr Finanzminister Kreuzspinne, ich brauche Geld! Liebe Hofdame Libelle, was macht meine theure Gemahlin Bohnenstange? Ach bester Leibmedicus Cantharide, ich bin um einen Erbprinzen verlegen. Und zu diesen köstlichen Phantasien bekommt man gute Suppe, gutes Fleisch, gutes Brod, ein gutes Bett und das Haar umsonst geschoren — im Narrenhaus nämlich —, während ich mit meiner gesunden Vernunft mich höchstens noch zur Beförderung der Reife auf einen Kirschbaum verdingen könnte [. . .]" (S. 107)

Hier wird das fürstliche Leben als Narrenhaus gestaltet. Hinzu kommt in der Szene I, 3 eine wortspielhafte Verkleidung des unprivilegierten Lebens:

„Kommen sie jetzt meine Herren! Es ist eine traurige Sache um das Wort kommen, will man ein Einkommen, so muß man stehlen, an ein Aufkommen ist nicht zu denken, als wenn man sich hängen läßt, ein Unterkommen findet man erst wenn man begraben wird, und ein Auskommen hat man jeden Augenblick mit seinem Witz [. . .]" (S. 115)

In der gleichen Szene, in der Valerio im Wortspiel die historische Last der Arbeit am unterprivilegierten Leben angedeutet hat, setzt er es mit einer Beschreibung von Arbeit und Leben der Fürsten in Parallele. Dort wird der von mir unterstellte Zusammenhang überdeutlich:

„Nun Sie sollen König werden, das ist eine lustige Sache. Man kann den ganzen Tag spazieren fahren und den Leuten die Hüte verderben durch's viele Abziehen, man kann aus ordentlichen Menschen, ordentliche Soldaten ausschneiden, so daß Alles ganz natürlich wird, man kann schwarze Fräcke und weiße Halsbinden zu Staatsdienern machen, und wenn man stirbt so laufen alle blanken Knöpfe blau an und die Glockenstricke reißen wie Zwirnsfäden vom vielen Läuten. Ist das nicht unterhaltend?" (S. 116)

Privileg und Schinderei, das weiß Büchner genau, sind zwei Seiten der gleichen Sache. Fürstliches Leben ist für Büchner parasitäres Leben. Noch deutlicher als an dem Motiv der Langeweile, mit dem Büchner Leonce charakterisiert, kann man die deformierenden Züge des falschen privilegierten Lebens an der Gestalt des Königs Peter ablesen. Er ist eine schon fast auf Regression allein reduzierte Person.[57] Er, der als König den extremsten Pol des Antagonismus von Arbeit und Nicht-Arbeit vertritt, hat zugleich die am meisten entfalteten Züge der Regression. Infantile Dummheit und philosophische Weisheit hat der Autor in ihm amalgamiert. Die zweite Szene des ersten Aktes, in der er vorgestellt wird, zeigt ihn als Denkerfürsten: „sehr human und philobestialisch", und er behält diese gutmütig-dümmlichen Züge das ganze Stück hindurch. Freiheit von der Arbeit ist bei ihm vollends umge-

(57) Zur unterschiedlichen Darstellung adeliger Personen im Lustspiel der Romantik und bei Büchner vgl. A. Renker, Anm. 4, S. 72 f.

schlagen zur Deformation. Seine Arbeit, das „Regieren und Philosophieren", ist wirklich frei von jedem Zug der Auseinandersetzung mit der Wirklichkeit, alle Probleme sind frei erfunden, alle Gedanken sinnlos unwirklich.
Man kann nach dem bisher Gesagten festhalten, daß Büchners Stück in seiner Stoßrichtung *satirisch-antifeudal* [58] ist, daß das Motiv der Langeweile nur eine Form des Hauptmotivs der Regression oder Deformation ist, mit dem Büchner die adligen Personen charakterisiert. Fragt man nun aber weiter nach dem geschichtlichen Gehalt solcher Gestaltung, so kommt man in der Analyse des Phänomens der Langeweile noch zu einem anderen Befund. Zwar finden wesentliche Momente der Produktionsverhältnisse der Zeit des ausgehenden Feudalismus in der Gestaltung der Figuren ihren Niederschlag — Herrschaft und Knechtschaft, Arbeit und Nicht-Arbeit —, aber das Stück geht nicht in ihnen allein auf. Obwohl die Grundmomente der feudalistischen Gesellschaft im Übergang am Stück selber auffindbar sind, ist es doch alles andere als realistisch. Zwar geht Geschichte in das Stück ein, aber sie unterliegt der Konstruktion, hier als *Verzerrung*.[59] Die Verzerrung selbst aber, die Darstellung konstitutiver Momente der geschichtlichen Produktionsverhältnisse mit den Mitteln radikaler Komik, ist Ausdruck eines fortgeschrittenen geschichtlichen Standes. Büchner macht sich den Spaß, stellvertretend für die geschichtliche Herrschaft, über die er trotz entschiedenster revolutionärer Intention nicht verfügen konnte, Leonce gewissermaßen an seinem eigenen Privileg untergehen zu lassen. Freiheit von der Arbeit wird nicht dargestellt als Voraussetzung von glücklichem Leben, sondern als Treiben im unfreien Strom der Geschichte. Das Privileg der Freiheit von der Arbeit schlägt unter Bedingungen geschichtlicher Herrschaft nicht zum Guten an. Die Dominanz der Arbeit bleibt noch am Privileg spürbar. Leonce und König Peter erweisen auch im Ausgenommensein vom geschichtlichen Zwang zur Arbeit noch deren prägende Kraft. Der Prinz ergeht sich *zwanghaft in Pseudoaktivitäten:* Zählen von Sand, Spucken auf Steine; der König hat permanent sinnlos konstruierte Probleme, über die er „denken muß". Sie haben „die große Beschäftigung müßig zu gehen" (S. 107), wie Valerio es einmal nennt. Leonce klagt einmal Rosetta gegenüber: „Ach Rosetta, ich habe die entsetzliche Arbeit [...]

---

(58) Vgl. dazu die Arbeit von W. Rabe, Anm. 53. Sie weist mit viel Aufwand den satirischen Gehalt des Stückes nach, sieht die Kritik des Stückes jedoch allein gegen die feudale Ordnung gerichtet. Der in ‚Leonce und Lena' angelegte Angriff auf die entfremdete Arbeit entgeht Rabe.
(59) Mir scheint es aus diesem Grund völlig unzulänglich, sich dem Werk mit dem Begriff des Realismus zu nähern wie dies Gonthier-Louis Fink (Leonce und Lena. Komödie und Realismus bei Georg Büchner, In: W. Martens, s. Anm. 2), W. Rabe und negativ auch Hans Mayer tun. Allenfalls wäre dieser Begriff so unorthodox zu fassen wie bei P. Mosler:
„Der Realismus der deutschen Bourgeoisie des Vormärz und danach ist eine positive Theorie, die Wirklichkeit gestalten, wie sie ist; der Realismus der 'großen Klasse' ist eine kritische Theorie, er steckt in der Gestaltung der entmenschlichten Wirklichkeit ab, wie groß ihre Entfernung zu einer menschlichen ist." (S. 60) Statt einer solchen, der üblichen Verwendung entgegenlaufenden Uminterpretation des Realismusbegriffs versuche ich, auf den gleichen Sachverhalt zielend, auf diesen Begriff zu verzichten. Das Drama ist kritisch, ohne realistisch zu sein.

Rosetta: Nun? *Leonce:* Nichts zu tun [...]" (S. 110). Nicht-Arbeit selbst hat den Charakter der Mühe angenommen, erscheint somit von Arbeit geprägt. Sie ist nicht mehr reiner Freiraum des Genusses, sondern deutlich genug zur Empfindung des Überflüssigseins der feudalen Parasiten verdichtet. Der Autor läßt ihnen ihre historischen Privilegien zur unhistorischen Qual werden.[60]

Dies deutet auf die geschichtliche Entfaltung der gesellschaftlichen Arbeit hin. Auch die historisch von ihr ausgenommene Klasse gerät in den Sog der sich verallgemeinernden gesellschaftlichen Arbeit. Insofern trägt der Autor dem geschichtlichen Prozeß der Entfaltung der bürgerlichen Produktionsweise im noch feudalen Rahmen Rechnung. Jener Prozeß geht auch am Adel selbst nicht spurlos vorbei. Langeweile als Verfallsform der Freiheit von der Arbeit deutet auf den Verlust der originären Lebensformen des Adels im Prozeß fortschreitender Verbürgerlichung. Langeweile ist, so gesehen, bürgerliche Verfallsform des adligen Privilegs der Muße. „Sie ist [...] Funktion des Lebens unterm Zwang zur Arbeit und unter rigoroser Arbeitsteilung." [61] Arbeitsteilung wie Arbeitszwang spiegeln sich in ihr.

Langeweile erweist sich in ‚Leonce und Lena' als eine seltsame feudal-bürgerliche Mischform. Feudal ist sie, weil sie an adligen Personen gezeigt wird, und weil sie aus deren Privileg, nicht arbeiten zu müssen, resultiert; bürgerlich ist sie, weil auch die Angehörigen der Feudalklasse vom Zwang zur Arbeit, von dem Prozeß fortschreitender Vergesellschaftung der Arbeit erfaßt werden. Büchner läßt das adlige Privileg am bürgerlichen Zwang zur Arbeit zu Schanden werden. Büchner kritisiert in seinem Stück sowohl den Privilegcharakter der Freiheit, wie den Zwangscharakter der Arbeit. *Er kritisiert das Privileg durch die Arbeit und die Arbeit durch das Privileg.* Freiheit von Arbeit ist parasitär, wenn sie nur wenigen zukommt. Arbeit leidet unter dem Mangel, durch ihre Mühe das Leben der Menschen um Genuß zu betrügen.

Büchner hat deutliche Sympathien für ein Leben ohne Arbeit. Er haßt den „Selbstmord durch Arbeit" [62]. Sein Stück entwirft am feudalen Leben eine *verkehrte Utopie*[63], zeigt, wie Freiheit vom Zwang der Arbeit unter geschichtlichen Bedingungen von Herrschaft pervertiert. Innerhalb dieser verkehrten Utopie läßt er Valerio am Ende die wahre Utopie aussprechen. Der Adel soll entprivilegiert werden, indem allen das Privileg zur Pflicht gemacht wird. Eine Forderung, die in ihrer Absurdität den geschichtlichen Zwängen Rechnung trägt, absurd sein muß, um den Traum nicht an die schlechte Realität zu verraten, in ihrer Absurdität zugleich aber auch, ent-

(60) Erst P. Mosler hat den Zusammenhang von Arbeit und Langeweile betont und das utopische Bild eines Lebens ohne Arbeit in verkehrter Form an Leonce und Valerio dargestellt gesehen: „Die Arbeit ist in dem Lustspiel fast ganz ausgespart und doch immer gegenwärtig als entfremdete Muße. Die Monotonie der freien Zeit kopiert die Monotonie der Arbeit. Die freie Zeit trägt den Stempel der unfreien Arbeit." (S. 40)

(61) Adorno, Th. W.: Freizeit, In: ders.: Stichworte, Frankfurt/Main 1969, S. 62.

(62) Brief an Gutzkow, März 1835, S. 436.

(63) Zum besonderen utopischen Gehalt der Schlußszene vgl. P. Mosler, Anm. 38, S. 43.

gegen aller geschichtlichen Begrenztheit, am Traum vom Leben ohne Arbeit festhält. Die absurde Utopie ist eine Form negativer Utopie, Utopie, die ihres Gehaltes geschichtlich nicht mächtig ist:

„[. . .] es wird ein Dekret erlassen, daß wer sich Schwielen in die Hände schafft unter Kuratel gestellt wird, daß wer sich krank arbeitet kriminalistisch strafbar ist, daß jeder der sich rühmt sein Brod im Schweiße seines Angesichts zu essen, für verrückt und der menschlichen Gesellschaft für gefährlich erklärt wird." (S. 134)

Eine solche Utopie denunziert nicht nur die feudale Gesellschaft, sie zeugt auch wider die Prinzipien der bürgerlichen Leistungswelt.
Revolutionär kritisiert Büchner den Adel nicht, um dessen Muße gegen die Arbeit aller einzutauschen, sondern er kritisiert, weil er dessen Privileg für alle will. *Er ist antifeudal und antibürgerlich zugleich.* Der Gehalt seines Lustspiels lautet: Herrschaft entstellt. Er bezieht diesen Gehalt in die Form seines Stückes ein, indem er das geschichtliche Schicksal des Adels verzerrt darstellt. Er bereitet dem Adel als vereinzelter Revolutionär und revolutionärer Künstler in seinem Lustspiel das Schicksal, das ihm das Bürgertum als Klasse in der deutschen Geschichte erspart hat: den Untergang. In der so verzerrten Geschichte erweist sich somit die einzig mögliche Konsequenz für Büchners revolutionäre geschichtliche Kraft.

4. ‚Woyzeck': Bürgerliches und unbürgerliches Leben. Zur Kritik des falschen Lebens

4.1. Vorbemerkung

Immer ist es ein Problem bei der Analyse von Kunstwerken, ihrem besonderen Charakter, eben Kunstwerk zu sein, in Formen zu sprechen, gerecht zu werden. Für die Analyse des ‚Woyzeck' habe ich versucht, Form und Gehalt trotz ihres unabdingbaren Zusammenhangs getrennt zu behandeln, allerdings glaube ich, daß diese Trennung rein analytisch ist, also nur der Klarheit der Darstellung wegen ihre Berechtigung hat. Ich hoffe, daß der von mir angenommene Zusammenhang von Form und Gehalt in jedem einzelnen Teil deutlich genug aufscheint, daß sich die analytische Trennung nicht in eine falsche Aufteilung von Zusammengehörigem verselbständigt. Ziel der Analyse ist es, zwei Aspekte herauszuarbeiten: 1. Büchners Verständnis von Kritik als radikaler, negativer Kritik 2. Sein Verhältnis zur gewandelten Form (Avantgardismus, Moderne).

4.2. Zu den Entstehungsbedingungen des Mordes im Drama

Den Entstehungsbedingungen des Mordes soll besondere Aufmerksamkeit gewidmet werden, weil das ‚Woyzeck'-Fragment eine Besonderheit aller anderen Stücke Büchners teilt: Es ist *spannungslos*. Es läßt keinen Augenblick vergessen, daß es einen historischen Mord nachvollzieht. Wie in ‚Dantons Tod' — dort schon im Titel vorweggenommen — weiß der Zuschauer, was ihm gezeigt werden soll. Nie steht das Ende offen, es ist unzweifelhaft festgelegt von Anfang an. Der Mord gibt keine Überraschung ab; eher kann seine Rekonstruktion als Gegenstand des Stückes gelten. Es geht eindeutig nicht um das Resultat des Handelns der Personen, sondern um das Handeln selber.[1] Im Grunde genommen ist gerade die *Klarheit des Stückes* — Darstellung eines Mordes — sein *Rätsel*. Warum wird dieser Mord dramatisch behandelt?

Zur Typik des Stückes und zugleich zur Typik Büchnerscher Dramatik gehört das Abweichen von der traditionellen Kategorie der Handlung. Die Szenen sind nicht streng aufeinander bezogen, sondern stehen mehr oder weniger verbunden nebeneinander.[2] Hinzu kommt beim ‚Woyzeck' nun noch ein Ab-

(1) H. Mayer schreibt in bezug auf Woyzeck: „Was treibt Woyzeck ins Verbrechen?" und antwortet: „[. . .] die Armut, die 'Umstände' seines materiellen Lebens." (S. 341) Diese Antwort ist unbrauchbar, da ungenau. Es läßt sich mehr über die 'Umstände' aus dem Stück selber herauslesen, als dies Mayer tut.

(2) H. Krapp (Der Dialog bei Georg Büchner, Darmstadt 1958) meint, Woyzeck mit dem Begriff der „Diskontinuität eines Textes" (S. 87) kennzeichnen zu können. Er

weichen von der traditionellen Akteinteilung, Szene reiht sich an Szene, keine Exposition leitet das Stück mehr ein. Plötzlich stehen die Personen auf der Bühne. Das Drama macht in seinen szenischen Situationen die Unmittelbarkeit des Lebens nach. So ist in der Szene I, 9 eigentlich erst der Punkt erreicht, an dem Büchner sich dem Gegenstand — Eifersucht und den damit verbundenen Folgen — nähert. Zuvor schien dieses Phänomen keine Rolle zu spielen, wurde jedenfalls nicht erwähnt; und doch tragen alle Szenen bis zu diesem Punkt dazu bei, die Entstehung des Mordes zu erklären, auch wenn sie nicht unmittelbar auf ihn bezogen sind. In den Szenen I, 1 bis I, 9 wird in verschiedenen Situationen der Alltag Woyzecks vorgeführt. Woyzeck lebt mit Marie und seinem unehelichen Kind in einer sozialen Umwelt, in die er nicht recht paßt. Er ist von Anbeginn an *Außenseiter:* psychisch, sozial, moralisch und ökonomisch isoliert.

Die Besonderheit der Außenseiterposition Woyzecks soll zunächst entwickelt werden, da sie den Schlüssel zum Verständnis des Mordes abgibt. Woyzeck ist ein vorbürgerliches Element in der bürgerlichen Welt dieses Dramas. Die *Momente der Vorbürgerlichkeit* und deren Bedeutung für den Konflikt sind zu präzisieren. Wichtig erscheinen mir drei Faktoren:

1. Ausgeschlossensein von Besitz und Moral,
2. Anerkennung des bürgerlichen Menschen als dem besseren,
3. Magisches Verhältnis zur Natur: verkehrtes, unbürgerliches Subjekt-Objekt Verhältnis.

Schon die ersten Szenen, denen man kaum im prägnanten Sinn Expositionscharakter zusprechen kann, thematisieren das Grundmotiv der gesellschaftlichen Isolation, der Außenseiterrolle; so vor allem die Szene I, 5. Woyzeck, der seinen Vorgesetzten rasiert, muß den Hauptmann nicht nur bedienen, er wird von diesem auch noch deutlich auf die zwischen ihnen bestehenden Unterschiede aufmerksam gemacht. Nachdem der Hauptmann ihm zynisch-doppelsinnig die unmoralische Existenz eines unehelichen Kindes angelastet hat („Er hat keine Moral!", dazu den kleinen Nebensatz „[...] es ist nicht von mir" (S. 414)), versucht Woyzeck, sich gegen den Vorwurf der Morallosigkeit mit folgenden Worten zu verteidigen:

„Wir arme Leut. Sehn Sie Herr Hauptmann, Geld, Geld. Wer kein Geld hat. Da setz einmal einer seinsgleichen auf die Moral in die Welt. Man hat auch sein Fleisch und Blut. Unseins ist doch einmal unseelig in der und der andern Welt. Ich glaub' wenn wir in Himmel kämen so müßten wir donnern helfen." (S. 415)

Ohne auf Woyzecks wichtige Verteidigung einzugehen, fährt der Hauptmann, sich selber bestätigend im Aufrechnen der Unterschiede, fort:

„Woyzeck Er hat keine Tugend, Er ist kein tugendhafter Mensch! Fleisch und Blut? Wenn ich am Fenster lieg, wenn's geregnet hat und den weißen Strümpfen so nachsehe wie sie über die Gassen springen — verdammt Woyzeck —, da kommt mir die Liebe. Ich hab auch Fleisch und Blut. Aber Woyzeck, die Tugend, die Tugend! Wie

---

stellt fest, daß diese Diskontinuität noch über das Maß des schon in ‚Dantons Tod' Festgestellten hinausgehe. Hier reiche sie vom „isolierten Wort" bis zum „Verlust des strikt kausalen Nexus in der Szenenfolge" (S. 87).

sollte ich dann die Zeit herumbringen? ich sag' mir immer: Du bist ein tugendhafter Mensch, *gerührt*, ein guter Mensch." (S. 415)

In dieser knappen Gesprächspassage treten die beiden Kriterien, die Woyzeck als Außenseiter charakterisieren, deutlich zutage. Nimmt man sie nur wörtlich genug, so sieht man, daß er in jene Rolle geraten ist, weil er weder Besitz noch Moral hat. Bezeichnend ist, daß der Hauptmann, als Bürger, die Moralität zum wesentlichen Kriterium seines Bürgerseins macht, daß erst Woyzeck ihn auf den materiellen Grund der Möglichkeit von Moral hinweist, und auch da bedauernd, nicht über Geld zu verfügen. Besitz und Moral sind im Stück eingeführt als Kennzeichen bürgerlichen Lebens, als Merkmale, deren historische Verallgemeinerung zur Zeit Büchners offenbar schon so weit fortgeschritten war, daß derjenige, der ihnen nicht entsprach, als Außenseiter galt. Der Hauptmann verkörpert einen Fortschritt gegenüber dem Zustand, in dem Woyzeck sich befindet, dem der rohen Natur, die noch von keiner Vernunft gezügelt worden ist. In der Argumentation des Hauptmanns kann man die gewalttätigen Spuren der angemaßten Überlegenheit ablesen; sie äußern sich als Triebunterdrückung. Solche Mühe kostet den Preis der Befriedigung, bringt aber den Gewinn der Tugendhaftigkeit.

Woyzeck versucht in seiner Argumentation, nur sich zu rechtfertigen, den Wert von Besitz und Moral anerkennt er als Ziel durchaus. Er ist gehorsamer Untertan und bleibt ein „armer Kerl" (S. 415), über den sich die Bürger im Stück, der Hauptmann, der Doktor etc., lustig machen. Woyzeck ist absolut gewaltlos, er hat keine Macht über andere, wird nur beherrscht. Der Hauptmann erscheint ihm als Repräsentant der Moral, und der Doktor als Repräsentant des Wissens. Beide zusammen repräsentieren in seinen Augen die Gewalt des Besitzes, über den er nicht verfügt. Er anerkennt sie als Herren, weil er von ihnen beherrscht wird.[3]

Im Gegensatz zu den zwei Bürgern, die aktiv Herrschaft ausüben, wird Woyzeck von der Natur beherrscht, und zwar von seiner eigenen Natur, wie von der Natur, die ihn umgibt.[4] Die Szene I, 1 versinnbildlicht das verkehrte Verhältnis zur Natur.[5] Sie erscheint ihm als ein bestimmendes Subjekt, er selber

(3) G. Jancke hat darauf hingewiesen, daß Woyzeck die Entwertung seines Lebens durch den Hauptmann und den Doktor akzeptiert. Er spricht vom „zerstörerischen" und „vernichtenden Einfluß", den eine solche Demonstration des „gesellschaftlichen Unwertes" (S. 287) auf die Person des Woyzeck haben müsse. „Die Bedeutung des Gesprächs mit dem Hauptmann besteht also darin, daß in einer mystifizierenden Sprache der gesellschaftliche Unwert Woyzecks definiert wird [...] Die moralische Abwertung läuft auf eine Entwertung der Gefühle und Beziehungen Woyzecks hinaus, und zwar mit dem Ziel, eine formalisierte Moral zu installieren, die sich am Maß der vom Subjekt selbst vollzogenen Unterdrückung der Sinnlichkeit mißt." (S. 278)

(4) Völker, L.: Woyzeck und die 'Natur', In: Revue des languages vivantes 32, 1966.

(5) Stellen, an denen sich Woyzecks magisches Verhältnis zur Natur ausdrückt, sind zahlreich. Hier die wesentlichsten: I/1 (S. 409); I/2 (S. 410); I/8 (S. 418); I/12 (S. 422); I/13 (S. 423).

Eine der interessantesten Analysen dieser Stellen hat B. Ullmann (Die sozialkritische Thematik im Werk Georg Büchners und ihre Entfaltung in ‚Woyzeck', Diss. Stockholm 1970) gegeben. Er hat darauf aufmerksam gemacht, daß Woyzeck „seiner ganzen Haltung nach, ein reflektierender Mensch" sei, „aber einer, der es nie weiter hat als Objekt in ihren Händen.[6] Sein Verhältnis ist vorbürgerlich, stammt aus vergangenen Tagen. Ihm will Herrschaft über die Natur nicht gelingen, sie erscheint ihm unbeherrscht als Bedrohung. An ihr erfährt er Herrschaft als Grauen. Woyzeck hat ein mythisches Verhältnis zur Natur, sie ist ihm noch nicht zur bloßen Objektivität geworden. Der in seiner rohen Sinnlichkeit, seiner Natur, befangene Woyzeck verfügt über keine Vernunft, da er als ausführendes Organ des Willens anderer, als fremdbestimmter Arbeiter und Diener, keine Vernunft entwickeln konnte. Das Vernünftige tritt ihm in Gestalt des Bürgers, gleichsam personifiziert, von der eigenen Person abgelöst, entgegen.

„Die Allgemeinheit der Gedanken, wie die diskursive Logik sie entwickelt, die Herrschaft in der Sphäre des Begriffes erhebt sich auf dem Fundament der Herrschaft in der Wirklichkeit. In der Ablösung des magischen Erbes, der alten diffusen Vorstellungen durch die begriffliche Einheit drückt sich die durch Befehl gegliederte von den Freien bestimmte Verfassung des Lebens aus.“ [7]

Aber diesem Satz entspricht seine Umkehr. Die Begrifflosigkeit Woyzecks, sein magisches, ohnmächtiges Verhaftetsein in der Natur, sein Gefühl, fremdbestimmt zu werden, drückt genau den gesellschaftlichen Tatbestand aus, wenn auch unbegriffen. Begriffliche Ohnmacht ist Ausdruck der realen Ohnmacht. Ihm erscheint Herrschaft falsch als Natur, und die Dauer seiner Herrschaft als Ewigkeit: „Unseins ist doch einmal unseelig in der und der anderen Welt.“ (S. 415) Genau am Faktum der Herrschaft, bzw. am Faktum der Herrschaft über Natur, wie des Beherrschtwerdens von Natur, läßt sich Geschichtlichkeit rekonstruieren. Im Drama stehen Menschen zweier Welten, Vorbürger und Bürger, nebeneinander, und da sie sich in einer bürgerlichen Welt treffen, gelten deren Regeln: die der Konkurrenz.

---

bringen dürfen als zum haltlosen Grübeln, zum Spekulieren“ (S. 82). Woyzeck zeige die „verstümmelte Gestalt eines Geistigen“ (S. 82). Sein Aberglaube, sein magisches Verhältnis zur Natur, enthalte in Form „pathischer Projektion [...] eine mißglückt rationale Sinngebung der Wirklichkeit“ (S. 85). Noch dort, im Beherrschtsein durch Natur und im Formulierungsversuch dieser Herrschaft steckten Bestandteile „unbeholfen volkstümlicher Gesellschaftskritik“ (S. 85).
Ging es mir bei Woyzecks Aberglauben vor allem um den Aspekt der Ohnmacht, so rückt Ullmann das in dieser Ohnmacht noch steckende Element der Kritik in den Vordergrund. Die magische Erfahrung von Ohnmacht vor der Natur ist ihm mystifizierter Ausdruck der unbegriffenen Ohnmacht der Gesellschaft gegenüber.
(6) Mir scheint es unpassend, Woyzecks Verhalten als Geisteskrankheit (S. 271) zu bezeichnen, wie G. Jancke dies tut. Das bleibt unbefriedigend, auch wenn die Krankheit als „historisch produzierte Schizophrenie“ (S. 275) bezeichnet wird. Mir scheint Woyzecks Denken, Fühlen und Handeln nicht so sehr als Resultat des Herausfallens aus der bürgerlichen Gesellschaft verstehbar zu sein, vielmehr handelt es sich um die Unfähigkeit des unbürgerlichen Menschen, überhaupt erst in sie integriert werden zu können.
(7) Horkheimer, M. / Adorno, Th. W.: Dialektik der Aufklärung, Amsterdam 1947, S. 20.

4.2.1. Normenkonflikt: Konkurrenz

Man kann in den Szenen I, 1 bis I, 9 beobachten, wie Woyzeck, der zunächst in der bürgerlichen Welt neben den Bürgern lebt, immer mehr in die bürgerliche Welt hineingezogen wird. So zeigt Büchner den Übergang vom Nebeneinander-Leben zum konkurrierenden Gegeneinander-Leben.

Die Szene I, 1 zeigt das besondere magische Verhältnis Woyzecks zur Natur — Vorbürgerlichkeit — zunächst ohne den Gegenpol des bürgerlichen Selbstbewußtseins. Naturverfallenheit ist allein Woyzecks Eigenschaft. Erst in der Szene I, 8, wo Woyzeck seine Visionen dem Doktor mitteilt, indem er ihn fragt: „Herr Doctor, haben Sie schon was von der doppelten Natur gesehn? Wenn die Sonn in Mittag steht und es ist als ging die Welt in Feuer auf hat schon eine fürchterliche Stimme zu mir geredt!" (S. 418), wird das magische Gefühl des Beherrscht-Werdens von der Natur mit dem bürgerlichen Selbstbewußtsein des Doktors konkurrierend konfrontiert. Woyzecks Naturmystik ist ihm Anlaß zu Belustigung und Spott: „Woyzeck Er hat die schönste aberratio mentalis partialis [...]" (S. 418). Mehrere Szenen entwickeln davor noch diese besondere Form der Unterschiedenheit, bis sie sich in der Szene I, 9 dann offen als Konkurrenz manifestiert. Die Szene I, 4 entwirft ein Bild des ökonomisch impotenten Woyzeck. Marie betrachtet dort ein paar Ohrringe, die sie vom Tambour-Major geschenkt bekommen hat. Woyzeck aber ist der Besitzlose, der keine Geschenke machen kann, der sich nicht mit dem Glanz „goldener" Ohrringe Liebe er-kaufen kann. Er merkt wohl, daß die Ohrringe aus einer dunklen Quelle stammen, durchschaut die Lüge Maries, sie habe sie gefunden; aber seine Reaktion ist friedfertig:

> „S'ist gut Marie [...] Alles Arbeit unter der Sonn, sogar Schweiß im Schlaf. Wir arme Leut! Da ist wieder Geld Marie, die Löhnung und was von mein'm Hauptmann." (S. 413)

Alle Szenen entwerfen das Bild eines enteigneten Menschen. Er arbeitet für andere, ohne sich die Früchte seiner Arbeit aneignen zu können. Seine Arbeit reicht gerade zum Leben. Aber Woyzeck beklagt sich nicht, sein Leben ist zwar von dem der Bürger unterschieden, unterprivilegiert, doch akzeptiert er diese Unterschiedenheit als Schicksal der „armen Leut". Ihm fehlt jeder Drang zur Aufhebung der bestehenden Unterschiede.

Konkurrenz wird ihm von außen aufgedrängt. Nachdem die Bürger, sich selber bestätigend, die Unterschiede betont haben, die zwischen ihnen und Woyzeck bestehen, gehen sie daran, die Normen ihres Lebens auf seines auszudehnen. In der Szene I, 9 zwingen sie Woyzeck ihre Moral auf, indem sie sein Leben von außen stören. Der Hauptmann, der im ersten Teil der Szene völlig verängstigt gezeigt wird, weil er befürchtet, seine Natur mache ihm als Krankheit einen Strich durch die Rechnung seines gehobenen Lebens, gibt seine Angst gewissermaßen rächend an Woyzeck weiter. Er zwingt ihm geradezu den Gedanken an den Ehebruch Maries auf, wenn er sagt:

> „Wie is Woyzeck, hat Er noch nicht ein Haar aus eim Bart in seiner Schüssel gefunden? He, Er versteht mich doch, ein Haar von einem Menschen, vom Bart eines Sapeur, eines Unterofficier, eines Tambour-Major? He Woyzeck? Aber er hat eine brave Frau. Geht Ihm nicht wie andern." (S. 419)

Ohne das das Faktum eines Ehebruchs bewiesen wäre, drängt er Woyzeck die Angst und Schmach auf. Du hast nicht nur ein uneheliches Kind, sondern du hast auch keine Ehefrau, du lebst mit einer Hure. Soweit seine gehässige Argumentation. Der Hauptmann weidet sich an der Angst Woyzecks, ja er stachelt sie weiter an: „Was der Kerl ein Gesicht macht! [. . .] Geschlagen". „*Kreideweiß*" (S. 420) gibt Woyzeck zur Antwort: „Herr, Hauptmann, ich bin ein armer Teufel, — und hab doch sonst nichts auf der Welt Herr Hauptmann, wenn Sie Spaß machen, [. . .]" (S. 420). Hier, an dieser Stelle, findet die bisher entwickelte Unterschiedenheit ihre ökonomische Begründung: „und hab doch sonst nichts auf der Welt". Woyzeck ist besitzlos inmitten einer Welt, wo Besitz allein die Menschen zum Bürgerdasein berechtigt. Sein einziger Besitz, der keiner ist, Marie, wird ihm sogar noch genommen, regelrecht abgekauft. Die natürliche Macht der Liebe erweist sich als gesellschaftliche Ohnmacht vor dem Geld. Liebe als natürliche Kraft der Verbindung von Menschen wird durch Geld ersetzt. Nachdem die Bürger dermaßen in seinen Bereich des natürlichen Lebens zerstörend eingreifen, sieht Woyzeck sein Leben gefährdet, und an dieser Stelle beginnt er einen verzweifelten Verteidigungsversuch. Er nimmt die Konkurrenz an.

4.2.2. Zur besonderen Form der Konkurrenz: Konkurrenz in Unfreiheit

Der von Woyzeck geführte Konkurrenzkampf ist der Kampf um Marie. Woyzeck versucht, seinen einzigen Besitz zu erhalten, um so sein Leben gegen den bürgerlichen Zugriff zu verteidigen. Aber das Besondere an dem Konkurrenzverhältnis zwischen Woyzeck und den Bürgern ist, daß dieser von Anfang an *außer Konkurrenz* in der bürgerlichen Welt gezeigt wurde, als Außenseiter, als einer, der nicht dazu gehört. Er will sich mit niemandem messen, weil er sich mit niemandem messen kann. Er erfährt seine Unterlegenheit als konstitutiv für sein Leben, als Schicksal; er konkurriert nicht mit einem Konkurrenten, hier dem Tambour-Major, sondern mit der hierarchischen bürgerlichen Welt, die sich in Gestalt des Tambour-Majors, des Hauptmanns, des Doktors usw. manifestiert.

Konkurrenz setzt gleichberechtigte, freie Partner voraus, die im freien Tausch ihrer Kräfte den Stärkeren ausmachen. Im Fall von Woyzeck ist es ein Kampf, der von Anfang an im Zeichen der Ungleichheit und Unfreiheit steht. Seltsam ist nur, daß Woyzeck gerade als Wesen außerhalb jeder Konkurrenz in ein Konkurrenzverhältnis gezwungen wird, daß ihm ein unfairer Kampf geradezu aufgeherrscht wird. Daraus aber lassen sich Schlüsse ziehen hinsichtlich der Bedeutung, welche ein so ungleicher Kampf für die Bürger hat, die ihn erzwingen.

4.2.3. Zur Bedeutung der Form der Konkurrenz für die Bürger

Fragt man nach dem Grund dieses ungleichen Kampfes, so läßt sich aus dem bisher entwickelten Verhältnis zwischen Woyzeck und den Bürgern, aus seiner *Vorbürgerlichkeit,* die Antwort erschließen. Betrachtet man die vom Autor vorgeführten Personen, so scheint, gemessen an den Bürgern, wie man sie aus der zeitgenössischen englischen und französischen Literatur kennt, der Begriff

Bürger für sie fast unpassend zu sein.[8] Er läßt sich weniger an ihrer Erscheinung ablesen, als an ihrem Selbstverständnis. Die Bürger im Drama Büchners haben noch kaum eine eigene Geschichte, also keine Tradition. Woyzeck ist Soldat; sein erster Konkurrent, ein Unteroffizier, nur wenig höher in der militärischen Hierarchie. Der Hauptmann und der Doktor, die hier die sozial höherstehenden Personen ausmachen, wirken in ihrem Anspruch, die bessere Gesellschaft zu repräsentieren, lächerlich, werden vom Autor karikierend dargestellt. Es handelt sich demnach zunächst einmal um proklamierte Unterschiede. Es ist ein Klassenkampf von Menschen, denen man die gemeinsame Herkunft, von der die Bürger nichts mehr wissen wollen, noch ansieht. In Woyzeck begegnen die Bürger der Vorbürgerlichkeit, d. h. ihrer eigenen, erst vor kurzem beseitigten Vergangenheit. Sie machen sich über ihn lustig, um ihre eigene soziale Stellung zu bestärken. So wie er noch in der Herrschaft der Natur befangen gezeigt wird, sind sie ihr erst vor kurzem entgangen. Sie glauben noch nicht selbstbewußt an den errungenen Klassensieg, an die Herrschaft über die Natur und die Menschen. Deshalb brauchen sie das Bild des sozial Schwachen, der unterliegt. Sie verfügen über kein Selbstbewußtsein mit bürgerlicher Tradition, bilden es sich erst in der Negation ihrer Vergangenheit. An Woyzeck prüfen und bestätigen sie ihre Kraft und verhängen damit zugleich das vernichtende Urteil über ihre eigene Vergangenheit. Sie bestätigen sich im ungleichen Kampf, daß sie die Stärkeren sind.
So weit der sozialpsychologische Hintergrund der damals kurzen bürgerlichen Geschichte Deutschlands, wie sie in diese Szenen eingegangen ist: bürgerliche Realität als bürgerlicher Fortschritt. Ihr Prinzip, die Ordnung des Lebens nach ökonomischen Gesetzen von Tausch und Nutzen, dehnt sich real dermaßen aus, durchdringt so sehr alle Gebiete des gesellschaftlichen Lebens, daß es den unbürgerlichen Elementen keinen Platz mehr läßt.[9]

4.2.4. Zum Inhalt der besonderen Konkurrenz ohne Chancen

Ziel solch ungleicher Konkurrenz mit dem ökonomisch potenzlosen Woyzeck ist ein *Enteignungsprozeß sui generis*. Ökonomisch ist die Enteignung schon abgeschlossen, denn Woyzeck wird völlig beherrscht. Doch geht die Enteignung entschieden weiter. Sie bezieht sich auf die Restbestände seiner noch vorhandenen deformierten Sinnlichkeit. Der Angriff zielt demnach auf die Subjektivität Woyzecks, auf seine Art zu leben, zu erfahren, zu fühlen, zu sehen und zu hören. Sie ist es, die bürgerlichen Prinzipien der Vernunft und Objektivität widerstrebt. Die instinktive Negation der bürgerlichen Kategorien von Zweck und Mittel soll nicht funktionieren dürfen. Die bloße Existenz eines Lebens außerhalb des bürgerlichen Nützlichkeitszwangs, und sei es auch noch so verkümmert, erinnert die Bürger daran, daß es auch anders gehen könnte. Sie richten Woyzeck zugrunde, indem sie ihn der Konkurrenz

(8) Hauser, A.: Sozialgeschichte der Kunst und Literatur, München 1953. Vgl. die Kapitel: „Das neue Lesepublikum" (S. 550 ff.) und „Die Generation von 1830" (S. 751 ff.).
(9) Lukács, G.: Geschichte und Klassenbewußtsein, Amsterdam 1967. Vgl. insbesondere das Kapitel „Das Phänomen der Verdinglichung" (S. 94 ff.).

mit ihrem Leben aussetzen, und sie müssen es notwendig tun, um die Erinnerung an die Subjektivität, die er darstellt, zu zerstören. Der Triebverzicht, in der ersten Szene durch den Hauptmann ausgesprochen, muß sich selbst rechtfertigen. In Woyzeck zerstören die Bürger ihre Vergangenheit als Subjekte, um die Herrschaft ihrer Prinzipien mit dem Schein des Fortschritts aus der Herrschaft der Natur zu legitimieren. Sie haben den Austritt aus der Herrschaft der ersten Natur mit einem neuen Herrschaftsverhältnis bezahlt. Folgerichtig unterdrücken sie die Herrschaft der eigenen Natur — Subjektivität — an Woyzeck, um über diese Natur herrschen zu können. Der Prozeß ihrer Individuation — Herausbildung eines eigenen gefestigten Selbstbewußtseins gegenüber der Natur — impliziert deren Liquidation von Anfang an. Was sie verwirklichen, ist eine bloße Abstraktion von Individualität. Das führt in der Darstellung des Doktors und des Hauptmanns zu der durchsichtig gemachten Trennung in Erscheinung und Wesen der Person. Ihrer Definition nach sind sie Wesen in vollkommener Freiheit und Idealität, ihrer Erscheinung nach freilich herrschaftsausübende Mitglieder einer Klassengesellschaft. Sie definieren sich als wirklich gewordene Ideen von Menschen und sind wirkliche Menschen mit falschen Ideen. Die Existenz eines sinnlichen Wesens gefährdet die sinnlose Existenz des bloß vernünftigen Bürgers. Das Glück der Bürger, ihr Entweichen aus den Zwängen unmittelbarer Naturverhaftung ist scheinhaftes Glück.

Witzig karikierend hat Büchner diese scheinhafte Befreiung aus der Natur am Bild des Doktors dargestellt in den Szenen I, 8 und I, 18. Der Doktor wird permanent experimentierend vorgeführt. Sind Experimente gemeinhin ein Weg wissenschaftlicher Erforschung der Natur, ein Versuch, die Abhängigkeit von der Natur zu ergründen, so sind sie bei Büchner genau umgekehrt dargestellt. Die Experimente bestätigen dem Doktor fortwährend den selben idealistischen Gedanken: „[...] der Mensch ist frei, in dem Menschen verklärt sich die Individualität zur Freiheit" (S. 417). Er betrachtet es als seine Aufgabe, eine nicht vorhandene Freiheit zu deklarieren. Dem, der von der Natur beherrscht wird, erklärt er, er beherrsche sie. In der Gestalt des Doktors wird instrumentelle Vernunft als Scharlatanerie denunziert. Der selbsterklärten Freiheit der Bürger — die karikiert wird — steht Woyzeck als Inbegriff realer Unfreiheit gegenüber. Sein magisches Naturverhältnis, auch wenn es falschem Bewußtsein entspringt, hat doch die eine Wahrheit, „in ihr wird Herrschaft nicht dadurch verleugnet, daß sie sich in die reine Wahrheit transformiert" [10]. Daß sich der an Woyzeck vollzogene Enteignungsprozeß auf die Liquidation seiner Subjektivität bezieht, daß er sich gerade im privatesten Bereich seiner Liebe zu Marie vollzieht, zeigt, wie weit die Herrschaft der Ökonomie in alle Bereiche des Lebens vorgetrieben wird, wie Konkurrenz selbst vor dem Privatbereich nicht haltmacht.

 (10) M. Horkheimer / Th. W. Adorno, Anm. 7, S. 15.

4.2.5. Verlaufsformen und Resultat dieser ungleichen Konkurrenz: Herrschaft

Erst im Kampf um Marie tritt Woyzeck in die Konkurrenz mit den Bürgern ein. Er, der Besitzlose, verteidigt seinen einzigen Besitz, indem er versucht, Normen bürgerlicher Moral, die nicht die seinen sind, einmal zu erfüllen. Der unbürgerliche Mensch Woyzeck versucht, sein Glück als Bürger zu finden, versucht, ein Mensch zu werden wie die Bürger, und wird darüber zum Mörder.

In der Szene I, 7 wird Woyzeck gezeigt, wie er Marie anstarrt —, die vom Hauptmann hervorgerufenen Eifersuchtsgedanken im Kopf. Er stellt fest, daß man Marie nichts ansehen kann, und fragt sich, weil er es nicht glauben will, ob die Aussage des Hauptmanns stimmt: „Marie, du bist schön wie die Sünde. Kann die Todsünde so schön seyn?" (S. 416) Marie erscheint ihm ohne Makel. In der Szene I, 10 will er, immer mehr beunruhigt, das Gerücht erneut überprüfen. Es treibt ihn zu dem Fest, auf dem er Marie weiß, um sie zu beobachten. Als er in Szene I, 11 dann tatsächlich Marie und den Tambour-Major zusammen tanzen sieht, sieht er seine schlimmsten Ängste bewahrheitet. Marie hat sich einem anderen Mann zugewandt, der von ihr Besitz ergreift: „er, er hat sie wie ich zu Anfang!" (S. 422) Sein illusionärer Besitz ist in die Hände eines anderen übergegangen.

Indem Woyzeck sich auf den Kampf um Marie, seinen einzigen Besitz, einläßt, akzeptiert er, daß Besitzlosigkeit Schande ist. Von Marie verlassen zu sein, fügt seiner ökonomischen Ohnmacht noch die Ohnmacht seiner eigenen Sinnlichkeit hinzu. Der, der ihn enteignet, raubt ihm sein Glück. Der besitzlose Woyzeck möchte wenigstens den Besitz der Frau, mit der er zusammenlebt, gesichert wissen. Er will Ehemann sein, wie die Bürger es sind. Er, der Unverheiratete, versucht die Regeln der Ehe, Monogamie und Treue, für sich zu reklamieren. Auf den vorbürgerlichen Zustand des Zusammenlebens wendet er Regeln des bürgerlichen Zusammenlebens an.

Der Vorbürger Woyzeck versucht sich als Bürger; er wird zum Individuum, indem er sich selbst gegen andere zu behaupten versucht. Dadurch, daß er sich selber das Recht nimmt zu leben und zu lieben wie ein Bürger, unternimmt er es, sich gesellschaftlich neu zu definieren, und muß seine Ohnmacht erfahren. Ungewohnt, Individuum zu sein, gerät auch sein Versuch der Individuation zu roh. Mit bitterem Ernst übernimmt er die Normen der Bürger. Das Prinzip bürgerlichen Lebens, der Kampf aller gegen alle, wird bei ihm wahrhaft zum Kampf um Leben und Tod. Er kennt die Spielregeln der Konkurrenz nicht — die gerade auf Ausschluß des Ausbruchs offener Gewalt zielen —, weil er sie nicht gelernt hat. Und er hat sie nicht gelernt, weil er nicht aus dem bürgerlichen Leben kommt.

Im Mord wird von ihm das bürgerliche Prinzip radikal angewandt und zugleich als absurd enthüllt. Seine Mordtat ist Ausdruck von Unvernunft — er wird von Büchner in der Szene I, 12 als magischer Auftrag formuliert — und zugleich ganz kalter Vorsatz: Vernunft. In der Ausnahme der Regelung der persönlichen Beziehungen durch Gewalt verweist Büchner auf die Regel, nach welcher der bürgerliche Alltag verläuft. Nur ist bürgerliche Gewalt, Gewalt der Institutionen, ihrem Wesen nach abstrakte Gewalt. Der Autor aber muß die Gewalt offen zutage treten lassen, um sie im Drama sichtbar zu machen. Er tut das, indem er sie an Woyzeck konkretisiert. ‚Woyzeck' erweist sich so als das Drama des Austritts eines mythisch befangenen Menschen aus dem Mythos sowie seines Eintritts in die bürgerliche Welt. Das Stück ist ein Paradigma mißlungener Aufklärung:

„Die Menschen hatten immer zu wählen zwischen ihrer Unterwerfung unter Natur oder der Natur unter das Selbst. Mit der Ausbreitung der bürgerlichen Warenwirtschaft wird der dunkle Horizont des Mythos von der Sonne der kalkulierenden Vernunft aufgehellt, unter deren eisigen Strahlen die Saat der neuen Barbarei heranreift. Unter dem Zwang der Herrschaft hat die menschliche Arbeit seit je vom Mythos hinweggeführt, in dessen Bannkreis sie unter Herrschaft stets wieder geriet." [11]

Woyzeck versucht einmal, aus dem magischen Zustand des Objekt-Seins in der Natur herauszutreten, er will einmal nicht mehr beherrscht werden, sondern selber Herrschaft ausüben. Sein Versuch mißlingt. War er zuerst Objekt der Natur, so wird er nach seinem Versuch, sich als Bürger zu verhalten, Objekt der ihm fremden Gesellschaft. Es gelingt ihm nicht, seinen Objektcharakter abzustreifen. Weil er auf seine uneheliche natürliche Beziehung die Regeln bürgerlichen Lebens anwendet, ergibt sich aus diesem Fortschritt für ihn die Notwendigkeit des Mordes. Die kalkulierende Vernunft, deren Intention in dem Versuch besteht, Marie zurückzuholen, verwirklicht sich bei ihm in der unvernünftigen Tat: in der geplanten vorsätzlichen Mordaktion. ‚Woyzeck' ist insofern Drama einer Dialektik der Aufklärung.

4.3. Woyzecks Mord als unbürgerlich-bürgerliche Tat

An der Gestaltung der Szenen, die auf die Entdeckung der Beziehung von Marie und dem Tambour-Major folgen, kann man die auf den ersten Blick verblüffende Behauptung vom unbürgerlich-bürgerlichen Gestus der Tat Woyzecks ablesen. [12] Sofort nach der Entdeckung zeigt die Szene I, 12 Woyzeck, wie er glaubt, den Auftrag zur Tötung Maries zu erhalten: „Stich die Zickwolfin todt? stich die Zickwolfin todt. Soll ich? Muß ich? Hör ich's da auch, sagt's der Wind auch?" (S. 422) Man gewinnt den Eindruck, dahinter stehe die magische Kraft der Natur. Woyzeck vergißt diesen Auftrag, wird erst in der Szene I, 14 wieder daran erinnert, als er den Tambour-Major mit den sexuellen Erfolgen bei Marie prahlen hört. Doch schreckt er noch davor

---

(11) Anm. 7, S. 38.

(12) Meine Interpretation des Mordes von Woyzeck als unbürgerlich-bürgerlicher Tat, als unter Zwängen vollzogene und zugleich vernünftig geplante Tat, berührt sich mit Ullmanns Analyse des Mordes. Er meint, das Drama Büchners stelle dar, „daß die Erotik, als domestizierte, als zwanghaftes Besitzverhältnis längst im gesellschaftlichen Schuldzusammenhang eingefangen sei. Im geheimen Einklang mit der Gesellschaft und in irrer Folgerichtigkeit muß Woyzeck den Raub erotischen Besitzes durch die Mordtat bestrafen, nicht als Vertreter blinder Natur." (S. 151)
Den von Ullmann festgestellten „geheimen Einklang" mit der Gesellschaft versuche ich als Befolgung des gesellschaftlichen Gesetzes der Konkurrenz zu analysieren.

zurück, ihn auszuführen. Die Szene I, 14 gestaltet den Versuch, den Konkurrenten aus dem Weg zu räumen. Woyzeck verwickelt sich in eine Schlägerei mit dem Tambour-Major und unterliegt, ohne die Niederlage endgültig zu akzeptieren. Öffentlich im Wirtshaus fertiggemacht, sinnt er auf Selbstbehauptung. Kann er den Konkurrenten schon nicht aus dem Wege räumen, weil dieser ihm überlegen ist, so will er wenigstens den Sieger um die Früchte seines Sieges, hier den Besitz Maries, bringen. Er bereitet diese Wiederaneignung genau vor. In der Szene I, 15 sehen wir ihn beim Waffenkauf, danach (Szene I, 17), wie er seine Sachen verteilt, mit dem Leben abschließt, sein Testament macht. In der Szene I, 20 führt er dann die vorsätzlich geplante Tat aus.

Der Mord ist tatsächlich Auftragsarbeit. Woyzeck führt ihn in fremdem Auftrag, vermeintlich dem der Natur, aus. Das geschieht gegen seinen Willen, anderen Regeln gehorchend. Noch während der Tat lehnt er sein Tun ab: „Friert's dich, Marie? und doch bist du warm. Was du heiße Lippen hast! heiß, heiß Hurenathem und doch möcht ich den Himmel geben sie noch einmal zu küssen" (S. 428). Dadurch, daß er sich in der Konkurrenz behauptet, sich selbst einen Platz als Individuum erkämpft, bringt er sich zugleich um den Inhalt seines Lebens. Im äußersten Akt der Individuation hebt er deren immanenten Sinn auf. Woyzeck hat sich tatsächlich als Individuum gegen andere durchgesetzt, aber er bleibt gerade deshalb allein. Im Mord haben sich fremde Normen durchgesetzt, er war nur ihr ausführendes Organ. Die Herrschaft anderer über ihn wurde von ihm durchbrochen, aber zugleich hat er sich damit selbst zerstört. In dem Augenblick, wo er sich als radikaler Bürger beweist, löscht er sich als Mitglied der bürgerlichen Gesellschaft aus.

4.3.1. Woyzeck als Drama der Dialektik der Aufklärung

Das Drama ‚Woyzeck' erscheint unter den skizzierten Einsichten wie eine lange Erklärung zu dem Satz: „Die Autorität des Neuen ist die des geschichtlich Unausweichlichen." [13] Woyzecks Untergang ist die Niederlage eines Stükkes der Vergangenheit vor der Gewalt bürgerlicher Normen. Sein Schicksal beweist, daß sich in der bürgerlichen Gesellschaft der eigentumslose Mensch nicht behaupten kann, daß er in Konkurrenzkämpfe mit den ökonomisch Potenteren verwickelt wird und dabei notwendig unterliegen muß. Nimmt er die von vornherein aussichtslose Auseinandersetzung an, und Woyzeck versucht dies, so bleibt dem ökonomisch Besitzlosen nur ein Mittel: die offene Gewalt.

In Woyzecks Fall ist das der Mord. Er bedeutet für den Täter die Wiederherstellung der Beziehung mit Marie, sie kommt gewissermaßen wieder in seinen Besitz und geht ihm gleichzeitig endgültig verloren.

Wie bürgerliches Leben als Fortschritt über die Vergangenheit mißlingt, kann man sehen, wenn man den Anspruch dieses bürgerlichen Lebens auf seine Verwirklichung hin befragt. Es will Austritt aus der Herrschaft der Natur über den Menschen sein, ist also in der Intention Kritik an Herrschaft, die die Natur den Menschen aufzwingt. Aber die Herrschaft der Natur über den

---

(13) Adorno, Th. W.: Ästhetische Theorie, Frankfurt/Main 1970, S. 38.

Menschen wird abgelöst von einer Herrschaft des Menschen über die Natur und über den Teil an Natur, den der Mensch selber darstellt. Deswegen kann der Fortschritt aus der Herrschaft nicht gelingen; allein die herrschaftsausübende Macht wandelt sich. Die mythische Macht — Unhinterfragbarkeit von Herrschaft — verändert nur ihre Form, der Inhalt dauert verweltlicht fort. Büchners Stück zeigt solche Dialektik von Aufklärung. Es entwirft ein *Bild des ganz falschen Lebens,* um es zu denunzieren. Die Radikalität der Kritik am Weiterbestehen von Herrschaft soll nun noch im einzelnen erfaßt werden.

4.3.2. Kritik an der Vergangenheit als Kritik an Woyzeck

Betrachtet man Woyzeck als Verkörperung der Vergangenheit, als vorbürgerlichen Menschen und damit Außenseiter in der bürgerlichen Gesellschaft, dann kann man an Büchners Darstellung zugleich seine Kritik an der Vergangenheit ablesen. Vergangenheit wird nicht idealisierend an einem bäuerlichen Menschen gezeigt. Woyzeck ist nicht Urbild eines ungebrochenen Verhältnisses von Mensch und Natur, sondern er verkörpert ein bestimmtes Abhängigkeitsverhältnis von Mensch und Natur, das ihn *entstellt.* Woyzeck ist nicht das Inbild des bemitleidenswerten, armen, ausgebeuteten Menschen, sondern er wird gebrochener dargestellt, wenn man will, als *sympathischer Trottel.* Seine Naturverbundenheit erweist sich nicht als positive Bezogenheit auf Natur, sondern als Mangel, als Ausdruck von Herrschaft, die ihm angetan wird und die er ertragen muß, weil er wehrlos ist. Woyzeck hat sympathische Züge, wird von Büchner verteidigt, aber die ihn beherrschenden Züge sind diejenigen der Herrschaft. Seine Sinnlichkeit ist keine reine Fähigkeit zur Lust, die der Befriedigung freigegeben wäre, sondern rohe Sinnlichkeit, die ihn als Außenseiter abstempelt, weil die anderen ihre Sinnlichkeit zivilisiert haben. Woyzecks Verstand ist abwesend, er kann kaum sprechen, es reicht gerade zu ein paar Verteidigungssätzen, die der Autor ihm in den Mund legt. Ferner ist Woyzeck der sinnliche Mensch als *häßlicher Mensch.* Solche Häßlichkeit hat einen präzisen sozialen Aspekt. Der latente Inhalt dieser formalen Kategorie des Häßlichen ist antifeudal. „Die Bauern werden kunstfähig“[14], aber es ist nicht allein der Bauer, der als Titelfigur auf die Bühne tritt. Häßlichkeit ist hier nicht bloß antifeudal, sondern auch antibürgerlich. Woyzeck ist der vertriebene Bauer der Landbefreiung des Vormärz, der zum Soldat gepreßte Bauer, der Bauer auf dem Weg in die Städte des Bürgertums. Er ist ein Lumpenproletarier, bevor es geschichtlich ein Proletariat in Deutschland gab.

„Das Unterdrückte, das den Umsturz will, ist nach den Normen des schönen Lebens in der häßlichen Gesellschaft derb, vom Ressentiment verzerrt, trägt alle Male der Erniedrigung unter der Last der unfreien, zumal körperlichen Arbeit. Unter den Menschenrechten derer, welche die Zeche der Kultur bezahlen, ist, polemisch gegen die affirmative ideologische Totale, auch das darauf, das jene Male der Mnemosyne als imago zugeeignet werden. Kunst muß das als häßliche Verfemte zu ihrer Sache machen, nicht länger um es zu integrieren, zu mildern oder durch den Humor, der abstoßender ist als alles Abstoßende, mit seiner Existenz zu versöhnen, sondern um

---

(14) Anm. 13, S. 78.

im Häßlichen die Welt zu denunzieren, die es nach ihrem Bilde schafft und reproduziert [...]" [15]

Ohnmacht wird von Büchner denunziert als Eigenschaft der Vergangenheit, als Ausdruck feudalen Beherrschtseins. Entschuldigend ist nur, daß die Ohnmacht Produkt der gesellschaftlichen Macht ist, die Woyzeck vergewaltigt. Das entschuldigt ihn zwar, macht ihn jedoch nicht weniger häßlich.

4.3.3. Kritik am bürgerlichen Leben

Im ‚Woyzeck' macht Büchner mit der List des revolutionären Künstlers, der er ist, geschichtliche Ohnmacht zur Waffe im Klassenkampf. Er kritisiert den Ausgebeuteten, den sie entstellt, wie auch die ausbeuterische Ordnung, die sie erzwingt. Einerseits führt er den vergangenen Menschen Woyzeck als zukunftslos vor, dem Untergang geweiht. Andererseits zeigt er auch das bürgerliche Leben selber, wie es uns in den anderen Personen des Dramas entgegentritt, als gänzlich falsch. Die feudale Ohnmacht wird im Stück von den Bürgern verwaltet. Obwohl sich die Gesellschaft gewandelt hat, sind wesentliche Züge der Vergangenheit wie der des Beherrschtseins weiter existent.

Am Fortschritt, den der Austritt aus dem magischen Naturverhältnis bedeutet, am Selbstbewußtsein, das die Bürger bezeugen und das historisch progressive Züge hat, entlarvt Büchner noch die Züge der Vergangenheit. Auch die Bürger sind ihm nicht einfach die Klasse der Zukunft, sondern ebenso diejenigen, die der Herrschaft der ersten Natur entwichen sind, aber beherrscht werden von zweiter Natur, zu der ihnen ihre Gesellschaft geworden ist.

Woyzeck ist *häßlich,* weil er ohnmächtig ist, beherrscht wird. Die Bürger sind *hassenswert,* weil sie selber Herrschaft ausüben, die ehedem ihnen angetan wurde. Die Szenen I, 5, I, 8, I, 9 und I, 14 sprechen da eine unerbittliche, klare Sprache. Die Male der Entstellung, welche Büchner an den bürgerlichen Gestalten vorzeigt, kommen aus Büchners Haß auf ihre Herrschaftsfunktion. Woyzeck ist schuldlos ohnmächtig, die Bürger sind schuldig. Das Prinzip der Herrschaft — statt abgeschafft — übernommen zu haben, ist ihr Fehler. Büchner verrät seinen Haß deutlich in der Gestaltung der Personen. Nirgendwo wirkt das Stück so unrealistisch, so konstruiert wie in den Passagen, wo es Bürger sprechen und handeln läßt.[16] Alle Bürger sind zynisch, sie werden stets im Widerspruch von selbstgewähltem Zivilisationsanspruch und barbarischer Wirklichkeit gezeigt.

Vor allem der Doktor wird von Büchner als Scharlatan denunziert. Gerade er, der Repräsentant wissenschaftlicher Vernunft, wird als roh und gewalttätig dargestellt. Aber auch die anderen Personen, die den sozialen Fortschritt über Woyzecks Zustand hinaus verkörpern, tragen ebenso als entstellendes Merkmal Züge der Gewalt in mehr oder weniger sublimierter Form an sich. Das macht sie gleichfalls zu Menschen, die jeweils andere Formen der Häßlichkeit vertreten, obwohl sie einen fortgeschritteneren Stand der Vergesell-

(15) Anm. 13, S. 78 f.
(16) Vgl. Martens, W.: Zur Karikatur in der Dichtung Büchners (Woyzecks Hauptmann), In: GRM 39, 1958; Schmidt, H. J.: Satire, Caricature and Perspectivism in the Works of Georg Büchner, The Hague and Paris 1970.

schaftung vorweisen. Allen lastet Büchner an, daß sie die Fortexistenz der Herrschaft bezeugen. Verlängert man das Drama ‚Woyzeck' in die Geschichte, in der es sich wirklich abspielte und in der es auf dem Schaffott endete, so wird die besondere Form des Falschen am bürgerlichen Leben noch schärfer sichtbar. Gerade in den Bürgern lebt die Vergangenheit als Gegenwart fort.

4.3.4. Individuation mißlungen: dialektische Tierbilder

Büchners Drama verdeutlicht mißlungenen Fortschritt durch den Verweis auf einen Konflikt zwischen verschiedenen Stufen der Vergesellschaftung des Menschen. Es stellt aber diesen Konflikt nicht nur dar, sondern reflektiert ihn zugleich.

In der Form von *Szenen in den Szenen* [17] behandelt es ganz präzise den angedeuteten Inhalt. Entscheidend sind hierbei insbesondere die Tierbilder der Jahrmarktszene I, 3 und innerhalb dieser Szene die Darstellung des Geschehens in der Schaubude. Obwohl der Vorgang für die Handlung ohne großen Belang zu sein scheint, hat Büchner ihm einen auffälligen Platz im Stück eingeräumt. In der Szene ist es der Marktschreier, der seinen Zuschauern Tiersensationen ankündigt. Kurz darauf sieht man ins Innere der Bude. Gegenstand der Schau ist eine *komische Entwicklungsgeschichte des Menschen.* Hatte der Schreier schon angekündigt:

„Sehn Sie die *Creatur,* wie sie Gott gemacht, nix, gar nix. Sehn Sie jetzt die *Kunst,* geht aufrecht hat Rock und Hosen, hat ein Säbel [...] Sehn Sie die Fortschritte der Civilisation. Alles schreitet fort, ein Pferd, ein Aff, ein Canaillevogel! Der Aff ist schon ein Soldat, s'ist noch nit viel, unterst Stuf von menschliche Geschlecht!" (S. 411),

hatte er also eine Schau über die Entwicklung der Kreatur zur Stufe des Menschen hin angekündigt, so führt die Szene sein Versprechen auf groteske Weise aus. Gezeigt wird ein Pferd als Beispiel „viehischer Vernünftigkeit" (S. 412), übrigens eine durchaus zweideutige Bezeichnung. Sie besagt zum einen: Ich zeige ein Pferd, das vernünftig ist, zum anderen: Dieses Pferd ist dumm wie ein Pferd, „viehisch vernünftig". Trotzdem, es „beschämt die menschliche Societät" (S. 412), weil es als Pferd schon Eigenschaften hat, die Menschen als Kulturleistung sich zurechnen. Dieses Pferd ist, so der Besitzer, ein „viehdummes Individuum" (S. 412), ein „thierisch Mensch und doch ei Vieh" (S. 412).

Satirisch kommentierend führt Büchner diese Szene ein, um daran eine Vorgeschichte des Menschen zu zeigen. Die Menschen sind von den Tieren nicht so weit entfernt, wie sie es zu sein glauben. Das Pferd beschämt die „menschliche Societät", weil es als Tier über Eigenschaften verfügt, die als Kulturleistungen gelten, ohne jedoch seinen Status als Tier zu verlieren. Das Bild des „tierischen Menschen" hat im Stück sein Pendant im menschlichen „Tier". Der Doktor

(17) Ullmann hat darauf hingewiesen, daß es sich bei den Tierszenen um Szenen in den Szenen, Spiel im Spiel, handelt, einer formalen Besonderheit, die Nähen zu Shakespeare zeige (vgl. S. 59). Ich versuche die Funktion dieses Spiels im Spiel mit dem Begriff der Selbstinterpretation des Dramas zu bestimmen. Auch Ullmann sieht in diesen Tierszenen eine Parodie auf einen naiven Fortschrittsglauben der Bürger (vgl. S. 44).

und der Hauptmann verkörpern beide ähnliches wie dieses Pferd. Sie sind Menschen und Tiere zugleich, barbarisch und zivilisiert. Der Doktor verfügt wie das Pferd über „viehische Vernünftigkeit", wenn er seine Experimente, die allesamt Scharlatanerie sind, vorführt. Seine Vernunft ist dumm. Wenn er erklärt: „Der Mensch ist frei, in den Menschen verklärt sich die Individualität zur Freiheit" (S. 417), und seine These an Beispielen belegt, die das Gegenteil beweisen, dann wird das Bild des Pferdes zum Bild der Wahrheit des Doktors. Es kritisiert karikierend die Vorstellung vom Fortschritt der Menschen über die Tiere. Büchner nimmt so die scheinbar vollzogene Kulturentwicklung der Trennung von Mensch und Tier zurück, negiert den proklamierten Fortschritt. An den vorgeführten „viehdummen Individuen" erweist sich Individualität als überhebliche Phrase. Tierbilder gleicher Eindringlichkeit und entsprechend tierische Menschenbilder sind in der Literatur erst wieder bei Kafka vorzufinden, auch dort übrigens, um die Illusion vom schon gelungenen Fortschritt zu kritisieren. Woyzeck und die Bürger im Drama sind nur zwei Seiten ein und derselben mißlungenen Individuation. An ihnen kritisiert Büchner die rohe Kreatur und das viehdumme Individuum. Das unentworfene Bild des menschlichen Menschen bleibt bei alledem offen.

4.3.5. Zum Begriff der Kritik

Faßt man das bisher Gesagte im Blick auf die damit verbundene kritische Intention zusammen, so ist man überrascht von deren radikaler Modernität. Modern ist Büchners Kunst

> „durch Mimesis ans Verhärtete und Entfremdete: dadurch, nicht durch Verleugnung des Stummen wird sie beredt; daß sie kein Harmloses mehr duldet, entspringt darin. Weder eifert [der moderne Künstler, der Verf.] gegen Verdinglichung, noch bildet er sie ab; er protestiert gegen sie in der Erfahrung ihrer Archetypen, und das Medium dieser Erfahrung ist die dichterische Form." [18]

Kritik, wie sie Büchners Werk charakterisiert, ist schrankenlos, unvoreingenommen. Sie entspringt dem Haß auf das ganz falsche Leben. Die Möglichkeit der Veränderung entwirft der Autor freilich nicht am fiktiv konstruierten utopischen Bild des richtigen Lebens, sie liegt vielmehr für ihn in der Möglichkeit, die Falschheit jenes Lebens darzustellen. Darin allein liegt Hoffnung in seinen Stücken beschlossen.[19] Aus derart radikaler Kritik resultiert ein Bild möglicher Veränderung: Revolution, alles muß anders werden — egal wie. Der Vorbürger Woyzeck ist gnadenlos dem Untergang geweiht, die Bürger sind dem Prinzip der Herrschaft nicht entronnen. Leben als freies steht — entgegen aller Proklamation — noch aus. Selbstbewußtsein ist zunächst noch nicht mehr als Bewußtsein der Unterschiedenheit des Selbst von den anderen,

---

(18) Th. W. Adorno, Anm. 13, S. 39.
(19) Vgl. B. Ullmann: „Von dem zweifellos einmal gehegten Traum, die Menschen zum Besseren, zur konkret diesseitigen Selbstverwirklichung durch die Veränderung ihrer 'Umstände' zu führen, bleibt aber damit zuletzt nur dessen negative Voraussetzung, die Wahrnehmung dessen, was den Menschen durch ihre 'Umstände' als gesellschaftliches Unrecht angetan wurde." (S. 25)

Individuation noch nicht mehr als Isolation. Das bürgerliche Individuum erkennt in den anderen erst seine Schranken, nicht etwa seine „forces propres". Der angemaßte Fortschritt ist reine Parole.

4.4. Zur Form-Analyse des Dramas ‚Woyzeck'

Zunächst ist an einen einfachen Tatbestand zu erinnern, der beachtet werden muß: daß nämlich die Tatsache der künstlerischen Gestaltung eines wesentlichen Augenblicks von Woyzecks Leben allein schon, unabhängig von der künstlerischen Form, die der Autor wählte, eine wichtige Aussage darstellt. Die künstlerische Gestaltung des ‚Woyzeck' zielt darauf, dem von der herrschenden Klasse exekutierten, als schuldig verurteilten und getöteten historischen Mörder Woyzeck zu einem neuen Leben zu verhelfen. Sie will vergangene Geschichte in der gespielten dramatischen Wiederholung korrigieren. Was heißen soll: Das Drama ‚Woyzeck' kritisiert den Tod des realen Woyzeck, versucht, ihn zu widerrufen, indem es ihm zum Schein sein eigenes Leben wiederzugeben versucht. Wohlgemerkt versucht — denn es wird ja lediglich wiederholt, was unwiderruflich vergangen ist, modellhaft ein verfehltes Leben gegen die Realität konstruiert, die anders war. Woyzeck lebt nur auf der Bühne noch einmal; er lebt bloß zum Schein.
Die Form des Dramas offenbart, erinnert man diese simplen Fakten, ihren Gehalt: Kritik an der Barbarei, die das reale Leben in der realen geschichtlichen Situation war. Büchner hat das Stück konzipiert, als er gegen Ende seines Medizinstudiums dem Fall Woyzeck in der Form eines wissenschaftlichen Gutachtens in einer medizinischen Fachzeitschrift begegnete.[20] Sein Drama ist damit Kritik am historisch vergangenen Rechtsspruch gegen Woyzeck: Kritik am Todesurteil, das gegen ihn verhängt wurde, und Kritik an der Wissenschaft, die solchem Recht das Unrecht ist, zuarbeitet.

4.4.1. Zum Problem der Kritik durch Kunstwerke

Das bisher Gesagte gilt allgemein für Kunstwerke; es erklärt ein konstitutiv kritisches Element der Kunstwerke — Leben außerhalb der realen Wirklichkeit autonom gegen sie zu konstruieren — unabhängig zunächst von der gewählten Gattung. Bevor die Frage nach dem Zusammenhang von Kritik und Form der Kunstwerke zur Frage nach dem *besonderen* kritischen Ausdruck in der *besonderen* Form des Dramas ‚Woyzeck' ausgeweitet wird, soll noch auf ein besonderes Problem solcher kritischen Intention der Kunstwerke eingegangen werden: daß nämlich der Scheincharakter der Kunstwerke die durch sie geübte Kritik schwächt, so radikal sie auch intendiert sein mag.
Die kritische Dimension wird erst dann voll entfaltet, wenn im Werk noch

(20) Quelle und Anregung für den Woyzeck-Stoff waren die Gutachten des Hofrates Clarus, die in den Jahrgängen 1825 und 1826 von ‚Henkes Zeitschrift für Staatsarzneikunde' erschienen, einer Zeitschrift, die Büchners Vater abonniert hatte.
Vgl. Mayer, H.: Georg Büchner und seine Zeit, Frankfurt/Main 1972, S. 331 bis 338.

die Unzulänglichkeit der geübten Kritik mitreflektiert wird; wenn, anders ausgedrückt, deren Unzulänglichkeit in der Form selber ihren Niederschlag findet, sich selbst desillusionierend bekennt.
Mit dem Stück gespielter Realität, das es auf die Bühne bringt, kann das Kunstwerk den Zuschauer zunächst nur erschrecken. Ob sich dieser Schrecken ausdehnt zur Kritik an der Realität, in welcher der Zuschauer lebt, darüber hat es keine Verfügungsgewalt mehr. Es ist konstitutiv, ohnmächtig. Das Individuum Büchner zeigt einer Öffentlichkeit im Drama sein Entsetzen über die Klassengesellschaft seiner Zeit. Was die Öffentlichkeit jeweils daraus macht, steht allerdings außerhalb der Verfügung des Künstlers und des Kunstwerks.

4.4.2. Wissenschaftliche Kritik und künstlerische Kritik

Die eben erläuterte konstitutive Ohnmacht der Kunstwerke scheint zunächst nichts Spezifisches zu treffen. Begrifflicher Kritik stellt sich das gleiche Problem wie der künstlerischen: das der Vermittlung. Ist die Kritik gelungen, so verfügt sie über die Einsicht in den kritisierten Gegenstand, nicht aber über die Macht, diese Einsicht in die Köpfe derer zu transportieren, die sie nötig haben. Darin liegt auf den ersten Blick eine Gemeinsamkeit von begrifflicher und künstlerischer Kritik.
Dennoch ist es wichtig, einen wesentlichen Unterschied nicht zu vergessen, und zwar den Unterschied, der aus der Form resultiert, in der sich die Kritik ausdrückt. Begriffliche Kritik weiß um den Unterschied der Begriffe zur Realität, ist a priori vermittelte Kritik an der Realität. Kunstwerke dagegen kritisieren die Realität direkter, täuschen in ihrem Scheincharakter, im konstruierten Leben, das sie darstellen, Unmittelbarkeit vor. Sie wollen den Umweg der Vermittlung über die Begriffe nicht gehen, da ihre Kritik ins Zentrum der Realität vorstoßen will. Sie stellen den Versuch des unmittelbaren Eingriffs in die Realität dar, aber sie büßen die Ungeduld ihrer Unmittelbarkeit mit ihrer Scheinhaftigkeit. Der begrifflichen Kritik sieht man ihr Problem der Vermittlung an, der künstlerischen Kritik traut man es gar nicht zu. Daß Kunstwerke ihre Kritik ernst meinen können, daß Kritik auch bei ihnen Veränderung der realen Gestalt von Leiden meint — die ihnen nicht gelingen kann —, glaubt man kaum. Sie sind doch nur Kunstwerke.

4.4.3. Zur besonderen Gestalt der Ohnmacht der Kritik am Drama ‚Woyzeck'

Die Allgemeinheit der gemachten Aussagen läßt sich auf die besondere Gestaltung des Dramas bei Büchner übertragen.
Man kann im ‚Woyzeck' die Kritik am ganz falschen Leben formal als Kritik an der herrschenden Form wiederfinden. Wie der erste Teil der Analyse des Dramas gezeigt hat, ist Büchners Kritik radikal, d. h., sie akzeptiert keine der Normen gesellschaftlicher Realität als Tabu, vertraut nicht blind der historischen Entwicklung als Fortschritt. Sie kritisiert die vorbürgerliche Vergangenheit und deren bürgerliche Fortsetzung. Darin liegt ihre Stärke. Aus dieser Stärke resultiert aber zugleich auch ihre entscheidende Schwäche. Büchners Kritik ist gleichsam exterritorial, weil sie keinen Platz mehr in der bürger-

lichen Gesellschaft hat. Konkret: Sie wird nicht mehr verstanden, verhallt vor lauter Wahrheit folgenlos. Kritik am herrschenden Zustand des Lebens ist so radikal geworden, daß sie ohnmächtig vereinzelt scheint, der Zeit weit voraus. Aber, Kritik als radikale Kritik ist im Kunstwerk immer zugleich auch gescheiterte Kritik, Kritik, die im Erfolg um ihren Zweck betrogen wird. Sie ist und bleibt Schein.

4.4.4. Das Scheitern der Kritik im Drama

Wie geht nun dieses behauptete Scheitern in das konkrete Kunstwerk ‚Woyzeck' ein?

Der Materialist Büchner machte sich keine Illusionen und erlaubte auch seinen Kunstwerken keine. Als radikale Kritik können sie im Drama das falsche Leben nur exemplarisch zeigen — sogar in der Falschheit nur scheinhaft, konstruiert —, aber über richtiges Leben, das Ziel aller Kritik, können sie nicht verfügen. Ausdruck von Desillusionierung ist es bei Büchner, daß er entgegen dem Zug seiner Zeit, zum Beispiel den Vertretern des Jungen Deutschland, auch nie nur den Versuch gemacht hat, richtiges Leben im Kunstwerk zu zeigen, sondern daß er den Kampf ums richtige Leben in seiner revolutionären Aktivität geführt hat. Sein Drama gerät ihm so zu einer Art *Selbstkritik der Form.* Die Form des Dramas gesteht ein, daß sie über den Zweck der Darstellung nicht verfügt. Der Pessimismus der Büchnerschen Stücke ist hierfür deutlicher Beleg. Das Drama muß sagen, daß es nicht sagen kann, was es sagen will. An exponierten Stellen im ‚Woyzeck' finden wir konkret eine solche Selbstkritik der Form. Zu nennen wären hier die Tierbilder, das Märchen, die Offenheit des Schlusses.

Zunächst mag es erstaunen, einen Begriff wie den der Selbstkritik der Form anzuwenden. Erstaunlich ist in der Tat, daß gerade der Form, die ja durch und durch Produkt des Autors ist, eine selbstkritische Fähigkeit zugerechnet wird. Natürlich äußert sich das objektiv als Selbstkritik der Form benannte Phänomen als Mangel. Selbstkritik der Form wird ein derartiges Manko nur genannt, weil es eben nicht lediglich Defizit ist, sondern selbst noch eine wichtige Aussage über die künstlerische Aussagefähigkeit der Form des Dramas macht. Form kritisiert sich im Mißlingen, im Nicht-Erreichen des selbstgesetzten Ziels. Deutlich ist das an den drei genannten Elementen des Dramas zu erkennen.

Tierbilder:

Die Szene I, 3 fällt formal wegen ihrer Isoliertheit auf. Inhaltlich ist sie darum bemerkenswert, weil ihr — wie erinnerlich — in der Entwicklung des dramatischen Geschehens nur vermittelt eine Funktion zukommt (dadurch, daß man im Hintergrund der Szene den Tambour-Major sieht, der Marie beobachtet, weil sie ihm gefällt). Entscheidend aber ist der Eigenwert dieser Szene. Sie macht ihre Aussage über das Drama, ohne unmittelbar mit ihm verbunden zu sein. Man kann sie auffassen als Stimmungsbild, das die Welt, in der Woyzeck und Marie leben, verdeutlichen soll. Dann aber wäre sie nur retardierendes Element, Abschweifung. Nimmt man ihr Thema einer komischen Entwicklungsgeschichte der Menschen jedoch ernst, dann verbindet sie sich dem Stück wieder eng, denn sie macht dann bedeutsame Aussagen zum Thema. Hiermit gewinnt sie, gerade durch ihre Außenseiterstelle im dramatischen Geschehen, einen reflexiven Sinn. So gesehen, wird sie zur ersten wichtigen Bruchstelle im Stück. Sie erhält so etwas wie einen *Symbolwert.* Sie ist, was sie ist, Lokalkolorit, und sie ist zugleich mehr, hat eine Bedeutung über ihren rein szenischen Wert hinaus.

Ausdruck eines Mangels, der Selbstkritik der Form genannt werden kann, ist sie insofern, als die dramatische Form an dieser Stelle zum ersten Mal versagt. Die Aussage der Szene über die Verbundenheit von Mensch und Tier kann im Stück keinen anderen Ausdruck finden. Wer sollte sie auch machen? Der Doktor behauptet just den Fortschritt der Individuation über die rohe Natur, wäre also zu einer derartigen Aussage aus Borniertheit nicht fähig. Woyzeck aber kann sie ebenso wenig aussprechen, weil er ja gerade ein tierischer Mensch ist und es demzufolge komisch wirken müßte, wenn er sich selber interpretierte. Die beiden Seiten des tierischen Menschen im Stück, Doktor und Woyzeck, können sich nicht zu diesem Thema äußern, weil sie sich dann selber erklären müßten. Man erkennt dadurch nachträglich einen dramatischen Trick des Autors:

Hier ist die *erste Selbstinterpretation des Dramas im Drama.* Büchner hat den Mangel der dramatischen Form, daß die betroffenen Personen über sich selber nicht die Wahrheit aussprechen können, auf diesem Wege behoben. Der Forderung herkömmlicher dramatischer Form [21], daß die Individuen sprechend ihre Individualität darstellen, sich selber aussprechen, konnte Büchner infolge seiner besonderen Ansicht über den Status solcher Individuen nicht nachkommen. Andere müssen über jene Individuen sprechen, um die dem Autor wichtige Aussage über die Rampe zu bringen. Die Symbolhaftigkeit der Szene kompensiert die Unfähigkeit der Personen, das notwendig zu Sagende aussprechen zu können. Aber die Symbolhaftigkeit gerät zu grob. Sie ersetzt eine dramatische Aussage, ohne deren Präzision zu erreichen. Die spezifisch dramatische Form der Artikulation der Individuen kann dann nicht mehr funktionieren, wenn das Drama seine Illusion über Individualität verliert, und statt bürgerlichen Individuen tierische Menschen auf die Bühne stellt. Dies ist die Funktion. Dramatische Form wird durch den besonderen Inhalt um ihre Aussagekraft gebracht, droht zu verstummen.

Märchen:

Noch deutlicher wird das an jener anderen Bruchstelle im Drama, am Märchen. Es kommentiert das Geschehen, nur ist sein Kommentar schwer verständlich. Die entscheidende Funktion des Märchens wird von allen Interpreten hervorgehoben, nur über seine Aussage bestehen größte Differenzen.

Mir scheint, daß man am Märchen zwei Dinge festhalten kann, die außer Diskussion stehen und zugleich Hinweise auf seine Bedeutung liefern:

1. Die Uneinigkeit, die in bezug auf die Bedeutung des Märchens besteht,

---

(21) Szondi, P.: Theorie des modernen Dramas, Frankfurt/Main 1969. Vgl. besonders das Kapitel „Das Drama“, S. 14—20.

macht indirekt eine Aussage über diese Bedeutung; sie ist Teil seines Gehaltes selber.

2. Auffallend ist, daß ein Autor an einer entscheidenden Stelle den Kommentar, den er geben will, nicht mehr vermittelt über die dramatische Struktur gibt, sondern dadurch, daß er eine eigenständige literarische Form einführt. Das Märchen ist ein Stück Epik im Drama. Das Drama wechselt hier die Form, um sich selber kommentieren zu können. Die dramatische Form ersetzt sich, an diesem Punkt zerbrechend, durch ein Stück Epik.

Das Drama als Form basiert konstitutiv auf dem Individuum und dessen sprachlicher Artikulation. Woyzeck aber ist sprachlos, eigentlich kein Individuum. Seine Sprachlosigkeit hat, wie gesagt, im Drama besonders verheerende Folgen. Da er sich sprechend nicht erklären kann, kann er auch keinen angemessenen Auftritt im Drama finden. Andere müssen für ihn sprechen, oder über ihn sprechen. Er bleibt ein Rätsel. Die *Bildhaftigkeit der Szenen,* in denen Woyzeck auftaucht, ist wichtiger als die Aussagen, die in diesen Szenen, die Bilder sind, gemacht werden.[22] Man kann Woyzeck nicht verstehen, indem man ihm zuhört, sondern indem man ihm zusieht. Die Bildstruktur der Szenen kompensiert die Sprachlosigkeit des in ihnen agierenden Woyzeck. Auch die anderen Menschen sagen das Falsche über ihn, sie sind als seine Klassengegner untaugliche, befangene Zeugen. Da sprechende Wesen seiner Klasse nicht existieren, das Drama aber deutlich die Intention der Verteidigung Woyzecks verfolgt, müssen, so paradox es klingen mag, die Dinge und Situationen selber zu sprechen beginnen. Die Bilder der Situationen, in denen er befangen ist, tragen die Aussagen, nicht die Menschen, die in ihnen vorkommen. Das Drama tendiert zum sozialen Drama, es tendiert zur Epik.[23] Es muß episch werden, weil die vorgeführten Menschen ihre von der Form des Dramas vorausgesetzte Individualität noch nicht gewonnen haben, und so noch mehr durch die Verhältnisse, in denen sie leben, bestimmt werden, als durch ihren eigenen Willen und ihr eigenes Bewußtsein. Die materialistische Ansicht des Individuums als einem gesellschaftlichen Wesen, welche implizit eine Desillusionierung der bürgerlichen Ansicht vom freien Individuum bedeutet, führt zu einem Bruch in der Form des Dramas, die allein auf dieser Illusion der Freiheit aufbaut.

In dem Augenblick, wo Personen des Volkes als dramatische Personen auf die Bühne treten, wo die bürgerliche Illusion des freien Individuums durch den Auftritt unfreier Personen kritisiert wird, wo unbürgerliche Wesen in den Ausdrucksraum der Bürger treten, zerbricht die bürgerliche Form.[24] Am Märchen kann man diesen Prozeß deutlich verfolgen. Ausgegangen wird dabei von der Annahme, daß dann, wenn die Grundbedingungen des Dramas, Indi-

---

(22) Zobel, K. H. K.: Das Bild und seine Funktion im Werk Georg Büchners, Diss. Innsbruck 1958.

(23) Zur Problematik des sozialen Dramas und der mit ihm verbundenen Episierung vgl. Szondi, S. 63 f.

(24) Zum Problem der Formveränderung des Dramas vgl. Schlaffer, H.: Dramenform und Klassenstruktur. Eine Analyse der dramatis persona 'Volk', Stuttgart 1972, besonders das Kapitel „Figur und Form", S. 32—62.

vidualität und deren sprachliche Artikulation durch die Wahl unfreier Personen, nicht erfüllt wird, andere Elemente im Drama die verlorengegangene Sprache ersetzen müssen.
Dies geschieht das ganze Drama hindurch mit der Bildhaftigkeit der Szenen, besonders aber im Märchen, dem *Sinnbild dieses Dramas*.[25]
Die Epik des Märchens verweist auf die Bedeutung der Verhältnisse, in denen die dargestellten Menschen leben. Diese Verhältnisse sprechen, auch wenn die Menschen schweigen.
Interessant an dem Märchen ist aber auch die damit von Büchner gewählte epische Form. Die Wahl der Gattung liefert zugleich einen Hinweis auf die schwer zu entziffernde Bedeutung des Märchens. Märchen sind eine Erzählform aus vergangener Zeit, aus vorbürgerlichen Tagen. Für die Zeit Büchners ist diese bereits anachronistisch. Büchners Märchen zeigt deutlich die Spuren einer gealterten Form. Herkömmliche Märchen verfügten über eine Lehre, eine Moral; sie redeten, weil man sie kinderleicht verstehen konnte. Nichts mehr davon ist in Büchners Märchen zu finden. Es tendiert, wie die Tierszenen, zum Symbol. Daß alles am Leben falsch sei, will es sagen, ohne seine Aussage erklären zu können. Zugleich ist es aber auch sinnlos, wird in der Szene von der Großmutter Kindern erzählt, die schlafen sollen. Sagt nichts. Eigentlich sagt es nur: hier gehörte eine Erklärung hin, aber ich weiß keine.
Im Märchen resigniert gleichsam die dramatische Form bei Büchner. Was die Personen des Dramas nicht sagen können, soll die so vermittelte Situation zeigen. Das Publikum bekommt so den Hinweis darauf, daß es gilt, den Blick von den Personen abzuwenden auf die Verhältnisse, in denen sie leben, nicht mehr und nicht weniger. So bleibt das Märchen vieldeutig, ein Rätsel. Die Vieldeutigkeit der Interpretationen wiederholt nur, was an Mängeln im Märchen selber angelegt ist. Fehlerhaft wird sie erst dadurch, daß man versucht, sie zur Eindeutigkeit zu schlichten.

Offener Schluß:
Noch eine dritte und, wie mir scheint, entscheidende Bruchstelle im Drama Büchners ist zu finden: die Offenheit des Schlusses. Auch sie belegt ein Zerbrechen der dramatischen Form in ihrer damaligen Gattungseinheit. In mehrfacher Hinsicht ist die Offenheit des Schlusses ein wesentliches Moment Büchnerscher Gestaltung. Sie ist, mehr oder weniger ausgeprägt, an allen Stücken Büchners zu finden. Allen Werken Büchners ist eine harmonische Einheit und Geschlossenheit, ein *Schließen*-Können fremd. Sie zeigen perennierendes Unheil, das künstlerisch verbrämt würde, gäbe man ihm das Siegel der Abgeschlossenheit. Das von ihm dargestellte konstruierte Leben verlangt

---

(25) Zur Gestalt und Funktion des Märchens vgl. B. Ullmann (Anm. 5, S. 139). Er betont dessen Tendenz zum Antimärchen. Büchner habe dem authentischen Volksmärchen die „hinfällige Harmonie“ nicht abgekauft (S. 132). „Wenn in Büchners Märchen das Kind sich hinsetzt und weint, erscheint kein Helfer.“ (S. 132) Sein Märchen sei „hilflos“ (S. 144).
Wenn Ullmann das Märchen „ein Beispiel epischer Integration im Drama“ (S. 134) nennt, ein „kompositorisches Mittel, das Drama in eine größere Welt zu stellen“ (S. 134), dann berührt sich seine Analyse mit dem eigenen Interpretationsversuch.

den Hinweis auf seine reale Dauer, die jede formale Einheit, wie sie ein Kunstwerk zu geben vermag, sprengt. In der Offenheit des Schlusses rebelliert die gestaltete Realität gegen den Akt der Gestaltung und deren verfestigte Form, sie bringt sich als Formlosigkeit in Erinnerung. Besonders deutlich wird dies am ‚Woyzeck'-Fragment.

Ohnehin ist im ‚Woyzeck' die Offenheit des Schlusses nichts Überraschendes.[26] Hatte sich Büchner in seinen bisherigen Werken noch grob an die Akteinteilung des Dramas gehalten und damit ein Element dramatischer Tradition äußerlich bewahrt, so zeigt sich ‚Woyzeck' von Anfang an formlos geformt. Das Stück kennt keine Akteinteilung, keine dramatische Handlung im traditionellen Sinn und keine dramatische Entwicklung. Weil solche Elemente fehlen oder nur noch rudimentär in der lockeren Szenenfolge enthalten sind, kann es auch zu keinem überzeugenden Schluß kommen. Zwar hört es irgendwo auf — wo genau, darüber streitet die Sekundärliteratur noch —, aber Aufhören, Verstummen des Dramas und dramatischer Schluß im traditionellen Sinn sind doch sehr verschiedene Dinge. Das Drama, so könnte man sagen, nähert sich einem Endpunkt, den es zugleich verweigert. Woyzeck lebt nach der Tat weiter, will tun, als sei nichts geschehen, wagt sich sogar in die Öffentlichkeit, geht ins Wirtshaus, will seinen Alltag fortsetzen und gerät sofort in Schwierigkeiten, denen er nicht gewachsen ist. Er ist nach der Tat eben nicht mehr Woyzeck, sondern der Mörder Woyzeck, nicht mehr nur Außenseiter, sondern Rechtsbrecher, ein zu beseitigender Fremdling in der bürgerlichen Gesellschaft.

Wenn meine Grundannahme stimmt, daß das Drama ‚Woyzeck' konstitutiv einen Wiedergutmachungsversuch darstellt am Unrecht, das Woyzeck als Recht geschehen ist, dann kommt es notwendigerweise an dieser Stelle in Schwierigkeiten. Es kann als Kunstwerk gerade noch — und darin liegt seine Größe — den schuldigen Woyzeck, den Mörder, als unschuldiges Opfer vorführen, aber den Weg, den er in der bürgerlichen Gesellschaft zu gehen hatte, kann es nicht mehr ändern. Bliebe das Drama jetzt der Realität auf der Spur, so müßte es den Untergang Woyzecks wiederholen, den es gerade kritisieren wollte. Es legt uns ein schuldig unschuldiges Opfer vor und weiß nicht, was

---

(26) Zur Problematik der Textgestalt, zu den philologischen und editorischen Problemen wie den daraus resultierenden Interpretationsschwierigkeiten vgl. folgende Arbeiten:
Lehmann, W. R.: Prolegomena zu einer historisch-kritischen Büchner-Ausgabe, In: Gratulatio, Festschrift für Christian Wegner, Hamburg 1963;
Paulus, U.: Georg Büchners ‚Woyzeck'. Eine kritische Betrachtung zu der Edition Fritz Bergemanns, Jahrbuch der deutschen Schillergesellschaft 8, 1964;
Elema, J.: Der verstümmelte ‚Woyzeck', In: Neophilologus 49, 1965;
Lehmann, W. R.: Textkritische Noten. Holegomena zur Hamburger Büchner-Ausgabe, Hamburg 1967;
Richards, D. G.: Zur Textgestaltung von Georg Büchners ‚Woyzeck'. Anmerkung zur Hamburger Büchner Ausgabe, den ‚Woyzeck' betreffend, In: Euphorion 65, 1971;
Bornscheuer, L.: Neue Beurteilung der ‚Woyzeck'-Handschriften, In: CER 53, 1972;
Kanzog, K.: Wozzeck, Woyzeck und kein Ende. Zur Standortbestimmung der Editionsphilologie, In: DVJs 47, 1973;
Krause, Egon (Hrsg.): Georg Büchner ‚Woyzeck'. Kritisch herausgegeben von Egon Krause. Frankfurt/Main 1969.

es mit ihm tun soll. Woyzeck verschwindet in den letzten Szenen des Dramas, die sich nicht zu einem Schluß fügen wollen. Zwar legt die eine Szene, die Bergemann an den Schluß seiner Bühnenfassung stellte — um dem Drama so einen Schluß zu geben —, ein Ertrinken nahe. Man kann das mutmaßen; aber die Szene selbst zeigt Woyzeck lediglich, wie er sein Tatwerkzeug beseitigen will und es zu nah am Rand des Teiches wähnt, in den er es geworfen hat. Er sieht sich so von Entdeckung bedroht, geht in den Teich und wirft es noch einmal weiter hinein. Mehr steht in dieser Szene nicht.

Hierzu kommt ferner, daß in der Handschrift die von Bergemann überlieferte Szene eine Zusammensetzung aus drei Szenen ist, daß die letzten Sätze, die er überliefert, und die Ertrinken suggerieren („Uu! Da! Was ein Ton! Es ist das Wasser, es ruft: schon lang ist niemand ertrunken. Fort! es ist nchit gut, es zu hören! Uu! jetzt wieder! — wie ein Mensch, der stirbt!“ [27]), in der Handschrift im Anschluß an die Ermordung Maries stehen, also einen ganz anderen Sinn haben könnten. Und die Hamburger Ausgabe von Lehmann enthält noch mehrere Szenenfragmente oder Szenen, die allesamt einen sicheren Schluß unmöglich machen. Jede dieser Szenen hat einzelnen Editoren schon einmal als Schlußszene gedient.[28] Keine kann überzeugend ein Stück abschließen, das nicht schließen will.

Die Bedeutung der Möglichkeit mehrerer Schlußszenen allein schon liegt darin, daß sie die dramatische Konvention, die den Schluß als positiven oder negativen in irgendeiner Form braucht, zerbricht. Das Drama Büchners, so sagt sein nicht enden wollender Schluß, ist ratlos. Ein Unglück, ein Mord aus gesellschaftlichen Zwangsmechanismen ist geschehen und gezeigt, aber das Unglück aller geht weiter, das falsche Leben, von dem das Drama einen Ausschnitt zeigt, ist mit diesem Mord nicht beendet. Das Drama muß enden, aber es kann nicht enden, weil es in sich episch geworden ist, d. h. gesellschaftliche Realität so weit in sich hat eindringen lassen, daß es sie nur willkürlich wieder ausblenden kann. Jedes Ende dieses Dramas hat etwas vom Abbruch und nicht, wie es traditionell sein sollte, von Abschluß. Im Versagen des Schlusses noch liegt Kritik, ein Schluß allein darf sich — nicht einmal gespielt — mehr wiederholen, der geschichtliche Schluß, Woyzecks Exekution. Zu seiner Kritik ist das Drama geschrieben. Ihn müßte es zeigen, und ihn will es nicht zeigen müssen. Alles soll anders werden: wie? Das Drama weiß keinen Rat. Irgendwo in den letzten Szenen entwischt Woyzeck, das Drama läßt ihn verschwinden. Ohne Urteil, ohne Ende — es bricht ab.

Adorno hat das als generellen Prozeß so erklärt:

„Den Kunstwerken ist ihre Form, ihr Ganzes und ihre Logizität ebenso verborgen, wie die Momente, der Inhalt nach dem Ganzen begehren. Kunst obersten Anspruchs drängt über Form als Totalität hinaus, ins Fragmentarische. Am nachdrücklichsten dürfte die Not der Form in der Schwierigkeit von Zeitkunst sich anmelden zu enden; musikalisch im sogenannten Finalproblem, in der Dichtung in dem des Schlusses, das

---

(27) Georg Büchners Werke und Briefe, hrsg. v. Fritz Bergemann, München 1967, S. 132.
(28) Dam, H. van: Zu Georg Büchners ‚Woyzeck‘, In: W. Martens (Hrsg.): Georg Büchner, Darmstadt 1965, S. 305 ff.

bis zu Brecht sich zuspitzt. Einmal der Konvention ledig, vermag offenbar kein Kunstwerk mehr überzeugend zu schließen, während die herkömmlichen Schlüsse nur so tun, als ob die Einzelmomente mit dem Schlußpunkt in der Zeit sich auch zur Totalität der Form zusammenfügten. In manchen unterdessen weit rezipierten Gebilden der Moderne wurde die Form kunstvoll offen gehalten, weil sie gestalten wollten, daß ihnen Einheit der Form nicht mehr vergönnt sei. Schlechte Unendlichkeit, das nicht schließen können, wird zum frei gewählten Prinzip der Verfahrungsweise und zum Ausdruck." [29]

Das gilt in hohem Maße für die Art, wie Büchner ästhetisch verfahren mußte.

Büchner scheint mir der erste deutsche Dramatiker zu sein, dessen Formempfinden schon so radikal modern war [30], daß er sich von der Konvention löste. Aber zugleich bleibt bei ihm zu sehen, daß der Verzicht auf den Schluß erzwungen ist. Das, was man der Moderne als Freiheit zurechnen kann, als Konstruktion des Versagens der Form, um die Unzulänglichkeit der Form selber einzugestehen, macht sich bei ihm noch als Zwang geltend. Seine Kunstwerke können nicht enden, und er läßt ihnen diese Unfähigkeit, schlichtet sie nicht. Authentisch an Büchners ‚Woyzeck' bleibt allein, daß sich ihm im Versuch, das Drama zu schließen, Probleme stellten. Authentisch ist entgegen aller philologischen Bastelei, die an der von Büchner durchbrochenen Konvention der Gattung Drama festhält, nicht eine abgerundete Fassung, sondern die Überlieferung eines Schlußteils, von dem man nicht sagen kann, wie er eigentlich endet.

(29) Th. W. Adorno, Anm. 13, S. 221.
(30) Allen Arbeiten zur Modernität des Dramas bei Büchner haftet etwas Hilfloses an; der eigene Versuch ist da durchaus eingeschlossen. Wichtig sind diese Arbeiten, da nur wenige Autoren die Modernität überhaupt festgestellt haben. Die präzise Erarbeitung der Modernität steht aber noch aus.
Ansätze finden sich bei W. Emrich (Georg Büchner und die moderne Literatur, In: ders.: Polemik, Frankfurt/Main / Bonn 1968),
M. Kesting (Zur Struktur des modernen Dramas, In: R. Grimm (Hrsg.): Episches Theater Köln 1966),
H. Schanze (Büchners Spätrezeption. Zum Problem des 'modernen' Dramas in der zweiten Hälfte des 19. Jahrhunderts. In: H. Kreuzer (Hrsg.): Gestaltungsgeschichte und Gesellschaftsgeschichte, Stuttgart 1969).
Die wichtigsten Arbeiten aber scheinen mir die von P. Szondi und V. Klotz (Geschlossene und offene Form im Drama, München 1970) zu sein.

5. Literaturverzeichnis

Abutile, M. C.: Angst und Zynismus bei Georg Büchner, Bern 1969.

Adorno, Th. W.: Freizeit, In: ders.: Stichworte, Frankfurt/Main 1969.

Adorno, Th. W.: Ästhetische Theorie, Frankfurt/Main 1970.

Adorno, Th. W.: Minima Moralia. Reflexionen aus dem beschädigten Leben, Frankfurt/Main 1971.

Adorno, Th. W.: Ist die Kunst heiter? In: ders.: Noten zur Literatur, Bd. IV, Frankfurt/Main 1974.

Anton, H.: Büchners Dramen. Topographien der Freiheit, Paderborn 1975.

Arntzen, H.: Die ernste Komödie. Das deutsche Lustspiel von Lessing bis Kleist, München 1968.

Baumann, G.: Georg Büchners ‚Lenz'. Seine Struktur und der Reflex des Dramatischen. In: Euphorion 52, 1958.

Baumann, G.: Georg Büchner. Die dramatische Ausdruckswelt, Göttingen 1961.

Beck, A.: Unbekannte französische Quellen für ‚Dantons Tod' von Georg Büchner, In: Jahrbuch des deutschen Hochstifts 1963.

Becker, G.: Georg Büchners ‚Leonce und Lena'. Ein Lustspiel der Langeweile, Heidelberg 1961.

Benjamin, W.: Der Autor als Produzent, In: F. J. Raddatz: Marxismus und Literatur, Bd. 2, Hamburg 1969.

Bornscheuer, L.: Neue Beurteilung der ‚Woyzeck'-Handschriften, In: GRM 53, 1972.

Brentano, C. v.: Ponce de Leon, In: Werke Bd. 4, hrsg. v. F. Kemp, Darmstadt 1966.

Büchner, G.: Sämtliche Werke und Briefe. Historisch-kritische Ausgabe mit Kommentar, hrsg. v. W. R. Lehmann = Hamburger Ausgabe, 4 Bde. (bisher erschienen): I Hamburg 1967 (Dichtungen und Übersetzungen mit Dokumentationen zur Stoffgeschichte); II Hamburg 1971 (Vermischte Schriften und Briefe).

Büchner, G.: Werke und Briefe, hrsg. v. F. Bergemann, München 1967 (1. Auflage 1922).

Büchner, G.: Woyzeck. Texte und Dokumente. Kritisch herausgegeben von E. Krause. Frankfurt/Main 1969.

Büttner, L.: Georg Büchner. Revolutionär und Pessimist. Ein Beitrag zur Geistesgeschichte des 19. Jahrhunderts, Nürnberg 1948.

Catholy, E.: Komische Figur und dramatische Wirklichkeit. Ein Versuch zur Typologie des Dramas, In: R. Grimm/K. L. Berghahn (Hrsg.): Wesen und Formen des Komischen im Drama, Darmstadt 1975.

Dam, H. v.: Zu Georg Büchners ‚Woyzeck', In: W. Martens (Hrsg.): Georg Büchner, Darmstadt 1965.

Denkler, H.: Revolutionäre Dramaturgie und revolutionäres Drama in Vormärz und Märzrevolution, In: H. Kreuzer (Hrsg.): Gestaltungsgeschichte und Gesellschaftsgeschichte, Stuttgart 1969.

Elema, J.: Der verstümmelte ‚Woyzeck', In: Neophilologus 49, 1965.

Emrich, W.: Georg Büchner und die moderne Literatur, In: ders.: Polemik, Bonn 1968.

Engels, F.: Die Entwicklung des Sozialismus von der Utopie zur Wissenschaft, MEW Bd. 19.

Fanon, F.: Die Verdammten dieser Erde. Vorwort von J.-P. Sartre, Frankfurt/Main 1968.

Fellmann, H.: Georg Büchners ‚Lenz', In: Jahrbuch der Wittheit zu Bremen 7, 1963.

Fink, G.-L.: Volkslied und Verseinlage in den Dramen Büchners, In: W. Martens (Hrsg.): Georg Büchner, Darmstadt 1965.

Fink, G.-L.: ‚Leonce und Lena'. Komödie und Realismus bei Georg Büchner. In: W. Martens (Hrsg.): Georg Büchner, Darmstadt 1965.

Garber, J. (Hrsg.): Revolutionäre Vernunft. Texte zur jakobinischen und liberalen Revolutionsrezeption in Deutschland 1789—1810, Kronberg i. T. 1974.

Geerdts, H.: Georg Büchners Volksauffassung, In: Weimarer Beiträge 9, 1963.

Grab, W.: Eroberung oder Befreiung? Deutsche Jakobiner und die Franzosenherrschaft im Rheinland 1792—1799, In: Archiv für Sozialgeschichte, Bd. X, 1970.

Grab, W.: Norddeutsche Jakobiner. Demokratische Bestrebungen zur Zeit der französischen Revolution, Frankfurt/Main 1967.

Grimm, R./Berghahn, K. L. (Hrsg.): Wesen und Formen des Komischen im Drama, Darmstadt 1975.

Gundolf, F.: Romantiker, In: W. Martens (Hrsg.): Georg Büchner, Darmstadt 1965.

Guthke, K. S.: Geschichte und Poetik der deutschen Tragikomödie, Göttingen 1961.

Hauser, A.: Sozialgeschichte der Kunst und Literatur, München 1953.

Holmes, T. M.: The Ideology of the Moderates in Büchner's ‚Dantons Tod', In: German Life and Letters 27, 1973/74.

Honigmann, G.: Die sozialen und politischen Ideen im Weltbild Georg Büchners, Diss. Gießen 1929.

Horkheimer, M.: Materialismus und Moral, In: Zeitschrift für Sozialforschung, Leipzig/Paris/New York, Jg. 1933, Bd. 2.

Horkheimer, M.: Egoismus und Freiheitsbewegung, In: Zeitschrift für Sozialforschung, Leipzig/Paris/New York, Jg. 1936, Bd. 5.

Horkheimer, M./Adorno, Th. W.: Dialektik der Aufklärung, Amsterdam 1947.

Hörnigk, F.: Über den Umgang mit dem Erbe, In: Weimarer Beiträge 20, 1974.

Jancke, G.: Georg Büchner. Genese und Aktualität seines Werkes, Kronberg i. T. 1975.

Jaspers, A.: Georg Büchners Trauerspiel ‚Dantons Tod', Diss. Marburg 1918.

Kanzog, K.: Wozzeck, Woyzeck und kein Ende. Zur Standortbestimmung der Editionsphilologie, In: DVJs 47, 1973.

Kesting, M.: Zur Struktur des modernen Dramas, In: R. Grimm (Hrsg.): Das epische Theater, Köln 1966.

Knapp, G. P.: Georg Büchner. Eine kritische Einführung in die Forschung, Frankfurt/Main 1975.

Kobel, E.: Georg Büchner. Das dichterische Werk, Berlin 1974.

Koopmann, H.: ‚Dantons Tod' und die antike Welt, In: ZfdPh 84, 1965, Sonderheft.

Krapp, H.: Der Dialog bei Georg Büchner, Darmstadt 1958.

Krapp, H.: Zu Büchners ästhetischer Konzeption. Pathos. In: W. Martens (Hrsg.): Georg Büchner, Darmstadt 1965.

Lehmann, W. R.: Prolegomena zu einer historisch-kritischen Büchner-Ausgabe, In: Gratulatio, Festschrift für C. Wegner, Hamburg 1963.

Lehmann, W. R.: Textkritische Noten. Prolegomena zur Hamburger Büchner-Ausgabe, Hamburg 1967.

Lukács, G.: Der faschistisch verfälschte und der wirkliche Georg Büchner. In: W. Martens (Hrsg.): Georg Büchner, Darmstadt 1965.

Lukács, G.: Zur Soziologie des modernen Dramas, In: Schriften zur Literatursoziologie, hrsg. v. P. Ludz, Neuwied 1961.

Lukács, G.: Geschichte und Klassenbewußtsein, Amsterdam 1967.

Marcuse, H.: Zur Kritik des Hedonismus, In: Zeitschrift für Sozialforschung, Jg. 1938, Bd. 7.

Markov, W. (Hrsg.): Maximilian Robespierre, Berlin 1956.
Markov, W. (Hrsg.): Jakobiner und Sansculotten, Berlin 1956.
Martens, W. (Hrsg.): Georg Büchner, Darmstadt 1965.
Martens, W.: Ideologie und Verzweiflung. Religiöse Motive in Büchners Revolutionsdrama, In: Martens (Hrsg.): Georg Büchner, Darmstadt 1965.
Marx, K.: Zur Judenfrage, MEW Bd. 1.
Marx, K.: Briefe aus den Deutsch-Französischen Jahrbüchern, MEW Bd. 1.
Marx, K.: Zur Kritik der Hegelschen Rechtsphilosophie. Einleitung, MEW Bd. 1.
Marx, K./Engels, F.: Die heilige Familie oder Kritik der kritischen Kritik. Gegen Bruno Bauer und Konsorten, MEW Bd. 2.
Marx, K./Engels, F.: Deutsche Ideologie, MEW Bd. 3.
Mayer, H.: Georg Büchner und seine Zeit, Frankfurt/Main 1972.
Mayer, Th.: Zur Revision der Quellen von ‚Dantons Tod' von Georg Büchner, In: Studi Germanici 7, 1969.
Metscher, Th.: Dialektik und Formalismus. Kritik des literaturwissenschaftlichen Idealismus am Beispiel P. Szondis, In: Das Argument 49, 1968.
Mignet, F. A.: Geschichte der Französischen Revolution, Leipzig o. J.
Mischke, J.: Die Spaltung der Person in Georg Büchners ‚Dantons Tod', Diss. Marburg 1970.
Mosler, P.: Georg Büchners ‚Leonce und Lena'. Langeweile und gesellschaftliche Bewußtseinsform, Bonn 1974.
Oppel, H.: Die tragische Dichtung Georg Büchners, Stuttgart 1951.
Parker, J. J.: Some reflections on Georg Büchner's ‚Lenz' and its principal source, the Oberlin Record, In: German Life and Letters 21, 1967/68.
Paul, U.: Vom Geschichtsdrama zur politischen Diskussion. Über die Desintegration von Individuum und Geschichte bei Georg Büchner und Peter Weiss, München 1974.
Paulus, U.: Georg Büchners ‚Woyzeck'. Eine kritische Betrachtung zu der Edition Fritz Bergemanns, In: Jahrbuch der deutschen Schillergesellschaft 8, 1964.
Peacock, R.: Eine Bemerkung zu den Dramen Georg Büchners, In: W. Martens (Hrsg.): Georg Büchner, Darmstadt 1965.
Petersen, K. D.: Georg Büchner — Bibliographie, In: Philobiblon 17, 1973.
Posenmann, H.: Das künstlerische Werk Georg Büchners, In: Weimarer Beiträge 7, 1971.
Rabe, W.: Georg Büchners Lustspiel ‚Leonce und Lena'. Eine Monographie, Diss. Potsdam 1967.
Renker, A.: Georg Büchner und das Lustspiel der Romantik. Eine Studie über ‚Leonce und Lena', Berlin 1924.
Richards, D. G.: Zur Textgestaltung von Georg Büchners ‚Woyzeck'. Anmerkung zur Hamburger Büchner Ausgabe, den ‚Woyzeck' betreffend, In: Euphorion 65, 1971.
Rommel, O.: Komik und Lustspieltheorie, In: R. Grimm/K. L. Berghahn (Hrsg.): Wesen und Formen des Komischen im Drama, Darmstadt 1975.
Schanze, H.: Büchners Spätrezeption. Zum Problem des 'modernen' Dramas in der zweiten Hälfte des 19. Jahrhunderts, In: H. Kreuzer (Hrsg.): Gestaltungsgeschichte und Gesellschaftsgeschichte, Stuttgart 1969.
Scheuer, E.: Akt und Szene in der offenen Form des Dramas dargestellt an den Dramen Georg Büchners, Berlin 1929.
Schlaffer, H.: Dramenform und Klassenstruktur. Eine Analyse der dramatis persona 'Volk', Stuttgart 1972.
Schlick, W.: Das Georg Büchner Schrifttum bis 1965, Eine internationale Bibliographie, Hildesheim 1968.

Schmidt, H. J.: Satire, Caricature and Perspectivism in the Works of Georg Büchner, The Hague and Paris 1970.
Schröder, J.: Georg Büchners ‚Leonce und Lena'. Eine verkehrte Komödie, München 1966.
Soboul, A.: Die Große französische Revolution, Frankfurt/Main 1973.
Soboul, A.: Klassen und Klassenkämpfe in der Französischen Revolution, In: W. Markov (Hrsg.): Jakobiner und Sansculotten, Berlin 1956.
Soboul, A.: Die Sektionen von Paris im Jahre II, Berlin 1962.
Soboul, A./Rudé, G. F.: Das Maximum der Arbeitslöhne in Paris und der 9. Thermidor, In: Markov (Hrsg.): Jakobiner und Sansculotten, Berlin 1965.
Strahlheim, K.: Unsere Zeit oder geschichtliche Übersicht der merkwürdigsten Ereignisse von 1789—1830 nach den vorzüglichsten französischen Werken bearbeitet von einem ehemaligen Officier der Kaiserlich französischen Armee, Stuttgart 1826.
Szondi, P.: Versuch über das Tragische, Frankfurt/Main 1961.
Szondi, P.: Theorie des modernen Dramas, Frankfurt/Main 1969.
Thieberger, R.: La Mort de Danton de Georg Büchner et ses sources, Paris 1953.
Thiers, A.: Geschichte der Französischen Revolution, Leipzig 1844.
Träger, C. (Hrsg.): Die französische Revolution im Spiegel der deutschen Literatur, Frankfurt/Main 1975.
Ullmann, B.: Die sozialkritische Thematik im Werk Georg Büchners und ihre Entfaltung in ‚Woyzeck', Diss. Stockholm 1970.
Viëtor, K.: Georg Büchner als Politiker, Bern/Leipzig 1939.
Viëtor, K.: Georg Büchner, Politik, Dichtung, Wissenschaft, Bern 1949.
Viëtor, K.: Die Tragödie des heldischen Pessimismus, In: W. Martens (Hrsg.): Georg Büchner, Darmstadt 1965.
Völker, L.: Woyzeck und die 'Natur', In: Revue des languages vivantes 32, 1966.
Voss, K.: Georg Büchners ‚Lenz'. Eine Untersuchung nach Gehalt und Formgebung, Diss. Bonn 1922.
Wawrzyn, L.: Büchners ‚Leonce und Lena' als subversive Kunst, In: G. Mattenklott/ K. R. Scherpe (Hrsg.): Demokratisch-revolutionäre Literatur in Deutschland: Vormärz, Kronberg i. T. 1974.
Wicke, G.: Die Struktur des deutschen Lustspiels der Aufklärung, Bonn 1965.
Wiese, B. v.: Georg Büchners ‚Lenz', In: ders.: Die deutsche Novelle von Goethe bis Kafka, Düsseldorf 1965.
Zobel, K. H. K.: Das Bild und seine Funktion im Werk Georg Büchners, Diss. Innsbruck 1958.
Zöllner, B.: Büchners Drama ‚Dantons Tod' und das Menschen- und Geschichtsbild in den Revolutionsgeschichten von Thiers und Mignet, Diss. Kiel 1972.

Literaturwissenschaft — Gesellschaftswissenschaft

Materialien und Untersuchungen
herausgegeben von Theo Buck und Dietrich Steinbach

Franz Mehring: Anfänge der materialistischen Literaturbetrachtung in Deutschland
Hrsg.: Theo Buck
LGW 1, ISBN 3-12-391100-4, 115 Seiten

Von der Literaturkritik zur Gesellschaftskritik: Ludwig Börne
Hrsg.: Serge Schlaifer
LGW 2, ISBN 3-12-391200-0, 130 Seiten

Abriß einer Geschichte der deutschen Arbeiterliteratur
Von Gerald Stieg und Bernd Witte
LGW 3, ISBN 3-12-391300-7, 200 Seiten

Die historisch-kritische Sozialtheorie der Literatur
Von Dietrich Steinbach
LGW 4, ISBN 3-12-391400-3, 96 Seiten

Der exotische Roman. Bürgerliche Gesellschaftsflucht und Gesellschaftskritik zwischen Romantik und Realismus
Hrsg.: Anselm Maler
LGW 5, ISBN 3-12-391500-X, 112 Seiten

Goethes ‚Werther' als Modell für kritisches Lesen
Materialien zur Rezeptionsgeschichte
Hrsg.: Karl Hotz
LGW 6, ISBN 3-12-391600-6, 208 Seiten

Der Schelm als Widerspruch und Selbstkritik des Bürgertums
Vorarbeiten zu einer literatursoziologischen Analyse der Schelmenliteratur
Von Dieter Arendt
LGW 7, ISBN 3-12-391700-2, 123 Seiten

Heinrich Heine: Wirkungsgeschichte als Wirkungskritik
Materialien zur Rezeptions- und Wirkungsgeschichte Heines
Hrsg.: Karl Hotz
LGW 8, ISBN 3-12-391800-9, 176 Seiten

Methoden- und Rezeptionswandel in der Literaturwissenschaft am Beispiel der Sesenheimer Lyrik Goethes
Hrsg.: Ekkehart Mittelberg
LGW 9, ISBN 3-12-391900-5, 127 Seiten

Der aufgelöste Widerspruch
'Engagement' und 'Dunkelheit' in der Lyrik Johannes Bobrowskis
Von Dagmar Deskau
LGW 10, ISBN 3-12-392100-X, 105 Seiten

Viermal Wedekind
Methoden der Literaturanalyse am Beispiel von Frank Wedekinds Schauspiel ‚Hidalla'
Vier Vorträge von Helmut Arntzen, Ernst Nef, Volker Klotz und Wolfdietrich Rasch
Hrsg.: Karl Pestalozzi und Martin Stern
LGW 11, ISBN 3-12-392200-6, 73 Seiten

Zwischen Selbstaufgabe und Selbstverwirklichung
Zum Problem der Persönlichkeitsstruktur im Werk Christa Wolfs
Von Marion von Salisch
LGW 12, ISBN 3-12-392300-2, 78 Seiten

Heimatkunstbewegung und Heimatroman
Zu einer Literatursoziologie der Jahrhundertwende
Von Karlheinz Rossbacher
LGW 13, ISBN 3-12-392400-9, 281 S.

Literatur unter der Zensur
Die politische Lyrik des Vormärz
Von Hanns-Peter Reisner
LGW 14, ISBN 3-12-392500-5,
121 Seiten

Deutsche Bestseller — Deutsche Ideologie
Ansätze zu einer Verbraucherpoetik
Hrsg.: Heinz Ludwig Arnold
LGW 15, ISBN 3-12-392600-1,
156 Seiten

Arbeiterliteratur in der Bundesrepublik Deutschland
Gruppe 61 und Werkkreis Literatur der Arbeitswelt
Mit einer Einleitung von Heinz Ludwig Arnold
Hrsg.: Ilsabe Dagmar Arnold-Dielewicz und Heinz Ludwig Arnold
LGW 16, ISBN 3-12-392700-8,
126 Seiten

Leiden an der Familie
Zur sozialpathologischen Rollenanalyse im Werk Gabriele Wohmanns
Von Klaus Wellner
LGW 17, ISBN 3-12-392800-4,
237 Seiten

Bürger oder Bourgeois?
Eine literatursoziologische Studie zu Thomas Manns ‚Buddenbrooks' und Heinrich Manns ‚Im Schlaraffenland'
Von Michael Zeller
LGW 18, ISBN 3-12-392900-0, 47 Seiten

Zukunft zwischen Trauma und Mythos: Science-fiction
Zur Wirkungsästhetik, Sozialpsychologie und Didaktik eines literarischen Massenphänomens
Von Klaus-Peter Klein
LGW 19, ISBN 3-12-393100-5,
248 Seiten

Die Stücke von Peter Hacks
Tendenzen — Themen — Theorien
Von Winfried Schleyer
LGW 20, ISBN 3-12-393200-1,
201 Seiten

Kafka und die Außenwelt
Quellenstudien zum ‚Amerika'-Fragment
Von Alfred Wirkner
LGW 21, ISBN 3-12-393300-8,
113 Seiten

Georg Weerth — Ungleichzeitigkeit und Gleichzeitigkeit im literarischen Vormärz
Von Karl Hotz
LGW 22, ISBN 3-12-393400-4,
129 Seiten

Franz Xaver Kroetz und seine Rezeption
Die Intentionen eines Stückeschreibers und seine Aufnahme durch die Kritik
Von Evalouise Panzner
LGW 23, ISBN 3-12-393500-0,
117 Seiten

Tragödie und Aufklärung
Zum Funktionswandel des Tragischen zwischen Racine und Büchner
Von Roland Galle
LGW 24, ISBN 3-12-393600-7, 97 Seiten

Identität und Rolle
Probleme des Erzählens bei Johnson, Walser, Frisch und Fichte
Von Gisela Ullrich
LGW 25, ISBN 3-12-393700-3,
122 Seiten

Politische Idyllik
Zur sozialen Mythologie Arkadiens
Von Richard Faber
LGW 26, ISBN 3-12-393800-X,
183 Seiten

Facetten
Untersuchungen zum Werk Johannes Bobrowskis
Von Alfred Behrmann
LGW 27, ISBN 3-12-393900-6, 86 Seiten

Gesellschaft in literarischer Form
H. L. Wagners ‚Kindermörderin' als Epochen- und Methodenparadigma
Von Johannes Werner
LGW 28, ISBN 3-12-394100-0,
130 Seiten